増補訂正 町村制詳解

【大正14年第18版】

長峰安三郎
三浦通太
野田千太郎
共著

地方自治法研究復刊大系〔第二八〇巻〕

増補訂正

町村制詳解

〔大正十四年第十八版〕

日本立法資料全集 別巻 1090

信山社

第十八版

増補訂正 町村制詳解

法學士 長峰安三郎
法學士 三浦通太 共著
市町村雜誌社主事 野田千太郎

東京 市町村雜誌社

成文法に對する一通りの文義解釋は何人も爲し得る所なるも之を法理に照し實際に稽へ之に因て發生し又は之に伴ひて續出する百般の事實に適用して蒙を啓き疑を決し遺憾なからしむるは專門家と雖尙難しとする所なり殊に本來瑕瑾を存する法文に對し解釋を以て之を補ひ適正に歸せしむるは難事中の難事にして解釋上の苦心は實に茲に存す

改正町村制は其實從來のものを補綴したるに止まり措辭配列其當を失するものあり重複錯雜其煩に堪へざるものあり規定茫漠にし

て捕捉に苦むものあり爲に實施に際し疑義百出すべきは想像するに難からず然れども本著の目的は立法上の當否を論議するに在らずして世間實際家の適用上の參考に供するに在るを以て務めて疑義を摘抉して之に解決を與へ平易に且例示的に說明して法の本旨に對し忠實ならんことを期したり町村自治に關係あるの諸士若し本書によりて裨補する所あらば幸なり

明治四十四年七月

著　者　識

凡例

一、本書は町村制の各條各項に付逐次之を解說したり然れども其の平易にして何人にも了解せらるゝもの又は前既に解說したるものは之を省きて煩を避けたり

一、參照として收めたるものは主として舊町村制の適用に關するものなるを以て其の依る所を明にせんが爲め舊制第何條と附記せり

一、行政判決例は舊町村制實施後明治四十四年迄のものを收めたり然れども本法に適用すべからざるもの及重複に涉るものはすべて之を省けり而して其の末尾に數字を附記したるは判決の年月日なりとす故に（二八、五、一二）とあるは明治二十八年五月十二日なりと知るべし

一、適用例は伺指令通牒其の他從來に於ける實際取扱上の實例なり而して是亦舊制に關するものなるを以て之を節錄して其の要を收めたり

一、解疑例は多年各地方の實際問題に對し市町村雜誌社に於て解釋を與へたるものなり

一、府縣制等の適用に關する行政判決例等も本法の解釋上參考すべきものは之を收めたり

一、行政判決例等が舊制（明治二十一年法律第一號）に屬するものなることは前に示せる所の如し而して町村制は大正十年復選擧權等に關する改正ありたるを以て解說に訂正を加ふると共に大正九年末迄の須要なるものを卷末に增補せり

増補訂正 町村制詳解目次

増補訂正 町村制詳解

法學士 長峰安三郎
法學士 三浦通太
市町村雜誌社主事 野田千太郎 共著

緒言

市と町村とは、現今我邦の行政組織に於て、最小の區域を有する最下級の團體なり。最小と云ひ、最下級と云ふときは、如何にも重要ならざるが如き感あるも、是れ單に組織の外形より云ふものにて、其の實際上重要なる程度に至りては、却て上級團體たる府縣に優ること遠し。從て法律が之に付與する權能の範圍より云へば、府縣よりも遙に大にして、自治體としての最完全なる機能を具ふるは、寧ろ府縣にあらずして市町村なりとす。

府縣を代表して其の事務を執行するものは、官吏たる府縣知事にして、出納吏の如きも、官吏中より知事の任命する所に係り、其の他の吏員の任命も、亦知事の專ら掌る所たり。而して人民が府縣の政務に參與するは、其の選出したる議員を以て組織する議會が、議決權を行使するあるのみ。故に府縣の自治行政に關し、人民の參與するは、議決機關の一方面のみにして、事務の執行は、實際上中央政府の官吏によりて掌握せらる。從て府縣の自治組織は、半官半民なりと云ふも不可なし。市町村に於ては然らず、公共事務の議決機關たる市町村會が、市町村民の選擧したる議員を以て組織せらるゝのみならず、之を執行する吏員も、市町村會の選任する所に係り、殊に町村長助役の如き、成るべく町村公民中より選任せしむるの方針を執れり。而して公共事務の種類の如きも、國民普通教育たる小學校の設備より、交通、勸業、衞生等頗る繁多にして、剩へ法令により命ぜられたる或種の租稅の徵收戶籍事務の取扱、兵事、救護等、中央行政又は上級自治體の事務を補助すべき事項も、枚擧に遑あらず。然れば、自治の實質と作用とは、實に市町村に於て初めて具備すと謂はざるべからず。而して其の行政は、皆直に人民に接觸するものなるが故に、其の當否は人民の利害に痛切にして、啻に各人の產業上經濟上に影響あるのみならず、風俗慣習等人の社會的生活上の紀律節制に關する性格をも左右し、其の人文の發達上、國家の隆替に關するところ至大なり。之を樹木に喩ふれば、中央政府及上級自治體の行政は、鬱蒼として其の外觀を飾れる幹の如く、枝の如く、葉の如く又花の如し。市町村の行政は、深く地中に沒せる細根末節の如し。外形の美なしと雖、能く幹枝を支へ、榮養の作用を全うす。故に之を善くすれば、民風を整へ、產業を振興し、一般人文の發達を助け、國家の基礎を鞏固にするに足り、之を誤れば、民俗を壞亂し、(地方の困弊を招き、國家の衰敗を將來するに足る。市町村民たるもの、殊に議員吏員として、自治政務に付き責を負ふもの、深く思を茲に致し、日夕留意して、其の措置を誤らざらんことを期せざるべけんや。

第一章　總　則

本章に於ては、町村組織の根本たる事項を規定せり。抑も町村の如き地方自治體が成立するには三つの要素あり。(一)土地の一定の區域、(二)其區域內に於ける住民、(三)法律により付與せらるゝ法人たる人格及自治權能是なり。本章は卽ち此三者に對し規定を設くるものにして、第一款「町村及其の區域」の題下に、土地の區域竝に町村の人格及自治權能を規定し、第二款「町村住民及其の權利義務」の題下に、住民の自治政務に參與する資格要件を規定し、尙ほ之に附隨して第三款「町村條例及町村規則」の題下に、住民の權利義務又は町村事務の取扱ひ、營造物の管理使用等に關する事項を定むるの方法を示せり。

第一款　町村及其ノ區域

第一條　町村ハ從來ノ區域ニ依ル

町村は、從來の法律により現存して、既に一定の土地の區域を有す。從て改正法たる本法に於ても、其區域に從ひ、此際別に變更する事なきを示せるは、卽ち本條の規定なり。

第二條　町村ハ法人トス官ノ監督ヲ承ケ法令ノ範圍內ニ於テ其ノ公共事務竝從來法令又ハ慣例ニ依リ及將來法律勅令ニ依リ町村ニ屬スル事務ヲ處理ス

本條は町村の資格及自治權能の範圍を定めたるものとす。

法人とは、人に非ざるものに對し、其のもの丶目的の範圍內に於て、法律上人と同樣に權利義務を有せしむるものを云ふ。故に「町村ハ法人トス」と云へるは、町村が其の事務の範圍內に於て、恰も人と同一視せられ、財產を有し、義務を負ひ、或は契約を締結する等の關係に立ち得べきことを示せるものなり。

公共事務とは、町村住民一般の利害に關し、共同に處理することを要する事務を云ふ。故に單に公共事務と云へば、其の意義甚だ廣くして、警察事務の如きも、尙之に包含するものと云ひ得べきも、本條に規定して町村に處理せしむる公共事務は、總ての公共事務にあらずして、法令の範圍內に制限せらる丶ものとす。然るに法令は、積極的に公共事務を列擧せざるは勿論、消極的にも、或事項が町村の公共事務にあらざることを明示せざるもの多きが故に、一般國法の解釋により、或事項が町村の處理すべき公共事務に屬するや否やを決するの外なし。故に左に總括的の說明を試むべし。

本來自治政務は、國家行政の一部を割いて、自治體に委任し、其の處理に一任するものなれば、其の事務の何たるを知らんには、先づ國家事務の何たるを知るを要す。

國家事務の種類は甚だ多し。然れども、其の目的とする所によりて、之を要約すれば、安寧秩序の保持に關するものと、人民の福利（同時に國富の增進）を增進するものとに外ならず。而して其の施設を全うする爲には、政治及行政の機關を整備するの事務と、凡ての財用を給するの事務とを要す。更に細目を分ちて之を表示すれば左の如し。

國家事務
- 一　安寧秩序の保持に關する事務
  - 軍事
  - 警察
  - 司法
  - 外交
- 二　人民福利の增進に關する事務
  - 勸業
  - 交通
  - 敎育
  - 衞生等
- 三　政治及行政機關の組織に關する事務

(四)財務

右の分類に就き、各種の事務の性質を考ふるときは、國家固有のものにして、絶對に人民に於て爲す能はず、又は爲すことを許すべからざるものあり。第一、第三、第四に屬するもの是なり。性質上絶對に爲す能はざるに非ず。又絶對に爲すことを許すべからざるものに非ずと雖、現今の狀態に於て、少くも或部分は、人民に於て爲す能はざるもの、又は爲し得るも之を放任すべからざるもの、或は人民が爲すを欲せざるものにして、國家の發達を企圖する上に於て放任すべからざるものあり。是等は國家自ら責任を執るものにして、第二に屬するもの、卽ち是なり。

國家事務の第三第四に屬するものは、之を自治體に委任すべからざるや論なし。其の第一に屬するものは、直接國權の維持に關し、鋭利なる權力の行動と、緊密なる統一とを要するを以て、是亦自治體に委任するに適せず。

故に町村が委任せらるゝ國家事務は、前揭第二に屬し、人民の發達を助くる行爲、卽ち助長事務に關するものなり。然らば、其の事務の如何なる部分が、町村に委任せらるゝか、

一 町村の區域に屬するもの 卽ち町村限り施行することを得るものにして、若し其の事務が、他市町村に涉るときは、其他市町村と連合施設するは格別一町村の事務として處理するに由なきものとす。

二　國家又は上級自治體が自ら爲さゞるもの　町村の發達に直接關係ある事項と雖、同時に國、府縣、郡の發達に重要なる關係あるもの少からず。是等にして、國家又は上級自治體に於て經營するものは、別に町村の施設を要せず。然れども特殊の利益存するが爲、之に附加して經營するを妨げず。

三　政府の專業に屬せざるもの　郵便電信等の如き、國家が專ら經營するを趣旨とするを以て、是等は市町村の事務たるを得ず。

要するに、市町村の公共事務は、國家の事務中、勸業、交通、敎育、衞生等の各部門に亘り、市町村の區域に屬するものにして、國家又は上級自治體が自ら爲さず、又は國家の專業に屬さざる行政事項を包括し、及其の事務を執行する爲め、各機關の組織並財政に關する事務を伴隨するものと謂ふべし。而して是等行政事務は、公同の福利、即ち公益を目的とするものなるが故に、單に營利を目的として、事業を爲すを得ず。然れども公益を目的とする事業にして、同時に收益を生ずることは、公共事業たるに妨なきのみならず、將來此の種の事業は、社會の進歩と共に、益々自治體に於て多きを加ふるの傾向あり。現に一般公益に關するもの、例せば水道、瓦斯、電氣の供給所、汽車、馬車、電車、鐵道等の如きは、國家又は自治體に於て所有し經營するを、社會政策上得策なりとし、文明諸國漸次此の主義を採用するもの多し。畢竟、公共事務たるや否やは、時と處とにより、市町村全般の利益を目的とするや否やにより決定するの外なし。假令ば海運業の如きは、今日の狀況に於て、一般營利事業なりと云ふを得べきも、絶海の孤島にして、一私人の事業として交通を充分ならしむる能はざるときは、之を以て自治體の事業とし、交通行政の目的を達することを得べく、或は寒村僻地に於て、醫師に乏しきときは、醫學生に學費を補助して、衞生行政の必要に應ずるの準備を爲し得るが如し。其の他公園を設け、博物館を置き、備荒貯蓄をなし、救貧の法を設け、補助を給して民業を奬勵する等、苟も市町村全般の利益に關し、其の發達を助くるものなる以上は、悉く公共事務なりと謂ふことを得べし。以上は、町村が爲すべき公共事務を、概括的に説明せるものなるが、町村は、單に其の公共事務を行ふのみならず、從來法令に依り、又は慣例に依りて爲し來りたる事務を處理するものとす。例へば、或種の國税又は府縣税の徵收を爲すが如き、兵事に關する一部の事務を處理するが如き、行路病人に關する取扱を爲すが如きは、從來法令に依りて處理する事務にして、漁業若は鑛業を營むが如きは、元來町村の公共事務にあらざれども、慣例あるときは、公共事務として處理するを得るの類なり。而して將來に於ても、法律勅令の規定に依り、町村に屬せしむる事務は、是亦町村に於て處理すべきものとす。

町村に於ける事務の處理は、官の監督を受けざるべからず。是れ前に説きたるが如く、町村の事務は本來國家事務の一部に外ならざるを以て、國家は、之を監督して、其の目的に違ふことなからしむるを要すればなり。

〔參照〕　舊制第二條

行政判決例

○漁業ハ其性質純然タル一種ノ營業ニシテ公共事業タル性質ヲ有スルモノニアラサレハ公ノ法人タル町村ノ爲シ得ヘキ事業ニアラス（二八、五、二九）

○市町村カ府縣道改修ノ爲メニスル寄附金ハ市町村制第二條ニ所謂公共ノ事務ニ該當スル必要ノ支出ナリ（二九、五、二六）

○兵營ノ建設ハ國家ノ防備ニ屬シ自治團體ノ利益ト直接ノ關係ヲ有スルモノニアラス故ニ之カ爲メニ寄附ヲ爲スカ如キハ本條ノ範圍ヲ超越ス本條ノ範圍ヲ超越シタル行爲ノ費用ハ市町村ノ必要ナル支出ニアラス（三二、一〇、七）

○全村間ニ締結セラレタルト否トヲ問ハス個人間ノ契約ハ村法人ヲ覊束スルノ效力ナシ（三三、一二、二八）

○町村制第二條ニ所謂町村公共ノ事務トハ町村ノ公益ニシテ町村自ラ當然處理スヘキ事務ヲ指稱セルモノトス（三七、五、三〇）

適用例

○市町村ハ公ノ法人ナルヲ以テ從來ノ慣行アルモノノ外單ニ營利ヲ目的トスル事業ヲ爲スヲ得ス

○町村若クハ其區ハ舊慣ニ依ルモノナルニ於テハ砂鐵採鑛事業ヲ爲スコトヲ得ヘシ

○市町村請願ノ能力ハ其職務權限ノ範圍外ニ渉ル事項ニ及フヲ得ス

○市町村ニ於テ舊來ノ慣行ニ依リ府縣土木工事ノ受負ヲ爲スハ其市町村ノ地元工事ニシテ市町村ノ公益ト堅牢トヲ主トスル必要アル場合ニ限ル且若工費不足スルトキハ其市町村ノ負擔タル可キ旨ヲ議決シ置キ工事監督ハ府縣ニ於テ必ス之ヲ履行スルヲ要ス但地元住民一個人ノ請負ハ別段ナリトス尤モ地元市町村ナラサルモ密接利害ノ關係アルモノハ暫ク舊慣ニ仍リ請負ヲ爲サシムルモ妨ナシ

○市町村請負工事ハ其數町村ニ關係スル場合ニ於テ之カ爲メ特ニ組合ヲ設クルノ不可ナルハ勿論既設ノ組合ト雖モ一部ノ事務共同ノ爲メニ設ケタルモノナルトキハ其目的ノ範圍ヲ脱セサル樣注意セサル可ラス

○勸業救恤ノ目的ヲ以テ市町村費ヲ以テ開墾ヲ爲スタメ官有地拜借ノ許可（官有地特別取扱規則第一條第一項ニ依ル）ヲ請フコトヲ得

○府縣郡市町村及公共組合ニ於テ公共ノ用ニ供スル溜池敷ノ爲メ官有ノ土地森林ヲ必要トスルトキハ官有財產管理規則第十二條ニ據ルコトヲ得而シテ其土地上ノ立木ハ相當代價ヲ以テ拂下ノ手續ヲナス可シ

○水車取締ニ關スル縣令中市町村又ハ組合ノ承認書ヲ添ヘ出願許可ヲ請フヘキ旨ヲ規定スルカ如キハ警察權ノ一部ヲ市町村又ハ組合ニ讓與シタルノ嫌アリテ穩當ナラス

○特ニ偉業ヲ成就シ若クハ職務ニ勉勵セル市町村吏員ニ對シ之ヲ賞與センコトヲ郡長又ハ府縣知事ニ稟請スルモノアルヤニ聞ク假令會議ノ議決ニ依ルモ之ヲ他ニ委託スルハ其當ヲ得タルモノニアラス

○利害ヲ享クル厚キ地元町村ニ於テ町村會ノ決議ニ依リ町村稅ヲ以テ府縣稅負擔ノ道路堤防ノ工費ニ寄附スルハ妨ナシ

○里道新開ノ爲メ從來道路ニ兼用セル堤防ノ付替ヲ要スルニ付町村ニ於テ之カ敷地工事材料及人夫等ヲ寄附セントスルモノアル場合ニ於テハ之カ寄附ヲ納レ工事ヲ起スコトヲ得

○組合町村費ヲ以テ私立病院ニ補助スルハ組合公共ノ利益ニ關スル事業ト認メ得ヘキモノナルニ於テハ妨ナク又醫學生ニ學資ヲ補助スル場合ハ其成業ノ後ハ組合町村ノ爲メ醫業ニ從事セシムル等ノ條件ヲ設クルカ如キ要スルニ組合ノ公益ヲ圖ルヲ以テ直接ノ目的トナシ其目的ヲ達シ得ル方法ニ於テ學費ヲ補助スルハ妨ナシ尤モ是等ハ所謂隨意事務ニ屬スルモノナルヲ以テ經濟上餘裕アル場合ノ外可成支出セシメサルヲ可トス

○市町村會ノ議決ヲ以テ其市町村駐在ノ巡査ニ職務勤務ニ對シ感謝ノ意ヲ表センカ爲メ慰勞トシテ

金員物品ヲ町村長ヨリ寄贈スルハ妨ナシ尤モ本屬長官ニ於テ服務規律上差支ナシト認メ其受領ヲ許可シタルトキニ非ラサレハ寄贈ノ目的ヲ達スルヲ得ス

解疑例

問 町村ノ一部田地灌漑ノ用ニ供スル溜池(官有地)アリ近年旱魃ニ苦シムヲ以テ更ニ一個ノ溜池ヲ築造セントス然ルニ在來ノ溜池接近ノ地主ニ於テハ賛成ヲ表セズ爲メニ關係地主一同協定トナラズ斯ル場合ハ假令關係地主中異議ヲ唱フルモノアルモ町村會ハ增設ノ必要ヲ認メ町村ノ一部賦課ノ費金ヲ議定シ之ヲ決行シ得ラルルヤ

答 町村ハ其必要上溜池ノ如キ營造物ヲ設置スルコトヲ得故ニ町村ノ公益上必要アリト認メタルトキハ關係地主等ノ意見如何ニ拘ラズ之ヲ設置シ得ベク且ツ其費用ハ町村制第九十九條ニ依リ町村內ノ一部ニ賦課スルコトヲ得ベキナリ

問 「サンフランシスコ」震災救助義捐金募集ニ際シ町村內ノ區ガ區有山林ノ立木ヲ賣却シ其代金ヲ以テ應募セントス差支ナキヤ但區會ナキガ故ニ町村會ニ於テ議決ス

答 義捐金ノ募集ニ應ズルハ町村制ニ所謂公共事務ト云フ能ハズ又其金員ハ區ノ必要費ト云フ能ハザルヲ以テ區ガ之ニ應ズルハ穩當ナラズ凡義捐金ノ如キハ人類ノ道義的精神ノ發動ニ基ヅキ資力ニ應ズル出捐ヲ爲スモノナルガ故ニ行政團體トシテハ其行政事務ニ切要ナラザル費用ト解スルヲ

至當トス

第三條　町村ノ廢置分合又ハ境界變更ヲ爲サムトスルトキハ府縣知事ハ關係アル市町村會ノ意見ヲ徵シ府縣參事會ノ議決ヲ經內務大臣ノ許可ヲ得テ之ヲ定ム所屬未定地ヲ町村ノ區域ニ編入セムトスルトキ亦同シ

前項ノ場合ニ於テ財產アルトキハ其ノ處分ニ關シテハ前項ノ例ニ依ル

第一項ノ場合ニ於テ市ノ廢置分合ヲ伴フトキハ市制第三條ノ規定ニ依ル

町村は從來の區域に依り、容易に變更せざるを趣旨とすと雖も、場合により、或町村を廢して他の市町村に合併し、又は或市町村を割いて新たに町村を置き、或は現に存する市町村の境界を變更して、或部分の所屬を變ずるを適當とすることなきに非ず。斯る場合には、府縣知事は先づ關係ある市町村會の意見を徵し、府縣參事會の議決を經たる上、內務大臣の許可を得て、之が處分を爲すべきものとす。是其手續を愼重にして、苟も其當を失することなからしめむことを期するなり。廢置分合と云ふときは、廢置の裏面には必ず分合ありて、一見重複の感なきに非ずと雖、こは全く一の特定せる町村を本として僻を設けたるなり。卽特定の甲町村を廢して他市町村に合し、他市町村を割いて甲町村を置き、甲町村を分ちて他市町村を置き、他市町村を合して甲町村の區域とするが如きを云ふなり。

又所屬の明ならざる地を、町村の區域に編入せんとするときも、前同樣の手續を經べきものとす。右の處分を爲すに當り、財產の處分を爲すにも、亦府縣知事に於て前同樣の手續を經べきものとす。町村の廢置分合が、一面に於て市の廢置分合となることあり。卽ち市を廢して町村に合し、町村を割いて市を置き、市を合して町村の區域とすることあり得べし。斯る場合には、市制第三條の規定に依るべきものとす。

（參照）　市制第三條　市ノ廢置分合ヲ爲サムトスルトキハ關係アル市町村會及府縣參事會ノ意見ヲ徵シテ內務大臣之ヲ定ム

是町村の廢置分合が、市の廢置分合と表裏を爲す場合なるを以て、市制の規定に從つて、上級監督官廳たる內務大臣に於て、關係ある市町村會及府縣參事會の意見を徵して定むべきものとせるなり。

《參照》　舊制第四條

行政判決例

○町村制第四條ニ依リ府縣參事會ニ於テ甲村ニ屬スル土地ヲ乙村ヘ編入スルノ議決ヲ爲シタル處分ニ對シ不服アルモ同制中訴訟ヲ爲シ得ルノ規定ナキヲ以テ行政訴訟ヲ提起スルコトヲ得ス（二四、二、九）

○分村ノ場合ニ於テ當年度經費剩餘金ハ本條ニ依リ縣參事會ノ議決ニ基キ處分スヘキモノトス　（二一

九、七、一〇）

〇分村後事務引繼結了迄從前ノ豫算ニ依リ其儘混同支出スルモ不當ニアラス（同上）

適用例

〇町村制第四條第一項ニ依リ處分スヘキモノハ二個以上ノ町村ヲ合シテ一町村トナシ又ハ一町村ヲ分割シテ二個以上ノ町村ト爲シ若クハ一個以上ノ全町村ヲ分割シテ二個以上ノ町村ニ分屬セシメ又ハ數町村ノ部分ヲ割キ新町村ヲ作ル如キ場合トス

〇甲町村ノ一部ヲ割キ乙町村ニ合シ又ハ甲乙町村内ニ點在スル飛地ヲ所在町村ニ組替ヲ爲スノ類ニシテ其町村ノ廢置ニ關セサルモノハ總テ第四條第二項ニ據リ處分スルモノトス

〇市制町村制第四條ノ處分ニ對シテハ市制第百十六條町村制第百二十條ニ據リ訴願スルヲ得サルモノトス

〇町村制第四條ノ廢置分合境界變更ノ議決ヲ公布スル場合ハ府縣令ト爲サスシテ告示ノ名稱ヲ用ヒ其告示ニハ町村制第四條ニヨリ處分セシ旨ヲ記スルヲ可トス

〇分村シタル村會議員選擧ノ場合ニ在テハ舊村長ヲ以テ選擧掛長トナシ其選擧期日ハ第十八條ニ依ルヘキモノトス

〇市制第百十三條第二項町村制第百十四條第二項中市町村會ノ意見ヲ聞キトアルハ假令市町村會ノ

議決ニ基キ市參事會若クハ町村長ヨリ申請アリト雖モ府縣參事會ニ於テ改メテ發議ノ上更ニ市町村會及郡參事會ノ意見ヲ徵シ又町村制第四條第一項及二十三年法律第七十七號第一條中市町村會及郡參事會ノ意見ヲ聞キトアルハ假令市町村會若クハ郡參事會ノ決議ヲ以テ市參事會町村長若クハ郡長ヨリ申請アリト雖モ府縣參事會ニ於テ改メテ發議ノ上更ニ市町村會若クハ郡參事會ノ意見ヲ徵シ處理スヘキモノトス

○意見ヲ聞クハ關係市町村ノ希望アルト否トニ拘ラス府縣參事會ニ於テ必要ト認メタル時ニ限ル

○町村ノ分離ヲ爲ス爲メ大字ノ分割ヲ要スルニ當リ其大字有ノ財產アルトキハ其處分ハ本項ニ準スヘキモノトス但大字內住民ノ共有タル事實アルモノハ此限ニアラス

○町村ノ合併ニシテ公益上ノ必要アリト認ムルモ府縣參事會ニ於テ之ヲ可決セサルトキハソノ合併ヲ稟請スルコトヲ得ス

解疑例

問 町村制第四條第三項ニ公益上必要アルトキハ云々トアリ町村ヲ合併シ又ハ境界ヲ變更スル上ニ於テ公益トハ如何ナル點ヲ云フ乎希クハ其重ナル例證ヲ擧ケテ說明アランコトヲ

答 地理人情風俗經濟等ノ點ヨリ觀察シテ一般ノ利益ト認メラルル場合ニシテ例セバ地域狹小ニシテ密接セル二町村アリ其間ニ分立ヲ要スル事情ナキノミナラズ却テ合併スルトキハ土木敎育等大

ニ經費ヲ節減スベシト認メラルル如キ場合ナリ

問 數區ヨリ成レル村アリ或ル區ノ住民常ニ結托シテ村治上種々ノ障礙ヲナスヲ以テ村會ノ決議ヲ以テ之ヲ分離セントス村會ハ之ヲ議決スルノ權能アリヤ

答 町村ノ廢置分合ハ町村制第四條ニ依リ府縣參事會ニ於テ町村會並ニ郡參事會ノ意見ヲ聞キテ之ヲ決議シ内務大臣ノ許可ヲ受クベキモノニシテ町村會ノ議決ニヨリテ直チニ分合ヲ爲シ得ルモノニアラズ只之ニ關シ町村會ノ爲シ得ル所ハ町村制第二十五條第二項ニヨリ公益ニ關スル事件トシテ意見書ヲ監督官廳ニ差出シ又ハ府縣參事會ヨリ意見ヲ徵セラレタルトキ可否ノ意見ヲ議決シ得ルニ在ルノミ

問 左ノ諮問ニ對シ甲町(村)會ニ於テ之ヲ否決シ乙町(村)會ハ之ヲ可決シクルトキハ其可否決ニ拘ハラズ廢置分合ヲ決行シ得ルヤ但シ縣參事會ハ之ヲ可決シ郡參事會ハ之ヲ否決シタリト云フ

何郡何町會

達丙第　號

其町ヲ廢シ大字何々ヲ以テ更ニ何町ヲ置キ大字何々ヲ何村ニ大字何々ヲ何村ニ大字何々ヲ何村ニ分屬セシメントス依テ町村制第四條第一項ニ依リ其會ノ意見ヲ徵ス

答 町村ノ廢置分合ヲ要スルトキ其關係アル郡參事會及町村會ノ意見ヲ聽クハ唯ダ廢置分合上ノ參考ニ供スルニ外ナラザレバ甲之ヲ否決シ乙之ヲ可決スルモ其決議ニ拘束セラルルモノニ非ズ故ニ其決議如何ニ拘ハラズ縣參事會ニ於テ分合ヲ必要ト認メ之ヲ決議スルトキハ内務大臣ノ許可ヲ得

テ之ヲ決行スルコトヲ得

問 甲乙丙ノ三町村ヲ合併シテ一町村ト爲サントスルニ際シ從來學校基本財産トシテ甲村ハ金壹萬圓ヲ有シ乙丙ノ町村ハ各壹千圓ヲ所有セリ然ルニ甲村ハ乙丙町村ノ所有部分ニ超過額卽チ九千圓ヲ區有財産トシテ之ヲ保存セント欲ス違法ニアラザルヤ如何

答 町村ノ分合ハ町村制第四條ニヨリ町村會及郡參事會ノ意見ヲ聞キ府縣參事會ニ於テ議決シ内務大臣ノ許可ヲ受クベキモノニシテ本問ノ如キ財産處分ヲ要スルトキハ其處分方法モ齊シク府縣參事會ニ於テ議決スベキハ同條第四項ノ規定スル所ナリ從テ合併セラルベキ町村ニ於テ異議アルモ結局府縣參事會ノ議決ニヨリテ決行セラルベシ但シ府縣參事會ニ於テハ各町村現時ノ財産ヲ擧ゲテ合併町村ニ歸セシムルモ又ハ各町村ニ其全部又ハ一部ヲ所有セシムルモ適當ト考慮スル所ニヨリ議決スベキナリ

第四條 町村ノ境界ニ關スル爭論ハ府縣參事會之ヲ裁定ス其ノ裁定ニ不服アル町村ハ行政裁判所ニ出訴スルコトヲ得

町村ノ境界判明ナラサル場合ニ於テ前項ノ爭論ナキトキハ府縣知事ハ府縣參事會ノ決定ニ付スヘシ其ノ決定ニ不服アル町村ハ行政裁判所ニ出訴スル

コトヲ得

第一項ノ裁定及前項ノ決定ハ文書ヲ以テ之ヲ爲シ其ノ理由ヲ附シ之ヲ關係町村ニ交付スヘシ

第一項ノ裁定及第二項ノ決定ニ付テハ府縣知事ヨリモ訴訟ヲ提起スルコトヲ得

本條は、町村の境界に關する爭論を裁定し、又は不明なる町村の境界を決定する方法を規定す。町村の境界を定むるが如きは、成るべく其地方の實際に通ずるものをして爲さしむるを要す。故に市町村間に境界に關する爭論あれば、其申出に基づき、府縣參事會が之を裁定し、又爭論なきも境界不明なるときは、府縣知事は府縣參事會の議に付して決定せしむべきものとせり。而して右の裁定、決定は、共に文書に認め其理由を明示し、之を關係市町村に交付すべきものとす。

若し關係市町村にして此裁定又は決定に不服なるときは、行政裁判所に出訴して、其の取消又は變更を求むることを得べく、又當該府縣知事に於て、該裁定、決定を不當なりと思考するときは、是亦行政裁判所に出訴するを得べし。

凡そ裁判には、行政裁判と司法裁判との二種あり。行政裁判とは、行政上の處分、裁決、決定等の當否を審判し、其不當なる場合にありては之が取消、變更を命ずるものにして、現今行政裁判所の設置は東京に一個あるのみ。司法裁判とは、主として民事刑事を審判するものにて、行政行爲の當否を審判するものに非ず。全國各地に設置せる普通裁判所は、皆此司法裁判を司るものなり。

《參照》　舊制第五條

行政判決例

○町村ノ境界ニ關スル爭論云々トハ單ニ町村境界ノ何レニ在ルヤヲ爭フ場合ヲ指示シタルモノニシテ彼我ノ間ニ爭ヒナキ境界ノ變更ヲ請求スル場合ヲ包含スルモノニアラス(二八、一一、一八)

○原被立會ノ上調製シタル圖面ニ依リ境界明確ナル以上ハ假令爾後納税シタル事實アルモ論地ヲ自己ノ地域内ナリト主張スルノ證據ト爲スニ足ラス(二九、五、九)

○一町村内ノ一字ニ在ル土地ヲ他ノ字ニ編入シタル町村會ノ處分ヲ不當トスル事件ニ關シ行政訴訟ヲ許スノ法令ナシ(三四、五、一〇)

適用例

○町村境界ノ爭論ハ府縣參事會カ訴願者ノ提出シタル證據方法ニ依リ決定ス可キモノナリト雖モ若シ其證據ニシテ境界ノ爭論ヲ決定スルノ資料ニ乏キモノナリト認ムルトキハ府縣參事會ハ自ラ其蒐集セル他ノ證據徵憑ニ依リ境界ノ所在ヲ裁決スルコトヲ得ヘキモノトス

第五條　町村ノ名稱ヲ變更シ又ハ村ヲ町ト爲シ若ハ町ヲ村ト爲サムトスルトキハ町村ハ内務大臣ノ許可ヲ受クヘシ
町村役場ノ位置ヲ定メ又ハ之ヲ變更セムトスルトキハ町村ハ府縣知事ノ許可ヲ受クヘシ

本條の許可を申請するには、孰れも先づ町村會の議決を經べきなり。第四十條の議決事件の概目中に掲げざるを以て、或は議決を要せざるやの疑を抱くものあらんも、同條の列記は單に概目たるに止まり、議決事件の總てを網羅せるには非ず。町村會の議決權の範圍は第三十九條に包括的に規定し、町村に關する事件の全部に亘るもの故、本條の場合の如き、議決すべき事件たるは勿論なり。

第二款　町村住民及其ノ權利義務

第六條　町村内ニ住所ヲ有スル者ハ其ノ町村住民トス
町村住民ハ本法ニ從ヒ町村ノ財産及營造物ヲ共用スル權利ヲ有シ町村ノ負擔ヲ分任スル義務ヲ負フ

町村住民とは、町村内に住所を有するものなりとせるを以て、其の本籍人たると寄留人たるとは固より問ふ所に非ず。

住所とは民法第二十一條の規定により、各人の生活の本據を云ふものなるが、或地が或人の生活の本據なりや否やは、事實上の認定に屬し、之が適用に當つては、頗る疑を生ずる場合なきに非ずと雖、要するに一時滯在の場所に非ずして、常住の場所と定めたる所なりと云ふの外なし。而して人或は住所は二個以上あり得べからざるが故に、本制にては、一人にして同時に二個以上の市町村に於て住民たるを得ざるべしと論ずるものなきに非ずと雖、二個以上の住所あり得べきことは、寧ろ今日の民法解釋上の通說なるが故に、勿論稀なる場合なるべしと雖、同時に二個以上の市町村に於て住民たることなしと斷ずべからざるなり。

舊町村制に於ては、町村內に住居を占むるを以て、住民たるの要件とせり。故に或勤務又は營業の爲め、其勤務又は營業の繼續中、一家を構へ住居する如きものも尙町村住民たりしが、改正規定たる本條にては、住所を有することを必要とするが故に、右の如き者は住民たらざるに至るものとす。

町村住民は町村有の財產、及營造物を共同に使用するの權利を有するものとす。財產と云へば、山林、秣場等其他種々あるべし。營造物とは、町村經營の病院、水道、學校、公園等の如きものなり。而して住民の是等を共用するの權利は、第九十條の規定及第九十一條により町村に於て定むる規則等に從ひて、行ひ得べきものにして、町村の財產營造物は其何たるを問はず、任意に使用し得るの義に非ず。故に特に本條に於て「本法ニ從ヒ」と明言せるなり。

町村住民には右の如き權利あると同時に、亦町村に對する義務あり。卽町村に必要なる費用を負擔し、又は夫役現品を供出するが如き是なり。

（參照） 舊制第六條

行政判決例

○町村制第六條及第八十二條町村有財産ヲ共用云々トアルハ卽チ町村住民共同ノ使用權ヲ規定シタルモノニシテ使用權ノ文字ヲ明記シタルナシト雖モ均シク使用權アルニ依リ之ニ關スル事件ハ町村制第百五條訴願訴訟ヲ許シタル規定以外ニ屬スルモノト謂フヘカラス（二六、一、一七）

○町村住民ノ住所ハ一人一個ニ限ルノ規定ナキヲ以テ實際一人ニシテ數個ノ住居ヲ有スル場合アリ（同上）

○町村住民タル資格ハ事實上住居ノ有無ニ依リ之ヲ決スヘク本籍若クハ寄留屆ハ其資格得喪ニ關スル必要條件ニアラス（二九、五、一九）

○本籍以外ニ轉籍セシコトナキヲ以テ必スシモ本籍地ノ住民ナリト謂フヲ得ス（同上）

○現ニ甲町村ニ住居スルノ事實アル以上ハ假令他町村ニ寄留屆出ヲ爲スト雖モ其屆出ノ爲メニ甲町村ノ住民ニアラスト云フコトヲ得ス（三四、五、二八）

○本籍地ニ一戸ヲ構ヘ家族ヲ有シ其村ノ負擔ヲ分擔シ居ル以上ハ只商業ノ爲メニ他地方ニ寄留スル

モ其村ニ住所ヲ有セサルモノト斷定スルヲ得ス（三四、一〇、二）

適用例

○現行法令上ニ於テハ市町村ノ營造物ニ關スル規則ヲ以テ市町村立小學校ニ適用スルノ限リニ在ラス

○甲乙兩村ニ住居ノ實蹟アル者ハ兩村ニ於テ住民權ヲ有スルモノトス

○學校生徒雇奉公人ノ如キ豫定ノ年限アル者ハ一時ノ滯在ト見做ス可シ

○地盤官有ニ屬スル堤塘道路用惡水路等ハ市町村ノ營造物ト認ム可キモノニ非スシテ明治二十四年內務省訓令第四六二號ノ範圍內ニ於テ其使用料ヲ徵收シ及其他ノ收益處分ヲ爲スノ外市町村制ノ規定ニ依リ是等營造物ノ使用ニ關スル規則ヲ設クルコトヲ得ス

尤モ地盤ノ市町村有又ハ民有ニ屬スルモノニシテ市町村ニ於テ其修築保存ノ費用ヲ負擔シ市町村ノ營造物ト見做スヘキモノハ市町村制ノ規定ニ依リ管理ス可キハ勿論ナリ

○營造物ノ所屬ハ必スシモ其營造物ヲ構成セル物件ノ所有權ノ所屬ト相伴フ可キモノニ非サルト同時ニ又必スシモ其修築保存費ノ負擔ト相伴フ可キモノニアラス

○井筋及井堰ニ供シタル官有地ハ其町村ニ於テ之ヲ借受ケ該營造物ヲ設定シ以テ今日マテ持續シ來リタルカ又ハ其町村ニ於テ最初ヨリ之ヲ設定シタルニ非サルモ其後ニ於テ該營造物ヲ其儘繼承シ

タルカ如キ事實アルニ於テハ其町村ノ營造物トシテ之ヲ取扱フコトヲ得可シ
○一ノ市町村ニ於テ納稅ノ義務ヲ生シタルモノカ同一年度內ニ於テ他ノ町村ニ轉住シ其町村ニ於テ更ニ同一種類ノ市町村稅ヲ賦課セラルルモ別段違法ノ賦課ニアラサルモノトス

解疑例

問 無籍者タルモ住民及公民權ノ資格ヲ有スル乎
答 其要件ヲ具備スル以上ハ住民及公民タルコトヲ得換言セバ戶籍ノ有無ハ住民及公民ニハ何等ノ影響ヲ及ホスモノニアラズ

第七條 町村住民ニシテ左ノ要件ヲ具備スル者ハ町村公民トス但シ貧困ノ爲公費ノ救助ヲ受ケタル後二年ヲ經サル者、禁治產者、準禁治產者及六年ノ懲役又ハ禁錮以上ノ刑ニ處セラレタル者ハ此ノ限ニ在ラス
一 帝國臣民タル男子ニシテ年齡二十五年以上ノ者
二 獨立ノ生計ヲ營ム者
三 二年以來其ノ町村住民タル者
四 二年以來其ノ町村ノ直接町村稅ヲ納ムル者

町村ハ前項二年ノ制限ヲ特免スルコトヲ得
家督相續ニ依リ財產ヲ取得シタル者ニ付テハ其ノ財產ニ付被相續人ノ爲シタル納稅ヲ以テ其ノ者ノ爲シタル納稅ト看做ス
町村公民ノ要件中其ノ年限ニ關スルモノハ市町村ノ廢置分合又ハ境界變更ノ爲中斷セラルルコトナシ
直接町村稅ヲ賦課セサル町村ニ於テハ町村公民ノ要件中納稅ニ關スル規定ヲ適用セス

本條は町村公民たる要件を定めたり。之に依れば、町村公民たるには、

(一)帝國臣民たることを要す　卽日本の國籍を有することを要す。日本の國籍を有する以上は朝鮮人、臺灣人、樺太人にても公民たるに妨なし。

(二)男子たることを要す　市町村行政の如き日常生活に密接なる自治政務に參與せしむるに男子に限るは、聊時勢の進運に伴はざるの感あるも、社會の實情未だ之を以て適當なりとし、從來の規定を改めざりしなり。

(三)年齡二十五年以上なるを要す　卽滿二十五年以上なるを要するなり。

(四)獨立の生計者たることを要す　獨立の生計者とは、自ら衣食住の計を爲して生活するものを云ふ。故に戸主たると否と、一戸を構ふると否とは、獨立の生計者たるに何等の關係なし、

(五)二年以來其の町村の住民たることを要す　住民の意義は第六條に説明せり。

(六)二年以來其の町村の直接町村税を納むることを要す　直接税とは、間接税に對する語にして、之を國税に於て云へば、間接税とは酒、醬油の造石税の如く、納税者は製造者なれども、其れだけ酒、醬油の代價高くなりて、實際上明かに消費者の負擔に歸するものを云ひ、直接税とは、之と趣を異にし、地租、所得税、營業税の如き、實際賦課せらるゝ者の負擔に歸する狀況に在るものを云ふ。然れども、或租税が直接税なるや間接税なるやは、往々にして、人により見る所を異にすることあるを以て、本法にては第百五十五條に於て、內務大藏兩大臣の定むる所に依るべきものとせり。而して其の定むる直接税は

國　税

地租　所得税(所得税法第三條第一項第二種の所得中無記名債券の所得に依る所得税を除く)營業税　鑛業税　砂鑛區税　賣藥營業税　取引所營業税

府縣税

戸數割　家屋税　營業税　雜種税(遊興税、觀覽税を除く)

市町村税　に有りては左の諸税を間接税とし其の他を直接税とす。

遊税與、觀與税、宴席消費税、特別消費税、觀覽税、入湯税、遊興税附加税、觀覽税附加税。

右(五)(六)に於ける二年の起算日は、(五)に在りては、其の町村內に住所卽生活の本據を定めたる日、(六)に在りては、實際納税したる日に拘らず、納税すべき資格を得たる日なりとす。

右の要件を具備すれば町村公民たるものとす。然れども、公民は町村の公務に參與する重要なる地位なるが故に、右の要件に缺くる所なしと雖、尙次のものは之に當るに足らざるものとし、公民たるを得ざるものとす。

一　貧困の爲め公費の救助を受けてより未だ二年を經ざる者。公費の救助とは行政上の貧民救助を云ふものにして、慈善團體の救助又は篤志家の義捐金を以て救助せらるゝが如きは、之に含まざるなり。

二　禁治產者、準禁治產者。是は民法の規定により、裁判所に於て宣告せられたる者なり。

三　六年の懲役又は禁錮以上の刑に處せられたる者。

以上第一項を說明せり。

第二項は、第一項の二ヶ年の制限を特免し得べき規定にして、事情の如何によりては、町村會の決議を以て、特別に年限の制限を免除することを得べし。故に二年以來の住民にあらざるも、二年以來町村の直接町村税を納めざるも、又貧民救助を受けてより二ヶ年を經ざるも、此免除を得て他に缺くる所なければ公民たるを得るものとす。

第三項は、家督相續により財產を取得したる者に付ては、其相續財產に付、前戸主の爲したる納稅を通算して、第一項の要件たる直接町村稅納付の二年以來なるや否やを定むるものとせり。然れども、其財產に付ての納稅なりや否やは、頗る疑義を生せざるを得ず。卽ち地租の如きは土地に付ての課稅なることは明かなりと雖、所得稅は如何、營業稅は如何、所得稅中俸給所得に對するもの丶如きは、財產に付てのものに非ざるは勿論、田畑山林等の土地より生ずる所得に對するものも、嚴格に云へば、土地と云ふ財產其物に對するに非ずして、之より生ずる利益卽所得に付ての納稅なりと云はざるべからず。又營業稅の如きも、營業其物は、收利を目的とする繼續的行爲なるが故に、行爲に付ての課稅なりと云ふべく、財產に付ての課稅なりとは云ひ難し。然れども、本項の規定と全く同一なる府縣制第六條第三項に付、主務省は從來左の如き解釋を執れるが如し。

一 「其財產に付被相續人の爲したる納稅」とあるは、俸給の如き特定人に專屬する所得を包含せずと雖、土地若くは有價證券より生ずる所得稅は、總て之を包含するものとす。

二 被相續人の納めたる國稅營業稅は、家督と共に營業を讓受けたる相續人の納稅と見做し、之を被相續人の納稅資格に算入することを得。

是「其の財産に付」と云へるを極めて廣義に解したるものにして、町村制に於ても此解釋を主持するものと思考せらる。理論としては少しく穩當を缺くの嫌なきに非ざること、前述ぶる所によりて明かなりと雖、斯の如き權利取得の要件たるものは、狹く解せんよりは寧ろ廣きに從ふを可とするが故に、著者も立法の趣旨は「其の財産に關して」の意なりと解し、尙營業の如きも一種の包括的財産なりと見て、主務省の解釋に左袒せむとす。

第四項は、市町村の廢置分合又は境界變更により、住民が新町村に屬するに至るも、第一項に規定せる二年の年限の計算は以前より通算すべきものとせるなり。

第五項は、町村が財産收益より一切の費用を支辨し、町村稅の賦課を必要とせざる場合には、直接町村稅を課せらるゝことなきが故に、此場合には納稅を公民資格の要件とせざることを定めたるなり。

《參照》 舊制第七條

行政判決例

○實際村稅ヲ納ムル資格アル者ニシテ本人カ之ヲ納メサルハ理事者ノ過誤ニ依リ賦課セサリシ爲メナル時ハ之ヲ以テ納稅者ニアラスト謂フヲ得ス（二九、二、二七）

○町村内ノ一部一區ニ賦課スル費用（第九十九條第二項）モ亦町村稅ナリトス（二九、五、二二）

○亡父ノ所有財産ヲ相續シタル者カ所有名義ノ書替ヲ爲サヽルモ實際租稅ヲ納付シ來リタル以上ハ

納税者タルノ資格ヲ有ス(三二、一二、二七)
○本籍タル甲村ニハ家族ヲ留メ置キ自己ノ名ヲ以テ諸税ヲ納ムル者ハ單身乙町ニ寄留スルモ依然甲村ニ住所ヲ有スルモノトス(三五、二、二八)

適用例

○徴兵現役未決囚在監中ノ日數ハ本條住居年數ニ通算ス
○數月間住居地外ニ在ル監獄ニ在監シタルモ未決囚ナルトキハ公民權ニ關係ナク且ツ其日數ハ本條ノ住居年數ニ通算ス
○甲村ヨリ乙村ニ轉住シ未タ二ケ年ヲ經過セサルニ甲乙兩村合併スルトキハ甲村住居ノトキヨリ計算シ新村ニ於テ二ケ年以來ノ要件ヲ取得ス
○町村ヲ分割シ一ノ新町村ヲ置キタル場合既ニ舊町村ニ於テ公民タル制限ノ特免ヲ得タルモノハ依然之ヲ失ハサルモノトス
○納税義務ヲ生シタルモ未タ實際ニ納税セサル者ニ對シ二ケ年ノ制限ヲ特免スルモ違法ニアラス
○負擔分任ノ年數ノ起算點ハ初メテ納税セシ日ニ非スシテ納税義務ノ生シタル日ヨリ起算ス可キモノトス
○納税義務中斷シ日ナラス再ヒ之ヲ生シ納税ニハ間斷ナシト雖モ其義務ノ中斷シタルモノナレハ本

條ノ要件ヲ失スルニ至ル

○市町村制第九十九條及地方學事通則第二條等ニ依リ市町村ノ一部若ハ一區ニ賦課シタル費用ハ均シク市町村税ト認メ市町村制第七條ノ市町村ノ負擔ヲ分任シトアル內ニ算入ス可キモノトス

○市町村公民タル者外國ニ在勤シタリトテ其外國ニ在勤スルノ故ヲ以テ直ニ本條(一)ノ要件ヲ失フモノト謂フコトヲ得ス

○本籍寄留ニ拘ラス一人ニシテ二箇所以上ニ住居ヲ占メ時々往來住居スル者モ其箇所毎ニ占居以來二年以上ナルトキハ各地ニ於テ本條(一)ノ要件ヲ取得ス

○甲乙兩村ニ於テ公民權ヲ有スル場合甲村ノ公民權ヲ失ヒ又ハ之ヲ停止セラルルモ第九條第二項ノ場合ノ外ハ乙村ノ公民權ヲ失ハス

○本條第一項末段ノ其公費トアルハ該市町村公費ノ救助ヲ受ケタル者ハ勿論府縣税備荒貯蓄金若クハ恤救規則ニ依リ救助ヲ受ケタル者ノ渾テヲ包含スルモノトス但明治十六年太政官達第八號ニ基キ國庫又ハ府縣税ヨリ費用ヲ支辨シタル場合並非常ノ災害ニ罹リ公費ヲ以テ焚出ヲ爲シ又ハ避難所ヲ設ケテ一時ノ急ヲ濟ヒタル場合其他備荒貯蓄法ニ依リ地租ノ補助若クハ貸與ノ場合ハ此限ニ在ラス

○年數ノ特免ハ其由ヲ本人ニ通知シ及市町村內ニ公告セサルモ市町村會ニ於テ議決シタル上ハ其效

力ヲ有ス

○市町村公民中公務ヲ以テ他府縣又ハ海外等ニ在勤スルモ其家族ヲ依然當該市町村ニ住居セシメ又其俸給ニ對スル所得税ノ如キ當該市町村ニ於テ之ヲ納メ其他當然市町村ノ負擔ヲ分任スルカ如キ實狀アルニ於テハ單ニ他府縣又ハ海外ニ在勤スルノ故ヲ以テ當該市町村ニ公民權ヲ有セサル者ト云フヲ得ス

解疑例

問　甲村公民ニシテ乙村ニ於テ土地家屋ヲ有シ支店ヲ設ケ乙村ノ村税ヲ負擔シ常ニ(本店)甲村ト相往來シ商業ヲ營ミ二ケ年ヲ經過シタルトキハ乙村ニ於テ公民權ヲ得ルヤ將タ乙村ニ寄留セサレハ公民權ヲ得サルヤ又營業ノ爲メ單身乙村ニ寄留シ公民權ヲ得タルトキハ矢張リ甲村ノ公民權ヲ持續シ得ルヤ

答　本籍寄留ノ別ナク一人ニシテ二箇所以上ニ住所ヲ有スルノ事實アルトキハ其個所毎ノ公民タルヲ妨ゲズ今本問ニ記載セルガ如キ場合ニ於テ二ケ年以上住所ヲ有スルノ事實アルニ於テハ他ノ要件ダニ具備スルトキハ甲村ノ公民タルト同時ニ乙村ノ公民タルコトヲ得寄留屆ノ有無ノ如キハ公民權取得ニハ何等ノ關係ナキモノニシテ要ハ唯第七條ノ要件ヲ具備スルヤ否ヤニ在リ

第八條　町村公民ハ町村ノ選擧ニ參與シ町村ノ名譽職ニ選擧セラルル權利ヲ

有シ町村ノ名譽職ヲ擔任スル義務ヲ負フ
左ノ各號ノ一ニ該當セサル者ニシテ名譽職ノ當選ヲ辭シ又ハ其ノ職ヲ辭シ若ハ其ノ職務ヲ實際ニ執行セサルトキハ町村ハ一年以上四年以下其ノ町村公民權ヲ停止シ場合ニ依リ其ノ停止期間以内其ノ者ノ負擔スヘキ町村稅ノ十分ノ一以上四分ノ一以下ヲ增課スルコトヲ得
一 疾病ニ罹リ公務ニ堪ヘサル者
二 業務ノ爲常ニ町村內ニ居ルコトヲ得サル者
三 年齡六十年以上ノ者
四 官公職ノ爲町村ノ公務ヲ執ルコトヲ得サル者
五 四年以上名譽職町村吏員、町村會議員又ハ區會議員ノ職ニ任シ爾後同一ノ期間ヲ經過セサル者
六 其ノ他町村會ノ議決ニ依リ正當ノ理由アリト認ムル者
前項ノ處分ヲ受ケタル者其ノ處分ニ不服アルトキハ府縣參事會ニ訴願シ其

ノ裁決ニ不服アルトキハ行政裁判所ニ出訴スルコトヲ得

第二項ノ處分ハ其ノ確定ニ至ル迄執行ヲ停止ス

第三項ノ裁決ニ付テハ府縣知事又ハ町村長ヨリモ訴訟ヲ提起スルコトヲ得

本條は、公民の權利と義務とを規定す。

名譽職とは、衆望を負ひ無給にて公務に任ずる職にして、町村會議員、名譽職町村長、名譽職助役、委員、區長等なり。

第一項に「町村公民は町村の選擧に參與し」とあるは、町村會議員の選擧に參與するを云ふ。

「町村の名譽職に選擧せらるゝ權利を有し」とあるは、選擧せらるゝ資格を有することを云ふものなり。

「町村の名譽職を擔任する義務を負ふ」とは、名譽職に選任せられたる場合に、其職に就き務めに服すべき義務ありて、故なく辭退し又は職務を曠廢するを得ざるを云ふなり。

第二項は、正當の理由なくして、名譽職の擔任義務を盡さゞる者に對する制裁を規定したるものなり。

「正當の理由」とは已むを得ざる理由と云ふに同じ。

「當選を辭し」とは當選するも就職を拒むを云ひ、「其の職を辭し」とは一旦就職したる後、辭退するを云ふ。

本項に列記せる一より五迄は、法律上正當の理由として認むる所にして、是以外に於ても事情の如何により正當の理由なりと見るべきものなしと云ふべからず。故に六に於て以上列記の外町村會に於て正當の理由ありと認むる場合は、名譽職擔任の拒辭を以て、義務違背に非ずとせるなり。而して是等正當の理由なくして、名譽職を拒辭するものに對しては、町村會決議の上、公民權の停止、町村稅の增課を爲し得ること、法文記載の如し。

第三項は第二項により處分せられたるものが、之に對し不服なるとき、訴願訴訟を以て其取消又は變更を求め得べき規定にして、若し第二項の一乃至五に該當し又は正當の理由と認むべきものなるに拘はらず、町村會の議決其當を失し、處分したるものなるときは、其處分は裁決又は判決により取消又は變更せらるべきものとす。

第四項は町村が第二項に於ける制裁を加へたる場合に、其處分の確定する迄執行するを得ざるものとせり。確定とは其處分に對し、第百四十條に定むる期間內に訴願訴訟の提起なくして、法律上其處分の效力を動かすの途なきに至りたるを云ふ。故に町村會が本條第二項により或者に對し公民權停止、町村稅增課を議決し、町村長が之を本人に告知するも、其者が訴願を提起し、更に訴訟となるときは、其裁決又は判決の結果其處分が確定する迄は、被處分者は公民權を停止せらるることなく、又町村稅の增課を受くることなし。是公民の權利に關する重大なる事項なるを以て、特に愼重を加ふるものなり。

第五項は第三項の府縣參事會の裁決に付、府縣知事又は町村長が不當なりと思惟する場合に、自ら進んで訴訟を提起し得べきことを定めたり。是制裁處分の適正を期するの趣旨に外ならず。

《參照》　舊制第八條

行政判決例

○凡ソ町村ノ名譽職ニ選擧セラレタル者ニシテ本條第二項第一ノ理由ニ依リ其職ヲ辭セントスルトキ其理由ノ當否ヲ町村會ノ議ニ付スルトキハ該議會ニ於テハ辭職屆ニ醫師ノ診斷書ヲ添付シアルト否トニ拘ラス宜シク先ツ其事實ノ有無及ヒ其疾病ノ輕重等ヲ充分調査セサル可ラス而シテ假令疾病ノ事實アルモ實際公務ニ堪ヘサルノ疾病ニアラス随テ辭職ノ理由ナシト議決スルニ當ツテハ其職ヲ辭セントスル者ハ事實其職ニ堪フルモノナリト確認シ得ヘキ證據ナカル可ラス何トナレハ疾病ハ固ト名譽職ヲ退クコトヲ得ルノ一理由ナレハナリ(二四、一〇、一)

○市長選擧ニ付法律ノ見解ヲ異ニスルカ如キハ議員ノ職務上ニ關スル事ニシテ公民タルノ義務即チ名譽職ヲ退キ得ヘキ理由トナスヘキモノニアラス(二五、三、二八)

○本條第四項ハ其第三項ニ依リ制裁ヲ受ケタル者其議決ニ不服ナルトキ訴願及訴訟ヲ提起シ得ヘキ規定ニシテ町村會ヨリ訴願訴訟ヲ許シタルモノニアラス(二五、一二、二三)

○投票ノ多數ヲ得タルハ卽チ名譽職ノ當選ニシテ府縣知事ノ認可ヲ得サル前ト雖モ名譽職ニアラスト云フヘカラス(二六、三、一四)

○本條一項ハ名譽職ニ選擧セラルルノ權利及之ヲ擔任スルノ義務アルコトヲ規定セルヲ以テ何人ト雖モ之ヲ辭退スルトキハ卽チ拒辭スルモノニシテ町村會カ理由ナキコトヲ議決シタル後始メテ拒辭ト稱スヘキモノニアラス(同上)

○算筆ヲ能クセスト云フカ如キハ名譽職ヲ拒辭スルノ理由トナスニ足ラス(同上)

○僂麻室斯症ニシテ自然慢性ニ陷ルモ計リ難シトノ診斷書ノ如キハ以テ議員ノ職務ニ堪ヘサルモノト認ムヘキ證ニアラス(同上)

○議長非難ノ事實及ヒ不正ノ議員數名アリテ神聖ノ議決ヲ爲ス能ハストノ事由ノ如キハ議員タルノ職務ヲ辭退スル正當ノ理由ト云フヲ得ス(二七、一二、二一)

○地方稅ノ納付期日ヲ誤リ村民ノ多數ハ爲メニ財產差押ノ處分ヲ受ケ非常ノ困難ヲ生セシメタレハ其責ニ任シ辭職屆ヲ差出シタリト云フカ如キハ名譽職ヲ辭退スルニ足ルヘキ理由ト云フヲ得ス(二七、一二、二一)

○本條ニ基ク公民權停止ノ村會議決ニ不服アル者ハ第百二十條第二項ニ定メタル期限內ニ訴願ヲ提出スヘキモノニシテ訴願法第八條ノ規定ニ依ルヘキモノニアラス(二九、一二、二一)

○町村會ハ名譽職ノ辭職申出ニ關シテ其理由ノ當否竝ニ制裁ノ如何ヲ議決スヘク其辭職ノ許否ヲ議決スヘキモノニアラス(三一、三、一五)

○村會カ正當ノ理由ナクシテ村會議員ヲ退職シタル者ニ對シ本條三項ヲ適用シテ公民權停止及村費增加ノ議決ヲ爲シタル後ニ至リ更ニ其特免ノ議決ヲ爲シタルハ越權ナリ(三二、六、三〇)

○村治上ノ意見投合セストノコトハ名譽職ヲ拒辭スルノ正當ノ理由ニアラス(三三、六、二九)

○家族中ニ疾病者アリトノコトハ名譽職ヲ拒辭スルノ理由ト爲スニ足ラス(同上)

○町村事務ノ紊亂若クハ會議中多數村民ノ狼籍等ノ事實アルニ於テハ町村會議員トシテ之ニ處スルノ職責アル可キニ依リ町村會議員タルモノハ誠實ニ其職責ヲ盡ス可ク自ラ稱シテ其職責ニ堪ヘスト云フカ如キハ名譽職擔任ノ義務ニ違フモノニシテ退職ヲ正當ナラシムル理由ニアラス(三四、六、一)

適用例

○町村會ニ於テ若干年間公民權停止及町村費增課ノ議決ヲ爲シタル後公民權ヲ喪失シタルトキハ町村費增課ノ處分モ自然消滅ス可キモノトス

○市町村ノ名譽職ヲ府縣郡ノ官吏ニ採用セントスルトキハ豫メ辭職セシムルニ及ハス又採用ノ後辭職セシムルニ及ハス直ニ採用シ差支ナシ蓋シ本官ニ任用セラレタル時ハ退職ノ理由生シタルモノ

ナレハ之カ請書ヲ出スト共ニ前名譽職ハ法律上當然消滅スルヲ以テ也

○區長又ハ區會議員ニシテ第八條第三十條第三十七條等ニ該當スル事項ハ町村會ニ於テ議決又ハ裁決ス可キモノニシテ區會ニ於テ之ヲ爲ス可キモノニ非ス

○本條第二項五ノ六年間ハ其繼續ナルコトヲ要ス

○組合ノ名譽職ヲ拒辭シタル場合モ本條ノ處分ヲ行フコトヲ得若シ又全部ノ組合ナルトキハ組合會ニ於テ議決スヘキモノトス

○市町村會ハ公民權ノ停止ヲ議決シ得ルト雖モ議決ヲ以テ其停止ヲ解除スルコトヲ得ス

○公民權ヲ停止セラルルトキハ選擧權ヲ失ヒ隨テ被選擧權ヲモ失フ故ニ名譽職ハ自然解職トナルハ勿論ナリト雖モ議員ニ在ツテハ市制第二十九條町村制第三十條ノ規定アルカ故ニ其資格要件ノ有無ハ尚ホ市町村會ノ議決ヲ經サルヘカラス

○名譽職ヲ拒辭シ又ハ任期中退職スルハ其任意ニ在ルモノナレハ屆出ヲ爲スニ止マリ敢テ許可ヲ請フヘキモノニアラス然レトモ拒辭退職ノ理由ニシテ本條第二項ノ一乃至五ニ該當セス又ハ市町村會ニ於テ正當ノ理由アリト認メサルトキハ本條第三項ニ依リ之ヲ處分スルコトヲ得

○公民ハ一ノ名譽職ヲ擔任スル理由ヲ以テ他ノ名譽職ヲ拒辭シ又ハ退職スルヲ得スト雖モ一人ニシテ數種ノ名譽職ヲ擔任スルハ事實堪フ可ラサルモノナルトキ市町村會ニ於テ第二項ノ六ニ該當ス

ルモノトシ之ヲ議決シタルトキハ本條ノ制裁ヲ加フヘキモノニアラス
○名譽職ヲ拒辭ストハ任期アルモノト否トヲ論セサルモノトス

解疑例

問　名譽職町村長疾病ニ罹リ公務ニ堪ヘサルノ故ヲ以テ退職屆ヲ名譽職助役ニ提出セリ該助役ハ之ヲ村會ニ附議シタルニ村會ハ其退職ヲ認メサルヨリ依然村役場ノ事務ハ右村長ノ名義ヲ用ヒ執行セリ是レ果シテ正當ナリヤ叉取扱上過誤アリタル時ハ村長ハ旣ニ退職屆出ヲ爲シ少シモ事務ニ關與セサル時ト雖其名義ヲ用ヒラレタルカ爲ニ責任ヲ生スヘキヤ且名義濫用ヲ防ク方法ナキヤ

答　吏員ハ强制シテ其職ニ服セシメ得ヘキモノニ非ルカ故ニ退職ノ屆出アリタル上ハ其當否如何ニ拘ハラズ退職者トシテ之ヲ見ザルベカラザルモノニシテ村會ノ議決ヲ待テ退職ノ效力ヲ生ズベキモノニアラズ只村會ハ退職ノ理由事實ニ合セズ正當ナラズトスルトキハ町村制第八條第三項ニヨリ制裁ヲ加フルノ途アルノミ從テ退職屆出後ニ其者ノ職氏名ヲ以テ事務ノ取扱ヲ爲スハ不當ナリ而シテ之カ爲メ他ノ吏員カ事務取扱上ニ過誤ヲ生ズルモ自己ノ關與セザル事務ニ付責ヲ負フベキ理由ナシ村ノ事務ハ村長事故アレバ助役代理トシテ自己ノ名ヲ以テ當然執行シ得ベキニ退職屆出アリタル村長名ヲ以テ事ヲ行フガ如キハ不當ノ甚ダシキモノニシテ監督官廳ガ之ヲ矯正スベキハ勿論ナレバ退職者ハ監督官廳ニ申告シテ其注意ヲ促シテ可ナリ

問 六ヶ年町村會議員ヲ勤續シタルモノアリ退職後未ダ六年ヲ經過セザルニ町村ノ分合アリテ町村會議員ニ當選セリ此場合議員タルコトヲ拒辭シ得ルカ

答 拒辭スルコトヲ得ベシ何トナレバ分合ニヨル新町村ハ分合ノ部分ニ付舊町村ノ權利義務一切ノ資格ヲ承繼スルモノナレバ之ヲ以テ別異ノモノト見ルベカラザレバナリ

問 四ヶ年以上其村ノ名譽職村長助役トナリ(報酬ノミヲ受ク)タルモノニシテ事故ノ爲メ隨意ニ退職スルモ村會ニ於テ公民權停止村費增課ノ制裁ヲ加フルヲ得ザルベシト思考ス如何

答 町村制第八條ノ第二項ヲ觀ルニ左ノ理由アルニ非ザレバ名譽職ヲ拒辭シ又任期中退職スルコトヲ得ズトアリ之ヲ反言スレバ左ノ理由アル場合ニハ町村名譽職ヲ拒辭シ又ハ任期中退職スルコトヲ得ト云フニ異ナラズ而シテ其列記セラレタル理由中ニハ四ヶ年間無給ニシテ町村吏員ノ職ニ任ジ爾後四年ヲ經過セザル者トアリ今本問ヲ觀ルニ四ヶ年以上名譽職ヲ勤務シタルコトハ明カナレバ其事故ノ何タルヲ問ハズ退職シ得ルコトハ疑ヒナシ然ルニ問題トシテ提出セラレタルハ或ハ括弧內ニ記載セラレタル報酬ヲ受ケタルノ一事ヲ以テ法文ニハ無給ニシテ吏員ノ職ニ任ジ云々トアルニ牴觸ストナシ疑惑ヲ生ジタルニハ非ル乎果シテ然リトセバ報酬ト給料トハ自ラ別異ナルガ故ニ任期中退職スルモ本文ノ規定ニ牴觸セズ從テ町村會ニ於テ何等ノ制裁ヲ議決スルコトヲ得ズ

問 町村公民ニシテ議員就職中ノ者町村長ニ當選シタリ然ルニ本人ハ事務ニ通曉セズトテ當選認可

申請書ニ添付スル履歴書ヲ差出サズ爲メニ其理由ヲ付シテ申請シタルニ知事ハ之ヲ不認可シタリ依テ町村制第八條ニ對シ左ノ二說アリ何レガ正當ノ解釋ナリヤ

一　町村長選擧認可申請書ニ添付スベキ履歴書ヲ提出セザルモ名譽職ハ知事認可前ト雖モ名譽職タルニ妨ナキモノナレバ其履歴書ノ提出ヲ拒ミタルハ卽チ名譽職ヲ拒辭シタルモノト認メ知事ノ認可不認可ヲ論ゼズ町村會ニ於テ其公民權ヲ停止スルコトヲ得

二　履歴書ヲ提出セザルモ監督官廳ハ其人ト爲リヲ熟知スルヲ以テ之ヲ不認可シタリ然レドモ履歴書ヲ添付セザル爲メ不認可シタリヤ將タ他ニ不認可ノ理由アリシヤハ其事實ヲ知ルヲ得ザルガ故ニ不認可ノ場合ハ町村制第八條第三項ノ制裁ヲ受ケズ

答　町村長ノ當選ハ府縣知事ノ認可前ニテモ既ニ多數ノ投票ヲ得タル上ハ名譽職ノ當選タルニ相違ナシト雖モ本問ノ事實ニテハ其當選ヲ拒辭シタルコトナシ元來認可申請書ニ履歴書ヲ添付スルハ其認可ヲ申請スル一ノ手續タルニ外ナラズ卽チ本人ヨリ履歴書ヲ徵スルハ固ト是レ一ノ便宜ノ手續タルニ過ギズ去レバ本人ハ記載スベキ何等ノ履歴ナク又ハ事務ニモ通曉セザルガ故ニ履歴書ヲ提出スルヲ得ズトシ之ヲ提出セザルモ其當選ヲ拒辭スル者ト認ムルヲ得ズ況ンヤ當選者ノ履歴ハ申請者ニ於テ取調ブルモ可ナルニ於テヲヤ何ゾ必シモ本人ノ提出ヲ要センヤ要スルニ本問ハ一モ其ノ當選ヲ拒辭シタルコトナキガ故ニ町村制第八條第三項ヲ以テ之ヲ論ズルコトヲ得ズ

第九條　町村公民第七條第一項ニ揭ケタル要件ノ一ヲ闕キ又ハ同項但書ニ當ルニ至リタルトキハ其ノ公民權ヲ失フ

町村公民租稅滯納處分中ハ其ノ公民權ヲ停止ス家資分散若ハ破產ノ宣告ヲ受ケ其ノ確定シタルトキヨリ復權ノ決定確定スルニ至ル迄又ハ六年未滿ノ懲役又ハ禁錮ニ處セラレタルトキヨリ其ノ執行ヲ終リ若ハ其ノ執行ヲ受クルコトナキニ至ル迄亦同シ

陸海軍ノ現役ニ服スル者ハ町村ノ公務ニ參與スルコトヲ得ス其ノ他ノ兵役ニ在ル者ニシテ戰時又ハ事變ニ際シ召集セラレタルトキ亦同シ

本條は(甲)公民權を全然失ふ場合と、(乙)公民權を失ふに至らざるも其者の失態より之を行ふに適せざるにより其行使を停止する場合及(丙)軍務の爲め一時公民權の行使を止むる場合とを規定せり。

(甲)公民權喪失の場合は、第七條の公民資格を缺ぐに至りたる場合にして(一)國籍を失ふこと、即外國に歸化して日本臣民に非ざるに至りたるとき、(二)獨立の生計を營まざるに至りたるとき、(三)町村內に住所を有せざるに至りたるとき、(四)直接町村稅を納めざるに至るたるとき、(五)貧困の爲公費の救助を受くるとき、(六)禁治產又は準禁治產の宣告を受くるとき、(七)六年以上の懲役又は禁錮に處せらるゝとき是なり。

(乙)公民權を喪失するにあらざれども、一時其の行使を停止せらるゝ場合及び其期間は、(一)租稅滯納處分中、卽ち財產差押の處分を受け、公賣處分の結了するまで、(二)家資分散若は破產の宣告を受けて確定し、復權の決定確定するに至るまで、(三)六年未滿の懲役又は禁錮に處せられ、其の執行を終り、若くは執行を受くることなきに至る迄とす。執行を受くることなきに至るとは執行猶豫となりて、其猶豫期間の經過せるとき、若は刑の時效により執行を免れたるとき等是なり。舊法にては、刑の宣告を受くれば、未だ確定には至らざるも、直に公民權を停止せらるゝものとしたるを改め、確定判決によりて始めて公民權に影響を及ぼすものとせり。其の六年未滿の懲役云々と規定せしは、六年以上の懲役又は禁錮に處せられたる者は、第七條の規定に依りて公民資格を喪失するを以て、本條には六年未滿の文字を加へたるなり。

(丙)陸海軍の現役に服するものは、軍隊の紀律上政務に參與せしむるは適當ならず。其他豫後備役補充兵役等に在るものにして、戰時又は事變に際し召集せらるゝものも亦同樣なるを以て本條第三項の規定を設く。而して現役に非ざるものゝ參政權を止むるは、戰時又は事變の際の召集に限るが故に、勤務演習の爲め召集せられたる場合の如きは、本項の制限を受くるものに非ず。

《參照》 舊制第九條

行政判決例

○租稅ヲ納期日ヲ過キ完納セサル場合ニ於テ之ヲ督促スルノ手續ハ行政處分ト云フヲ得ヘキモ財産差押ノ手續ヲ爲スニ至ラサル間ハ未タ二十三年法律第百六號ノ租稅滯納處分ト云フヲ得ス(二六、五、四)

○町村稅ヲ其納期ニ至リ納付セサルモ滯納處分ヲ受クルニアラサレハ未タ町村公民タルノ資格ヲ缺キタルモノト云フヲ得ス(三三、一〇、一九)

○附加刑トシテ停止セラルル公權ハ刑法第三十一條ニ列擧セラレタルモノニ限リ町村會議員被選擧權ノ如キハ之ヲ包含セス

明治三十九年法律第五十四號ハ公權ヲ停止セントスル刑罰的規定ニアラサレハ刑ノ執行猶豫ニハ何等ノ影響ヲ及ホスコトナシ

苟モ現ニ刑ノ執行猶豫中ニ在ル者ハ其執行猶豫ノ言渡カ明治三十九年法律第五十四號施行ノ前タルト後タルトヲ問ハス該法律ノ制限ニ服スヘキモノナリ(四一、四、二二)

適用例

○本條ノ租稅トハ國稅府縣稅市町村稅ヲ指ス

○本條ノ滯納處分中トアルハ實際財産差押ニ著手シタル日ヲ以テ起算點ト爲スヘキモノトス

○本條ノ滯納處分中トアルハ單ニ處分中ニ止マリ已ニ該處分結了ノモノハ公民權ヲ停止スルノ限リニ在ラス

○租稅滯納處分ヲ受ケ完結ニ至ラス官損ニ歸シタルカ如キハ既ニ義務ノ消滅シタルモノナレハ處分中トアルニ含蓄セサルモノトス

○數人共有地ニ係ル稅金ノ滯納處分ハ共有者全般ニ對シテ行フモノナレハ此場合ニ於ケル共有者ハ總テ公民權ヲ停止セラルルモノトス

○本條第三項ノ場合ニ當ルモノハ當然公務ニ參與スルコトヲ得ス隨テ區會議員タルコトヲ得サルモノトス

○稅外收入ハ租稅ニアラサル公法上ノ收入ナルカ故ニ假令之カ滯納處分ヲ受クルモ其處分ヲ受ケタルノ一事ハ町村公民タルニ何等ノ影響ヲ及サス

○甲ノ町村ニ於テ公民權ヲ有スル者乙ノ町村ニ土地ヲ有シ其土地ニ對スル租稅ヲ滯納シタルカ爲ニ滯納處分ヲ受ケタルトキハ甲町村ニ於ケル公民權ハ當然停止セラルルモノトス

○市町村制第九條第三項ノ規定ハ體格檢査ノ結果トシテ集合場ヨリ歸鄉ヲ命セラレタルモノヲ包含セスシテ事實上召集ニ應シ部隊ニ編入セラレタル者ヲ指シタル義ト解釋スヘキモノトス

解疑例

問 町村制第十八條ノ選擧人名簿確定ノ際租稅滯納處分中ニテ公民權停止セラレタルモノト雖モ選擧當日マデニ滯納金ヲ皆納シタルモノハ無論選擧權ヲ失セザルモノト考フ如何

答 本問名簿確定ノ際公民權停止云々ハ尙其事實ヲ詳ニスルニアラザレバ遽カニ解答ヲ下シ難シト雖モ要スルニ名簿確定ノ後租稅滯納處分ニ因リ一時公民權ノ停止ニ逢ヒタルモ選擧當日マデニ滯納金完納セシモノナル時ハ選擧權ヲ行使スルコトヲ得ベシ然レドモ公民權停止中ニテ名簿ニ登錄セラレズ其儘其名簿ガ確定シタルモノナル時ハ縱令選擧前ニ公民權ヲ回復スト雖モ此場合ハ選擧權ヲ行使スルコトヲ得ザルナリ

問 村會議員ニシテ村稅ヲ納期內ニ納メザル者アリ村長ハ國稅滯納處分法ニ依リ督促令狀ヲ發スルモ依然トシテ納入セズ旣ニ財產ノ差押ニ著手シタリ右ハ町村制第九條ノ租稅滯納處分中ハ云々トノ規定ニ該當セシモノト思考ス然ルトキハ公民權及議員ノ資格ノ停止セラルルハ勿論ナルモ差押ヘラレシ財產ヲ公賣ニ附セラルル前ニ右滯納金ヲ納附シタリトスレバ公民權ハ復權スルモ一タビ停止セラレシ議員ノ資格ハ復舊スルモノナルヤ將タ停止ノ儘消滅スル乎

答 租稅滯納處分ニヨリ財產ノ差押ニ著手セラルルト同時ニ公民權ヲ停止セラレ從テ議員ノ職ハ同條第四項ニ依リ自ラ解職スベキモノナリトス去レバ財產公賣以前ニ於テ納稅シタルハ公民權停止ノ解除卽チ公民權ハ恢復スルモ一旦公民權停止ノ爲消滅シタル議員資格ハ決シテ之ヲ復活スルコ

トヲ得ズ故ニ第三十條ニ依リ其失職ヲ議決セザルベカラズ

問　今茲ニ縣税戸數割ヲ滯納セル町會議員アリ該税金ノ納入方ヲ申出タルモ收入役ノ職印保管者タル書記出頭セザルニ付收入役ニ於テ後刻本領收證ト引換フベキ約束ニテ假受領證ヲ交付シ置キ其儘收入役及町會議員某モ他出不在中町長ノ命ニ依リ主任書記出張シ財産ヲ差押ヘタリ此場合町會議員某ヨリ該處分取消方申請セリ右ノ場合議員ノ資格ニハ何等ノ影響ヲ來サザルヤ

答　本問ニ於テ町會議員某ハ町役場ニ於テ收入役ニ縣税戸數割ヲ納附シタルモ書記未ダ出頭セズシテ收入役ガ職印ヲ見當ラザル爲メ後ニ本領收證ヲ渡スベシトテ假領收證ヲ渡シタルモノノ如シ果シテ然ラバ某ハ收入役ノ職務執行ノ場所ニ就キ之ニ對シ納税ヲ了シタル者ニシテ毫モ間然スル所ナシ而シテ領收證ガ假領收證タルモ又ハ假令全然領收證ノ交付ヲ受ケザリシトスルモ納税ノ效力ニ何等影響スルモノニ非ズ抑證書ナルモノハ事實ヲ證明スルノ用ニ供スルモノナルモ其有無ハ事實ヲ左右スルモノニ非ズ從テ本件ノ場合ニ於テ町長ガ納付アリタル事實ヲ知ラズシテ滯納處分ニ著手シタルハ事實ノ錯誤ニ基因スル不法ノ處分ニシテ全然無效ナリト云ハザルベカラズ然レバ該無效行爲ガ公民權停止ノ效果ヲ生ズベキ謂レナキコトハ云ハズシテ明カナリトス

問　町村制第九條第三項ノ現役以外ノ兵役ニ在ル者ニシテ戰時事變ニ際シ召集セラレタルトキトアルハ召集令狀受領以後ヲ云フヤ將タ所屬部隊ニ編入セラレタル以後ヲ云フヤ若シ後段ノ如シトセ

ハ

イ　召集令狀ヲ受領セルモ病氣ノ爲メ應召セザル者ノ如キハ依然町村ノ公務ニ參與シ得ルヤ

ロ　町村公民タルモノニ限リテ任ズベキ職務ニ在ル者及職ニ就キタルガ爲メ公民タルノ權ヲ得べキ職務ニ在ル者ニシテ召集セラレタルトキハ所屬部隊ニ編入セラレタル以後ニアラザレバ退職者ト云フヲ得ザルヲ以テ後任者ノ選擧ハ勿論事務ノ引繼ヲモ爲スヲ得ザルヤ果シテ然リトセバ所屬部隊ニ編入以後ニ於テ事務ノ引繼ヲ爲スガ如キハ事實不可能ニ屬スルヲ以テ令狀受領後本人出發以前ニ退職ヲ申立テシメ村會ニ於テ退職ヲ認定シタル上引繼ヲ爲サシムルノ外ナキヤ

ハ　召集狀ニ指示セラレタル部隊ニ參着シ身體檢査ノ結果トシテ卽日歸隊ヲ命ゼラレタル者ノ如キモ一旦所屬部隊ニ編入セラレタルモノト認ムベキヤ

若シ是等ヲモ編入セラレタルモノト認メズトセバ依然其職ニ在ルモ妨ゲナキヤ

答　町村制第九條第三項ニ規定セル應召者トハ單ニ召集令狀ヲ受領シタル者ニ非ズシテ所屬部隊ニ編入セラレタル者ヲ指示スルコト後段意見ノ通リ依テ本問ノ項ヲ追ヒ簡短ニ之ヲ分說スベシ

イ　召集狀ヲ受領スルモ事故ノ爲メ應召セザル者ハ公民權ニ何等ノ影響ヲ來サザルガ故ニ依然トシテ公務ニ參與スルコトヲ得

ロ　未ダ所屬部隊ニ編入セラレザル上ハ後任者ノ選擧ヲ執行スル能ハザルハ勿論ナルモ事務引繼

ニ關シテハ一時ニテモ所屬隊ニ出頭スル爲メ事務ヲ執ル能ハザル事故アルモノナレバ町村長ナレバ助役ニ助役ナレバ其分掌事務ナレバ町村長ニ又收入役ナレバ町村會ノ議決セル臨時執務者又ハ適宜ノ處分トシテ監督官廳ノ指名セル者ニ引繼置クハ適宜ナリ區長委員等モ町村長ノ命ヲ受ケ適宜ノ處置ヲ爲シテ可ナリ

ハ　所屬部隊ニ參着スルモ卽日歸鄕ヲ命ゼラレタルトキハ未ダ編入セラレタル者ト認ムルヲ得ズ從テ依然其職ニ在ル者ト解釋セザルベカラズ

第三款　町村條例及町村規則

第十條　町村ハ町村住民ノ權利義務又ハ町村ノ事務ニ關シ町村條例ヲ設クルコトヲ得

町村ハ町村ノ營造物ニ關シ町村條例ヲ以テ規定スルモノノ外町村規則ヲ設クルコトヲ得

町村條例及町村規則ハ一定ノ公告式ニ依リ之ヲ告示スヘシ

本條は、町村が、自治行政事務の執行に付、法則を定め得べきことを示せるものなり。條例と云ひ、規則と云ひ、從來の慣用語にして、其間に明白なる性質上の區別あるに非ず。然れども本制中にも舊制を用例を襲蹈して、第七條六項にて公民の要件に別段の規定を設くる場合、第六十一條第二項により町村長、助役を有給とする場合、第六十九條第三項の常設委員の組織に關し特別規定を設くる場合等の如き、條例を以て定むべきことゝし、第九十一條の町村有財産の使用方法を定むるには、規則を以てすることゝせるが故に、斯く法律上規定ある場合には、各其用例に從ふべく、其他の場合に於ても、町村住民の權利義務又は町村の事務の取扱に關する事項は、本條第一項により條例の名目を用ひ、營造物例せば學校道路公園と云ふが如きものに付、條例以外に規定を設くる必要あれば、規則の名を用ひば可なり。

舊制には「町村條例及規則は法律命令に牴觸することを得ず」との規定を置きしも、是れ言はずして明かなること故、本制には之を省けり。只特に注意すべきは、町村は本制第三條によりて定められたる自治權限の外に働くことを得ざるもの故、條例規則等の法則を定むるに付ても、必ず此範圍内に屬する事項に關せざるべからざること是なり。

法則は一般に公布すべきものなる故、條例規則も各町村に於て、從來定まりたる公告の方式によりて告示すべきものとす。

〔參照〕　舊制第十條

行政判決例

○有給吏員ノ旅費支出ニ關シテハ特ニ町村條例ヲ以テ規定ヲ設クルコトヲ要セス(三〇、四、八)

適用例

○本條町村ノ事務及町村住民ノ權利義務ニ關シ云々トアルハ町村公共事件ト認ムルコトヲ得ヘキ範圍內ニ於テ條例ヲ設定スルノ趣旨ナルハ固ヨリ言ヲ俟タス故ニ一定ノ制限ヲ設ケテ障害竹木ノ伐採又ハ小枝拂ヲ爲サシメ或場合ニ於テハ枝葉ノ公賣ヲ爲ス等總テ土地ノ保護ヲ直接ノ目的トシテ所有權ヲ制限シ若クハ一定ノ行爲ヲ强制シ且土地ノ官有タルト民有タルトヲ問ハス又民有地ノ其村住民ノ所有タルト他市町村住民ノ所有タルトヲ論セス之ヲ適用セントスルカ如キ事柄ハ町村條例ヲ以テ規定スヘキモノニ非ス

○町村ヲ變シテ市ト爲シタル場合ニ於テ舊町村ノ條例ハ市制ト町村制ト規定ヲ異ニシタルモノニ關スルモノノミ町村カ市ニ變シタル日ヨリ消滅シ其他ハ有效トシテ繼續スヘキモノトス

○移住寄留等拒絕ノ條例ヲ設クルヲ得ス

○元來町村長助役ハ名譽職ヲ以テ原則トシ唯已ヲ得サル場合ニ於テ特ニ有給吏員ト爲スヲ許スニ過キサルモノナレハ有給吏員ヲ改メテ名譽職ニ復スルハ最モ希望スヘキ所ナリト雖モ已ニ一旦許可ヲ得テ條例ヲ施行シタル以上ハ又容易ニ之ヲ改正シ若シクハ廢止スヘキモノニ非ス加之當職者任期中ニ在テ之ヲ動ストキハ法律ヲ以テ規定セラレタル任期ヲ重セサルノ嫌アリテ甚タ穩當ナラス

○有給町村長助役條例ハ現任者在職ノ儘ニテハ許可セラレサルノ例ナリ
○法律上任期アルモノ若クハ條例ノ規定ニ係リ任期ヲ設ケタル區長委員等ニ關スル條例稟制ノ節ハ當該吏員カ缺員又ハ任期滿限ノ際ナルヤ否ヲ明記スルヲ要ス
○小學校令ニ依リ設置スル學務委員ニ關スル條例ノ許可ヲ請フ場合ハ內務文部兩大臣宛ニスヘシ
○市町村ノ條例規則告示彙報公告等ヲ市町村ニ周知セシムル爲メ市町村報ヲ發行スルハ出版法ニ據ルヲ要セス
○第六十五條ニ依リ設置スル常設委員ノ組織ニ關シ同條第二項ノ規定ニ依ラサルモノハ同條末項ニ基キ條例ヲ以テ規定セサルヘカラス
○又常設委員ノ任期ハ組織ニ關スルモノニアラス尤モ其人員ハ組織ニ屬スルモ其員數ヲ定ムルハ別段ノ組織ニ屬セサルモノトス但市町村條例ヲ以テ常設委員ヲ設置スルトキハ條例中任期人員ニ關スル規定ヲ設クルヲ要ス
○市町村ハ其組織ニ要スル事務ノ綱領及市町村ト其住民トノ權利義務ニ關シ本條ニ依リ特ニ條例ヲ設定スルコトヲ得ルノミ
○公告式條例ヲ設クルトキハ
　條例規則其他ノ公告ハ總テ掲示ノ年月日ヲ記入シ町村長又ハ其代理者之ニ署名シ町(村)、、

、、、何ヶ所ニ掲示スルヲ以テ公告式トス

ト云フカ如キ趣旨ヲ規定スルヲ要ス且亦條例規則ノ公告ニシテ施行ヲ要スルモノハ掲示ノ日ヨリ何日ヲ經テ施行スト云フ趣旨ヲ明記スルヲ要ス

○區長ヘ配付スルノミヲ以テ公告式ト爲スカ如キハ其當ヲ得タルモノト云フヲ得ス

○區ノ議決ヲ以テ其區ニ係ル條例ヲ設クルニハ町村長ヨリ許可ヲ稟請シ許可ヲ得テ町村條例トシテ發布スヘキモノトス

○市町村條例ノ番號ハ其條例發行ノ節逐次之ヲ付スヘキモノナレハ許可稟請ノ際條例案ニ番號ヲ付スルヲ要セス

○時局ヲ幸機トシ納税組合又ハ勤儉貯蓄組合ヲ設定スルハ必ス良好ナル成績ヲ得ルニ相違ナシト雖モ由來町村條例ヲ以テ之ヲ設定スヘキモノニアラス

解疑例

問　有給町村長助役現ニ在職中ハ其條例ヲ廢シ之ヲ名譽職トスルヲ得サル乎

答　條例ノ改廢ハ町村會決議ノ上内務大臣ノ許可ヲ受ケサルヘカラス此手續ヲ經レバ法律上ハ有給ヲ止メテ名譽職トスルコトヲ得ヘシト雖在職者ノ權利ニ變更ヲ來スモノナルガ故ニ現任者在職ノ儘ニテハ許可ヲ與ヘザルヲ從來ノ例トス

第二章　町村會

町村會は町村の自治政務に付最重要なる任務を行ふものにして、凡町村の自治に關する事項は、細大となく其議決を俟つべく、町村吏員は只其議決を適當に執行すべきのみ、之を人に喩ふれば、町村會は意思を決定する任務を行ひ、町村吏員は其決定したる意思を實行するの任を負ふ。故に世間普通に町村會を意思機關、町村吏員を執行機關と云ふなり。

本章を二款に分ち、第一款に町村會の組立て、及之に付ての議員選擧のことを規定し、第二款に町村會の盡すべき職務と會議に關する手續とを定めたり。

第一款　組織及選擧

第十一條　町村會議員ハ其ノ被選擧權アル者ニ就キ選擧人之ヲ選擧ス議員ノ定數左ノ如シ
一　人口千五百未滿ノ町村　八人
二　人口千五百以上五千未滿ノ町村　十二人

三　人口五千以上一萬未滿ノ町村　十八人
四　人口一萬以上二萬未滿ノ町村　二十四人
五　人口二萬以上ノ町村　三十人

議員ノ定數ハ町村條例ヲ以テ之ヲ增減スルコトヲ得

議員ノ定數ハ總選擧ヲ行フ場合ニ非サレハ之ヲ增減セス但シ著シク人口ノ增減アリタル場合ニ於テ內務大臣ノ許可ヲ得タルトキハ此ノ限ニ在ラス

町村會議員は、何人が選擧すべきか、何人が選擧せられ得るかは、第一項の定むる所にして、選擧權ある者は卽選擧人にして、被選擧權ある者の中に就て、選擧すべきものとす。而して何人が選擧權を有するかは第十二條に、何人が被選擧權をを有するかは第十五條に規定せり。

第二項は人口を標準として議員の定數を定めたり。

第三項は特別の事情ありて、第二項の定數を增減するの必要あるときは、町村條例を以て之を規定し得べきことを定めり。

第十二條　町村公民ハ總テ選擧權ヲ有ス但シ公民權停止中又ハ第九條第三項ノ場合ニ當ル者ハ此ノ限ニ在ラス

本條は町村會議員の選擧權を有する者を定めたり。卽町村公民は總て選擧權を有するものとし公民權停止中のものと、政務に參與するを禁じたる現役軍人及戰時事變に際し召集せられ服役中の軍人を除き、町村公民たるものは總て選擧權を有するものとせり。

舊法には、特例として町村公民に非ざるも、多額の町村稅を負擔するものに選擧權を付與して、日本臣民にして、其町村に於て納むる直接町村稅の額が、町村公民の最多く納稅する者の、三人の一人よりも多きときは、第七條第一項の要件に當らずと雖、選擧權を有するものとせり。故に未成年者、女子又は禁治產者、準禁治產者、若くは他町村の者にても、町村公民の最も多く納稅する者の三人中の一人より多額の町村稅を納むるときは、是等は選擧權を有するものとせしも、改正法には渾て之を削除して特例を撤廢せり。

第十三條　町村ハ町村條例ヲ以テ選擧人ヲ分チテ二級ト爲スコトヲ得此ノ場合ニ於テハ市制ノ例ニ依ル

選擧人に階級を設くるが如きは、權利平等の常則より見るも、不權衡矯正の社會政策上今日の急務たる點よりするも、頗る不適當なるは多數識者の一致する所にして、今回の改正に於て原則として階級撤廢を見たる所以なり。故に本條の特例を設くるは、敢て必要なりとせるに非ざるも、立法手續の都合により斯る規定を生じたり。從て實際に於て本條の適用は甚少かるべし。

本條により選擧人を二級に分つには、必ず町村條例を以て之を定むべきものとす。而して此場合に於ては其の區分方法、各級選出議員數等市制規定の例に準據すべきものとす。

〔市制參照〕

第十五條　選擧人ハ分チテ二級トス

選擧人中選擧人ノ總數ヲ以テ選擧人ノ納ムル直接市稅總額ヲ除シ其ノ平均額以上ヲ納ムル者ヲ一級トシ其ノ他ノ選擧人ヲ二級トス但シ一級選擧人ノ數議員定數ノ二分ノ一ヨリ少キトキハ納稅額最多キ者議員定數ノ二分ノ一ト同數ヲ以テ一級トス兩級ノ間ニ同額ノ納稅者二人以上アルトキハ其ノ市內ニ住所ヲ有スル年數ノ多キ者ヲ以テ上級ニ入ル住所ヲ有スル年數同シキトキハ年長者ヲ以テシ年齡ニ依リ難キトキハ市長抽籤シテ之ヲ定ムヘシ

選擧人ハ每級各別ニ議員定數ノ二分ノ一ヲ選擧ス但シ選擧區アル場合ニ於テ議員ノ數二分シ難キトキハ其ノ配當方法ハ第十六條ノ市條例中ニ之ヲ規定スヘシ

被選擧人ハ各級ニ通シテ選擧セラルルコトヲ得

第二項ノ直接市稅ノ納額ハ選擧人名簿調製期日ノ屬スル會計年度ノ前年度ノ賦課額ニ依ルヘシ

第十四條　特別ノ事情アルトキハ町村ハ郡長ノ許可ヲ得區劃ヲ定メテ選擧分會ヲ設クルコトヲ得

町村の事情によりては、一の選擧會場に於て選擧を執行するを以て甚だ不便不利なりとする場合なしとせず。即ち町村の區域廣濶にして、選擧人が數里の遠きより參集せざるべからざるが如き、或は多數の選擧人が渡海を要するが如き場合等種々あるべし。斯の如き特別の事情あるときは、郡長の許可を得て區劃を定めて選擧分會を設くるを得るなり

第十五條　選擧權ヲ有スル町村公民ハ被選擧權ヲ有ス

左ニ掲クル者ハ被選擧權ヲ有セス其ノ之ヲ罷メタル後一月ヲ經過セサル者亦同シ

一　所屬府縣郡ノ官吏及有給吏員

二　其ノ町村ノ有給吏員

三　檢事警察官吏及收税官吏

四　神官神職僧侶其ノ他諸宗教師

五　小學校教員

町村ニ對シ請負ヲ爲ス者及其ノ支配人又ハ主トシテ同一ノ行爲ヲ爲ス法人ノ無限責任社員、役員及支配人ハ被選擧權ヲ有セス

前項ノ役員トハ取締役、監査役及之ニ準スヘキ者並淸算人ヲ謂フ

父子兄弟タル緣故アル者ハ同時ニ町村會議員ノ職ニ在ルコトヲ得ス其ノ同時ニ選擧セラレタルトキハ得票ノ數ニ依リ其ノ多キ者一人ヲ當選者トシ同數ナルトキハ年長者ヲ當選者トシ年齡同シキトキハ町村長抽籤シテ當選者ヲ定ム其ノ時ヲ異ニシテ選擧セラレタルトキハ後ニ選擧セラレタル者議員タルコトヲ得ス

議員ト爲リタル後前項ノ緣故ヲ生シタル場合ニ於テハ年少者其ノ職ヲ失フ年齡同シキトキハ町村長抽籤シテ失職者ヲ定ム

町村長又ハ助役ト父子兄弟ノ緣故アル者ハ町村會議員ノ職ニ在ルコトヲ得ス

本條第一項は、町村會議員の被選擧權を有する者を定む。卽選擧權を有する町村の公民は、總て被選擧權を有すとせり。故に公民にても公民權停止の者、軍務の爲め町村の公務に參與を禁せられたる者等(第八條第九條)は、選擧權なきが故に被選擧權なし。

第二項は、選擧權を有する町村公民にても、其人の業務の性質上不適當なりとして、被選擧權を有せしめざる者を列擧せり。卽
一　所屬府縣郡の官吏及有給吏員は被選擧權を有せず。故に其町村の屬せざる他府縣他郡に在職の官吏有給吏員なるときは被選擧權を有するに妨げなし。又所屬府縣郡の吏員にても名譽職吏員なるときは、是亦被選擧權に影響なきものとす。
二　其町村の有給吏員は被選擧權を有せず。名譽職吏員は固より妨げなし。
三　檢事警察官吏及收稅官吏は在勤の場所如何に拘はらず被選擧權なし。
四　神官神職僧侶其他諸宗敎師も、職務を執る場所如何に拘はらず被選擧權なし。
五　小學校敎員も右に同じ。

而して右等の者は、其業務を罷むるも、其時より一ケ月內は被選擧權を有せざるものとせり。是れ業務上の勢力を選擧に濫用するの虞あればなり。

第三項は、町村に對し直接利害の關係に立つ者の被選擧權を制限せるなり。

(一)町村に對し請負を爲す者、及其支配人は被選擧權を有せざるものとす。然るに請負の意義如何により、本項の制限を受くるものゝ範圍大に異なるが故に、適用上此意義を明確にするは極めて必要なるに拘はらず、從來府縣制に於ける之と粗同樣の規定の適用に付、往々行政廳、行政裁判所等の

問に解釋區々なるの傾向あり。今府縣制の規定を抄出し、尙之に對する行政裁判所の解釋を擧げて、說明の資に供せんとす。

府縣制第六條第九項　府縣ノ爲請負ヲ爲ス者又ハ府縣ノ爲請負ヲ爲ス法人ノ役員ハ其ノ府縣ノ府縣會議員ノ被選擧權ヲ有セス（本項は府縣制の舊規定ナリ）

行政裁判所は之が適用に付

○府縣制第六條第九項ニ所謂請負ハ廣義ニ用ヰラレタル語辭ニシテ民法第六百三十二條ノ請負ト其範圍ヲ同ウスルモノニ非ス（三八、二、一七）

○府縣制第六條第九項ニ所謂請負ハ廣義ニ用ヰラレタル語辭ニシテ通常請負ト稱スルモノハ總テ之ニ包含ス（三八、五、一五）

と說明するのみにして、廣義と云ひ、通常請負と稱するものと云ひ、漠然として請負の意義を示すに足らず。更に同裁判所が、事實上如何なるものを請負とし、如何なるものを請負に非ずとするかを觀るに、

○新聞社カ縣報ノ印刷ヲ引受ケ縣廳ヨリ其報酬トシテ發行ノ都度一定ノ部數ヲ買上クヘキコトヲ約定シタルトキハ事實上毫モ營利ノ餘地ナキモノト雖モ尙ホ府縣制第六條第九項ニ所謂府縣ノ爲メ請負ヲ爲スモノトス（三四、四、一二）

○費用ノ支給ヲ受ケ縣ノ公文ヲ掲載シテ管內ニ配布スル新聞社ノ社主ハ府縣制第六條第九項ニ所謂府縣ノ爲メ請負ヲ爲ス者ニ該當ス（三四、六、一四）

○府縣ノ金庫事務ヲ引受ケタル銀行ノ監査役ハ府縣制第六條第九項ニ所謂府縣ノ爲メ請負ヲ爲ス法人ノ役員ニ該當セルモノトス（三八、五、一六）

○株式會社ニシテ電氣ノ一定ノ數量ニ對シ一定ノ代價ヲ以テ衆庶ノ需用ニ應スルコトヲ目的ト爲ス者ハ縱令府縣稅ノ支辨ニ係ル警察署等ニ對シ電氣ヲ供給シ其代價ヲ受クルモ之ヲ以テ相互間ニ請負ノ契約ヲ爲シタルモノト云フヲ得ス從テ斯ノ如キ行爲ハ府縣制第六條第九項ノ請負ニ包含セス（三八、二、一七）

とせり。請負なりや否やの此區分は相當なりと雖、前に掲げたる如く「府縣制に於ける請負の意義は廣義にして民法上の請負と範圍を異にし通常請負と稱するものなり」と云へるは、請負の意義を如何なる範圍に解するものなるやを知るに苦しむ。或は民法上の請負の意義を狹く誤解して、仕事を施せる有體物の現存せるに非ざれば、民法上の請負に非ずとしたるに非ざるか。民法上の請負の意義は、斯る狹き意味に非ずして、契約上或仕事を引受け其結果に對して報酬を受くるものの總てを含む。從て右の判例に於ける新聞社の縣報の印刷引受、公文掲載の引受、金庫事務の引受の如きも、固より之に包含すべく、尙更に場合を想像すれば、人夫請負、掃除請負等も皆之に入るべし。此事は民法第六百三十二條第六百三十三條の規定により明かにして、第六百三十三條但書の規定は全く人夫請負、即人夫の繰出しの如き勞務請負さへ存することを示せるなり。故に府縣制に於ける請負も、町村制に於ける請負も、共に民法上の請負なりと解して、不可なきのみならず、特別の理由あらざる限りは、民法上の請負を指せるものなりと解せざるを得ざるなり。

請負の意義に付ては大要右に述ぶるが如し。

更に町村に對し請負を爲す者と云へるは、常に斷續して請負を爲す者の意なりや、又は現に請負を爲せるものを指せるや。行政裁判所は府縣制の適用に付

○府縣ノ爲メ新築工事ヲ請負ヒタル者カ其工事ヲ完成シテ引渡ヲ爲シタル以上ハ請負關係ハ該工事ノ保證期限ノ滿了ヲ待タスシテ終了スルモノトス（三八、二、二〇）

と判示せり。卽現に請負を爲せる場合に於てのみ被選擧權なしとするものにて、町村制に於ても此解釋に從ふを適當なりとす。

又請負者の支配人とは繼續的に請負人に使用せられ其代理として諸般の行爲を爲すものを云ふ。

（二）主として町村に對し請負を爲す法人の無限責任社員、役員及支配人も被選擧權を有せざるものとす。

主として町村に對し請負を爲す法人と云へるは、町村の仕事の請負を以て主なる業とする會社を云ふ

なり。故に一般公衆に對し點燈を營業とする會社が、町村の點燈をも請負ひ、又一般運送會社が町村より或物の運送を請負ふも、右に所謂主として町村に對し請負を爲すものには當らざるなり。無限責任社員とは、會社と他との取引に付、會社の義務不履行の場合に、一個人として無限に其全部の義務履行の責を負ふものにして、合名會社の社員全部、合資會社の一部の社員、株式合資會社の社員是なり。是等社員は各其會社を代表し、會社の責任を一身に荷ふものとす。株式會社には無限責任社員なるものなく、其業務に付責を負ふ者は、取締役及監査役なり。支配人は孰れの會社にもあり得るものにて、會社に使用せられ、會社の事務に付一般的の代理權を有するものとす。是等無限責任社員、役員、支配人は、共に管轄區裁判所に備付けある商業登記簿に登錄せらるゝものにて、世間普通に社員と稱する單純なる會社の雇人とは異れり。是等の者は會社の業務に付重大なる責任ありて、利害關係深きが故に、其會社が主として町村に對し請負を爲すものなるときは、其町村に於て被選擧權を有せざるものとせるなり。

第四項は前項に掲ぐる役員とは何を指すかを示せり。卽取締役、監査役及之に準ずべき者並請算人とせり。只玆に疑を生ずるは、取締役、監査役に準ずべき者とは、何を想像するか。民法上の公益法人に於ける理事監事が、日本銀行、勸業銀行等の如き特種會社の總裁副總裁理事が、若は產業組合、漁業組合等の理事監事か、是等總ての法人に、主として町村に對し請負を爲すものあり得べからず。主として町村の請負を爲す法人にあり得べきは、僅に破産管理人のみなり。然らば請算人の次に破産管財人として明記せば可なり。取締役監査役に準すべき者とせるが故疑惑を生じ易し。思ふに、立法者は明に想像する者なく、何等か斯の如きものあるやも知れず、と云ふ位にて斯る法文を設けしならん

第五項は父子兄弟たる者が、同一町村に於て同時に議員の職に在ることを禁じたり。是れ町村の事件を議するに當り、情實に制せらるゝ虞あればなり。父子兄弟とは、實父子、養父子、繼父子、實兄弟、養子縁組より生ずる兄弟等にて卽法律上の父子兄弟たるものを云ひ、妻の父子兄弟、姉妹の夫と云ふが如きは、之に包含せざるなり。而して父子兄弟たるものが同一選擧に於て選擧せられたるときは、得票數の多きもの一人を當選者とし、得票同數なるとき、年長者を當選者とし、年齢同じきときは、町村長抽籤して當選者を定むるものとす。又前に當選して現に議員たる者の父子兄弟が、後の補闕選擧又は增員選擧に於て選擧せられたる場合は、後の者が議員たることを得ざるものとす。

第六項は議員となりたる後に、他の議員と法律上父子兄弟の身分關係を生じたるとき、卽甲議員が乙議員を養子とし、又は丙議員の父が丁議員を養子としたる爲め、丙丁間に兄弟の關係を生じたるが如き場合には、年齢少き者が議員の職を失ふものとし、年齢同じきときは町村長に於て抽籤して失職者を定むるものとす。

第七項は町村長又は助役と父子兄弟たる者は、町村會議員の職に在ることを得ざることを規定するを

以て、縦令選擧せらるゝことあるも當選者たらざるは勿論、議員在職中、其の父子兄弟が、町村長又は助役に就任するときは、直にその職を失ふものとす。

《參照》　舊制第十五條

行政判決例

○父子兄弟ノ緣故アルモノトハ養實ノ父子兄弟タルノ關係アルモノヲ云フ妻ノ兄弟又ハ姉妹ノ夫ノ如キハ町村制ニ所謂緣故アルモノニアラス（二五、一、二三）

適用例

○本條第二項四ノ諸宗敎師トアル中ニハ神佛二敎以外ノ宗敎敎師ヲ包含ス

○乙町村ノ有給吏員ハ甲町村ノ議員タルコトヲ得ルモ乙町村ノ小學校敎員ハ甲町村ノ議員ト爲ルコトヲ得ス

○官吏中ニハ看守ヲ包含シ警察官中ニハ、巡査小學校敎員中ニハ授業生其他雇敎員ヲモ包含スルモノトス

○本條第二項第五號ニ所謂小學校敎員トアルハ現職ノ小學校敎員ヲ指稱スルモノナルヲ以テ休職學校敎員ニシテ市町村長助役ヲ兼務スルモ法律上妨ナシ

第十六條　**町村會議員ハ名譽職トス**

議員ノ任期ハ四年トシ總選擧ノ日ヨリ之ヲ起算ス

議員ノ定數ニ異動ヲ生シタル爲解任ヲ要スル者アルトキハ町村長抽籤シテ之ヲ定ム但シ闕員アルトキハ其ノ闕員ヲ以テ之ニ充ツヘシ

議員ノ定數ニ異動ヲ生シタル爲新ニ選擧セラレタル議員ハ總選擧ニ依リ選擧セラレタル議員ノ任期滿了ノ日迄在任ス

町村會議員を名譽職としたるは、町村公共の事務は其の町村の公民をして處理せしむるを本制度の趣旨とするが故にして、任期は之を四年と定めたり。而して任期の計算には、往々疑義を生ずることあるを以て、選擧の日よりと規定せり。舊法には選擧の第一日よりとありたれども、選擧は不可分なれば斯く改めたるものにて、結果は同一なり。故に縱令選擧數日に渉ることあるも、選擧の日卽第一日より起算すべきなり。例へば明治四十四年四月二十五日を總選擧の日とすれば、其日より起算し歷年に從ひ、明治四十八年四月二十四日に滿了すべく、選擧が二十六日に渉ることあるも、矢張り二十五日より起算すべきなり。

議員の定數に異動を生じたるが爲、解任を要する場合、卽ち減員せざるべからざるときは、町村長に於て抽籤してその解任者を定むべきなり。此の場合に於て、若し闕員あれば之を減員の中に加ふべきものとす。

議員の任期は、通常四年なれども、其定數に異動を生じたる爲、卽增員の爲新に選擧せられたる議員は、總選擧に依り選擧せられたる議員と同時に任期滿了するものとす。

《參照》　舊制第十六條

行政判決例

○町村會議員ノ任期滿了前ニ執行シタル改選ノ選擧ハ町村制第十六條ノ規定ニ違背シタルモノニシテ選擧全體ニ影響スル瑕瑾アルモノトス（三五、六、二）

第十七條　町村會議員中闕員ヲ生シ其ノ闕員議員定數ノ三分ノ一以上ニ至リタルトキ又ハ郡長町村長若ハ町村會ニ於テ必要ト認ムルトキハ補闕選擧ヲ行フヘシ

議員闕員ト爲リタルトキ其ノ議員カ第二十七條第二項ノ規定ノ適用ニ依リ當選者ト爲リタル者ナル場合又ハ本條本項若ハ第三十條ノ規定ニ依ル第二十七條第二項ノ規定ノ準用ニ依リ當選者ト爲リタル場合ニ於テハ町村長ハ直ニ第二十七條第二項ノ規定ノ適用又ハ準用ヲ受ケタル他ノ得票者ニ就キ

當選者ヲ定ムヘシ此ノ場合ニ於テハ第二十七條第二項ノ規定ヲ準用ス
補闕議員ハ其ノ前任者ノ殘任期間在任ス

第一項は、町村に常に定數の在任議員あることは希望すべき所なるも、時として缺員を生ずるは誠に已むを得ざるなり。然るに僅に一二名の闕員を生じたる場合にも、其都度之を選擧せざるべからずとせば、手數と費用とを損すること少からず。故に三分の一以上の闕員を生じたる場合に於て始めて補闕選擧を行ふべきことゝせり。但郡長、町村長若は町村會に於て、其の必要ありと認めたる場合は、缺員が定數の三分の一に達せざるも、尙補闕選擧を行ふべきものとす。

第二項　補闕には前項の如く選擧に依るを普通とすれども、缺員となりたる議員が、第二十七條第二項の適用又は準用に依り卽得票の數同じきも年長者の故を以て當選者となり、若は同年齡にて抽籤して當選者となりし者なるときは、同點者の落選となりしものあるべきを以て、之を以て補闕す。當選者二人以上ありしときは、同じく第二十七條第二項の規定を準用して當選者を定むべきものとせり。

第三項　補闕議員は、其の前任者の殘任期間在任すべきものとす。然るに議員の任期は一般に第十六條第二項の如く總選擧の日より起算し四年間にして、同條第四項により、後に新に選擧せらるるものと雖、總選擧に選擧せられたるものと同時に任期滿了するが故に、本條の補缺議員の任期も結局總選擧にて選擧せられたる他の議員と同時に滿了することゝなるなり。

〔參照〕　舊制第十七條

行政判決例

○村會議員定數ノ三分ノ一以上缺員アルニモ拘ハラス補闕選擧ヲ行ハスシテ村會ヲ召集シテ議決ヲ爲シタルハ違法ナリト主張シ其議決ノ取消ヲ求ムル事件ニ關シ行政訴訟ヲ許スノ法令ナシ（三〇、一〇、六）

第十八條　町村長ハ選擧期日前六十日ヲ期トシ其ノ日ノ現在ニ依リ選擧人ノ資格ヲ記載セル選擧人名簿ヲ調製スヘシ

町村長ハ選擧期日前四十日ヲ期トシ其ノ日ヨリ七日間毎日午前八時ヨリ午後四時迄町村役場又ハ告示シタル場所ニ於テ選擧人名簿ヲ關係者ノ縱覽ニ供スヘシ關係者ニ於テ異議アルトキハ縱覽期間內ニ之ヲ町村長ニ申立ツルコトヲ得此ノ場合ニ於テハ町村長ハ縱覽期間滿了後三日以內ニ町村會ノ決定ニ付スヘシ町村會ハ其ノ送付ヲ受ケタル日ヨリ七日以內ニ之ヲ決定スヘシ

前項ノ決定ニ不服アル者ハ府縣參事會ニ訴願シ其ノ裁決又ハ第四項ノ裁決

ニ不服アル者ハ行政裁判所ニ出訴スルコトヲ得

第二項ノ決定及前項ノ裁決ニ付テハ町村長ヨリモ訴願又ハ訴訟ヲ提起スルコトヲ得

前二項ノ裁決ニ付テハ府縣知事ヨリモ訴訟ヲ提起スルコトヲ得

前四項ノ場合ニ於テ決定若ハ裁決確定シ又ハ判決アリタルニ依リ名簿ノ修正ヲ要スルトキハ町村長ハ其ノ確定期日前ニ修正ヲ加フヘシ

選擧人名簿ハ選擧期日前三日ヲ以テ確定ス

確定名簿ハ第三條ノ處分アリタル場合ニ於テ府縣知事ノ指定スルモノヲ除クノ外其ノ確定シタル日ヨリ一年以內ニ於テ行フ選擧ニ之ヲ用ウ但シ名簿確定後裁決確定シ又ハ判決アリタルニ依リ名簿ノ修正ヲ要スルトキハ選擧ヲ終リタル後ニ於テ次ノ選擧期日前四日迄ニ之ヲ修正スヘシ

選擧人名簿ヲ修正シタルトキハ町村長ハ直ニ其ノ要領ヲ告示スヘシ

選擧分會ヲ設クルトキハ町村長ハ確定名簿ニ依リ分會ノ區劃每ニ名簿ノ抄

本ヲ調製スヘシ

確定名簿ニ登錄セラレサル者ハ選擧ニ參與スルコトヲ得ス但シ選擧人名簿ニ登錄セラルヘキ確定裁決書又ハ判決書ヲ所持シ選擧ノ當日選擧會場ニ到ル者ハ此ノ限ニ在ラス

確定名簿ニ登錄セラレタル者選擧權ヲ有セサルトキハ選擧ニ參與スルコトヲ得ス但シ名簿ハ之ヲ修正スル限ニ在ラス

第二項乃至第五項ノ場合ニ於テ決定若ハ裁決確定シ又ハ判決アリタルニ依リ名簿無效ト爲リタルトキハ更ニ名簿ヲ調製スヘシ其ノ名簿ノ調製、縱覽、修正。確定及異議ノ決定ニ關スル期日、期限及期間ハ郡長ノ定ムル所ニ依ル名簿ノ喪失シタルトキ亦同シ

選擧人名簿調製後ニ於テ選擧期日ヲ變更スルコトアルモ其ノ名簿ヲ用ヰ縱覽、修正、確定及異議ノ決定ニ關スル期日、期限及期間ハ前選擧期日ニ依リ之ヲ算定ス

本條には、選擧人名簿の調製、修正、確定及其效力に關する事項を規定し、尙該人名簿に違法錯誤等ありたる場合の匡濟方法を設けたり。以下項を逐うて說明すべし。

第一項、選擧人名簿の調製は、町村長に於て選擧期日前、六十日を期とし、選擧人の其日に於ける現在の資格を記載して爲すべきものとす。故に選擧期日を五月五日とすれば、其の前日より數へて六十日目、卽ち三月六日の現在に依るべきものとす。而して選擧人名簿は大正十年四月內務省訓令第七號の樣式に準據して調製すべきものとす。

第二項は、選擧人名簿の縱覽、異議の申立及之が決定に關することを規定す。選擧人名簿は、選擧期日の前日より遡つて四十日目の日より引續き七日間、每日午前八時より午後四時まで、關係者卽町村住民の縱覽に供すべし。而して縱覽を爲さしむるには、慣行の公告式により日時場所等を指示して其旨を告示せざるべからず。

選擧人名簿に登載せらるべき者を遺脫するか、又は要件の記載を誤るか、又は無資格者を有資格者として登載する等の事あれば、關係者は、縱覽期間內に町村長に異議の申立を爲すことを得べし。而して異議の申立ありたるときは、町村長は、縱覽期間滿了の後三日以內に町村會の決定に付すべきものにして、町村會は、其の送付を受けたる日より七日以內に之を決定すべきものとせり。

第三項第四項及第五項は、決定、裁決に不服ある者に、訴願、訴訟の途を開きたるなり。

第六項は、異議の決定に對し訴願期間内に訴願の提起なく、又訴願の裁決に對し訴訟期間内に訴訟の提起なくして、該決定又は裁決が確定したるに因り、若は訴訟の提起ありて其判決の結果、名簿の修正を要する場合には、町村長は、名簿の確定期日前に修正を加ふべきものとす。

選擧人名簿は縱覽期日前にありては、如何に修正變更するも妨げなしと雖、一旦縱覽に供したる以上は、確定したる決定、裁決又は判決に依るにあらざれば、變更を加ふるを得ざるものとす。

第七項　選擧人名簿は選擧期日前三日を以て確定すとあるが故に、五月十日を選擧期日とすれば、同月七日が三日前なることは明かなるも、其「三日を以て」と云ふは、如何なる意義なるや、確定と云ふことは、或期間の經過と同時に起るべきものなるが故に、選擧期日前三日の始めか、三日の終りか、孰れかの一ならざるべからず。本項の文義解釋としては、三日の終りに確定すべく從て其日迄は前項の修正を爲し得べきものとするを相當とす。然れども第八項に於ける次の選擧に關する場合の規定を見るときは、「選擧期日前四日迄に之を修正すべし」とありて、彼と是とに付、修正時期の終りと選擧期日との間に差異を設くべき理由なきを以て、本項の「三日を以て」と云へるは、記載不明瞭にして文義と一致せずと雖、寧ろ三日の始めと解するを其當を得たるものとすべきか。

第八項は、確定名簿の有效期間を規定せり。確定したる名簿は、其の確定したる日より、一年以内に於て行ふべき選擧に用ひらる。若し名簿確定後に於て、裁決確定し、又は判決の結果名簿の修正を要するときは、初めの選擧前には修正せず、其選擧を終りてより次の選擧期日前四日迄に修正すべきものとす。

然れども町村の廢置分合又は境界變更ありたるときは、前の確定名簿を其儘用ふること能はざること實際上多かるべし。斯る場合には府縣知事が特別の方法を指定すべきを以て、前の確定名簿に依らざるものとす。

第九項は、名簿を修正したるときは、直ちに其修正したる要點を告示すべきことを定めたり。

第十項は、選擧分會を設くるときに於て、確定名簿の抄本を調製すべき規定にして、投票の際には、名簿と對照して、選擧人たることを確むるの要あるを以て、此必要に應ずる爲め、分會の區劃每に抄本を調製するなり。抄本とは、必要の部分を必要の度に應じて、抜き書を爲せるものを云ふ。

第十一項は、確定名簿の效力を規定せるものにして、之に登錄せられざる者は、縱令其實選擧權を有すべき者も、選擧に參與して立會人となり、又は投票を爲すことを得ざるものとす。但し選擧權を有することの確定したる裁決書を所持して、選擧當日選擧會場に出頭するものは、選擧に參與することを得べきものとす。

第十二項 確定名簿に登錄せられたる者と雖も、實際選擧の際に於て、選擧權を有せざるときは、選擧に參與することを得ざるものとす。然れども名簿は修正せずして、其の儘に爲し置かざるべからず。

而して此の場合に於て、選舉權を有せざることは、何人が決すべきか。之を規定せずと雖も、投票の拒否は、選舉立會人に於て決定すべきものなれば、本項の決定も、亦選舉立會人に於て爲すべきものとす。

第十三項　選舉人名簿が、第二項乃至第五項の手續により、決定若は裁決の確定又は判決の結果無效となりたるときは、更に名簿を調製せざるべからず。此の場合に於ける名簿の調製、縱覽、修正、確定及異議の決定に關する期日、期限及期間は、本條の規定に依るを要せず、郡長に於て適宜に定むべきものとす。名簿を喪失して更に調製するときも、亦同樣郡長の定むるところに依るべきなり。思ふに、町村の政務は、暫くも曠廢に付すべからざれば、之を郡長の裁量に委して、實際上の便宜を圖りたるものならんが。

第十四項　選舉人名簿調製後に於て、選舉期日を變更することある場合に於ては、更に名簿を調製するを要せず、矢張り其の名簿を用ふるものとし。縱覽、修正、確定及異議の決定に關する期日、期限及期間は、前に定めたりし選舉期日に依りて算定し、名簿確定迄の手續を運ぶべきものとす。

〔參照〕　舊制第十八條

行政判決例

○選舉人名簿ハ縱覽中及期日後ハ法律ニ基キ訴願裁決ノ結果等ニ依ルニアラスシテ町村長一己ノ見

込ヲ以テ濫リニ加除訂正ヲ爲シ得ヘキモノニアラス(二六、一、二六)
○本條第一項ハ名簿ノ調製ニ係ル規定卽チ名簿ニ登錄セラレシモノノミニ選擧ヲ許シ然ラサルモノハ選擧權アルモ選擧ニ與カルヲ得セシメサルノ規定ニ過キス之ニ依テ選擧權アルコトヲ確定スルモノニアラス(二六、七、一〇)
○本條ニ六十日ヲ限ルトハ選擧當日ヲ算入セス其前日ヨリ起算シ溯テ六十日ヲ限ルモノト解釋スルヲ允當トス(二八、一、二七)
○裁決ノ確定ヲ俟タスシテ選擧名簿ヲ修正シタルハ適法ノ行爲ニアラス(二九、三、一二)
○選擧人名簿ヲ調製スルニ當リ選擧人タル資格ノ有無ヲ調査スルハ町村長ノ責務ナリ本條ニ所謂「選擧人ノ資格ヲ記載シ」トハ現ニ選擧權ヲ行使シ得ル者ノ資格ヲ記載スルノ意義ナリ(三一、一二、二六)
○本條第二項ノ規定ハ選擧人名簿ハ關係者ノ訴願アル場合ニ限リ市町村會ノ裁決ニ依リ修正スルコトヲ得ヘキ意義ナルヲ以テ關係者ノ訴願ナキニ市町村長カ市町村會ノ裁決ヲ求メ名簿ヲ修正セシハ違法ナリ(三二、四、一二)
○適法ノ手續ヲ經テ確定シタル選擧人名簿ハ法律上正當ノモノナルヲ以テ之ニ依リ執行シタル選擧ハ違法ニアラス(三三、四、六)

○選擧權ナキ者カ投票ヲ爲シタル事實アルモ爲メニ選擧ノ結果ニ異動ヲ生セサルトキハ其選擧ハ有效ナリ（三三、七、一一）
○町會議員ノ選擧名簿ニシテ一タヒ確定シタル以上ハ其不當ナルヲ理由トシテ選擧ノ效力ヲ爭フコトヲ得ス（三九、四、二七）
○確定名簿ハ選擧權ヲ有スルモ之ニ登錄セラレサル者ハ選擧ニ關係シ得サラシムルノ效果ヲ有スルニ止マリ選擧人タル資格ナキ者ヲシテ選擧權ヲ行ハシムルノ效果ヲ生スルモノニアテス（四二、三、三〇）

適用例

○名簿確定後二ケ年ノ制限ヲ特免セラルルモ其者ハ選擧ヲ行フコトヲ得ス然レトモ被選擧權ハ之ヲ有ス
○名簿確定後ハ監督權ヲ以テ修正ヲ命シ得サルモノトス
○市町村會議員ノ選擧人名簿ハ平日ト休日トノ區別ナク縱覽セシムヘキモノナルカ故ニ縱覽期間ノ終リカ假令日曜日又ハ大祭日ニ當ル場合ト雖モ其期日ハ總テ縱覽期間內ニ算入スヘキモノトス

第十九條　町村長ハ選擧期日前少クトモ七日間選擧會場、投票ノ日時及選擧スヘキ議員數ヲ告示スヘシ選擧分會ヲ設クル場合ニ於テハ併セテ其ノ區劃

ヲ告示スヘシ

選擧分會ノ選擧ハ本會ト同日時ニ之ヲ行フヘシ

天災事變等ニ依リ選擧ヲ行フコト能ハサルニ至リタルトキハ町村長ハ其ノ選擧ヲ終ラサル選擧會又ハ選擧分會ノミニ關シ更ニ選擧會場及投票ノ日時ヲ告示シ選擧ヲ行フヘシ

第一項　選擧會場、投票の日時及選擧すべき議員數等は、豫め選擧人に周知せしめざるべからず。本條に於て、選擧前少くも七日間は之を告示すべく規定せるは之が爲なり。又分會を設けたる場合に於ては、其分會に於て選擧を爲すべき區域をも併せて告示すべきものとす。

第二項　選擧分會の選擧は、本會と同日時に行ふべきものとす。若し天災事變等の爲に、同日時に行ふこと能はざるに至りたる場合に於ては其の選擧を行はざりし選擧會又は選擧分會のみに關し、更に選擧會場及投票の日時を告示し、然る後、選擧を行ふべきものにして、告示の期間は、同じく選擧前少くも七日間ならざるべからず。

〔參照〕　舊制第十九條

行政判決例

○村會議員ノ選擧カ本條ノ規定ニ違背シタルトキハ單ニ當選ノミヲ無效トスヘキモノニアラスシテ選擧全部ヲ取消スヘキモノトス（二九、七、九）

○町村會議員選擧ノ公告ハ選擧ノ日ヨリ七日前ニ發スヘキモノニシテ十月七日ヲ以テ公告ヲ爲シ同月十三日ニ執行シタル選擧ハ卽チ一日ヲ短縮セシヲ以テ町村制第十九條ノ規定ニ違背シタルモノトス（三三、一二、二八）

適用例

○同級ノミノ選擧會一日ニテ終ヘ難キトキハ前日ニ投票ヲ爲シ翌日開票スルモ妨ケナシ

第二十條　町村長ハ選擧長ト爲リ選擧會ヲ開閉シ其ノ取締ニ任ス

選擧分會ハ町村長ノ指名シタル吏員選擧分會長ト爲リ之ヲ開閉シ其ノ取締ニ任ス

町村長ハ選擧人中ヨリ二人乃至四人ノ選擧立會人ヲ選任スヘシ但シ分會ヲ設ケタルトキハ各別ニ選擧立會人ヲ設クヘシ

選擧立會人ハ名譽職トス

第二項の吏員と云へるは、廣く町村吏員を指せるものなるが故に、助役、收入役、區長、委員又は其他の吏員中、何人にても、町村長が適當と認むるものを指名して、選擧分會長たらしむるを得べし。

《參照》 舊制第二十條

行政判決例

○本條ハ投票ノ受理不受理ニ關スル場合ニ適用シ得ヘキ規定ニアラス故ニ選擧掛長ハ取締ニ基ク職權ナリトシテ選擧掛ニ諮ラスシテ投票ノ受理ヲ拒ミタルハ違法ナリ(二八、一一、七)

○選擧會ハ投票終了ノ場合ヲ除ク外定刻前ニ之ヲ閉鎖シ得ルモノニアラス(三九、一一、二)

○選擧掛ニ於テ投票ヲ行フ爲メ一時席ヲ離ルルモ之カ爲メニ選擧掛ノ資格ヲ失フモノニアラサレハ其離席シタル故ヲ以テ選擧ヲ違法ト爲スヲ得ス(四一、二、一八)

適用例

○選擧ノ當日町村長助役共ニ故障アリテ選擧ヲ執行シ能ハサル場合ニハ監督官廳ハ臨時代理者ヲ選任シ又ハ官吏ヲ派遣シテ町村長ノ職務ヲ管掌セシメ選擧ヲ執行スルモ妨ケナシ

第二十一條 選擧人ニ非サル者ハ選擧會場ヘ入ルコトヲ得ス但シ選擧會場ノ事務ニ從事スル者、選擧會場ヲ監視スル職權ヲ有スル者又ハ警察官吏ハ此ノ限ニ在ラス選擧會場ニ於テ演說討論ヲ爲シ若ハ喧擾ニ涉リ又ハ投票ニ關シ協議若ハ勸誘ヲ爲シ其ノ他選擧會場ノ秩序ヲ紊ス者アルトキハ選擧長又ハ分會長ハ之ヲ制止シ命ニ從ハサルトキハ之ヲ選擧會場外ニ退出セシムヘシ前項ノ規定ニ依リ退出セシメラレタル者ハ最後ニ至リ投票ヲ爲スコトヲ得但シ選擧長又ハ分會長會場ノ秩序ヲ紊スノ虞ナシト認ムル場合ニ於テ投票ヲ爲サシムルヲ妨ケス

本條は、選擧會場の秩序を維持し、選擧の公平を期する規定なり。選擧會場には、選擧人の外一切入らしめざるものとす。然れども選擧會場の事務に從事する町村吏員又は使丁の如き、或は選擧會場を監視する職權を有する郡長、又は其委任を受けたる郡書記の如き、又は警察官吏の如きは、職務上選擧會場に出入するの要あるが故に、是等は右の制限外に置けり。選擧會場に於て演說若は討論をなし或は喧噪し、投票に關して協議勸誘するが如きは、何れも選擧會場の秩序を紊すものにして、選擧の公正に行はるゝに害あるを以て、取締の任に當る選擧長又は分會長は之を差止め、若し命に從はざる者あるときは、之を會場外に退出せしむべし。若し退出を命ずるも肯んぜざるものに對しては、警察官の補助を得て、公力を以て退出せしむべきなり。

然れども、選擧人が選擧を行ふは、重要なる權利なると共に、亦その義務なれば、秩序維持の爲め退出せしめたればとて、之に投票を爲さしめざるが如きは、穩當ならざるのみならず、弊害の生ずる場合もなきにあらざるべし。故に一旦退出せしめられたるものも、最後に至りて投票を爲し得べきものとす。又最後に至らざるも、選擧長又は分會長に於て、最早秩序を紊すの虞なしと認むる場合には、便宜投票を爲さしむるを得べし。

《參照》　舊制第二十一條

行政判決例

○無資格者カ選擧會場ニ入ルモ選擧掛長カ直ニ退場セシメタルトキハ本條ノ規定ニ違背シタリト云フヲ得ス（二九、九、二一）

○本條ハ選擧ニ無關係ナル者ノ入場ヲ禁シタル規定ニシテ選擧人トシテ選擧會場ニ入リ選擧結了後ニ選擧資格ナキコトヲ發見シタル場合ハ選擧ニ關係ナキ者ノ入場トシテ之ヲ適用セス（三三、二、三〇）

○選擧掛長ハ會場取締ノ必要アルトキハ投票開函ノ場合ニ選擧人ノ參觀ヲ許サヽルモ選擧權ノ行使ヲ妨ケタルモノト云フヲ得ス（三四、六、二九）

第二十二條　選擧ハ無記名投票ヲ以テ之ヲ行フ

投票ハ一人一票ニ限ル

選擧人ハ選擧ノ當日投票時間内ニ自ラ選擧會場ニ到リ選擧人名簿又ハ其ノ抄本ノ對照ヲ經テ投票ヲ爲スヘシ

投票時間内ニ選擧會場ニ入リタル選擧人ハ其ノ時間ヲ過クルモ投票ヲ爲スコトヲ得

選擧人ハ選擧會場ニ於テ投票用紙ニ自ラ被選擧人一人ノ氏名ヲ記載シテ投函スヘシ

自ラ被選擧人ノ氏名ヲ書スルコト能ハサル者ハ投票ヲ爲スコトヲ得ス

投票用紙ハ町村長ノ定ムル所ニ依リ一定ノ式ヲ用ウヘシ

選擧分會ニ於テ爲シタル投票ハ分會長少クトモ一人ノ選擧立會人ト共ニ投票函ノ儘之ヲ本會ニ送致スヘシ

●第一項の無記名投票とは、投票する人卽選擧人自身の氏名を投票に記載せざるを云ふ。此方法を用うるの利益は何人が何人に投票したるかを知る能はざる爲め、選擧人が他人の請託其他の情實に拘束せらるゝことなく、自由に自己の信ずる者に投票を爲し得るに在り。

投票は、選擧人自ら之を爲すべきものにして、投票時間内に、選擧會場に至り、選擧人名簿、又は其の抄本（分會の場合）の對照を受け、選擧人に相違なきことを認められたる上、町村長の定めたる一定の投票用紙を受取り、自ら被選擧人一人の氏名を記載したる一票を投票函に投入すべきものとす。故に投票を他人に代書せしむること、投票に被選擧人二人以上を記載すること、代人を以て投票せしむること、一人にして二票以上を投函すること、定式の用紙に非ざるものを用うることは、皆本條の禁ずる所なり。（第二、三、五、六、七項）

投票時間は、何時より何時までと豫め定めらるべきを以て、之を嚴守すべきは勿論なりと雖、投票時間内に選擧會場に入りたる者は、時間經過後に至るも、猶投票を爲すことを得べし。卽ち第四項の規定にして、斯かる場合は固より選擧人の懈怠に因るにあらずして、事務取扱上の都合に因りたるものなれば、選擧權の行使を妨ぐべきにあらざればなり（第四項）。

選擧分會に於て爲したる投票は、分會長に於て、選擧立會人一人以上と共に、投票函を護送して本會に致すべきものにして、分會に於ては、開函することを得ざるなり（第八項）。

〔參照〕　舊制第二十二條

行政判決例

○選擧投票ノ際選擧人名簿ニ附點ヲ爲シテ受理シタル數ハ二百二票ナルニ開函ニ當リ二百三票入函

シアルヲ發見スルモ元來人名簿ノ附點ハ制度ノ命スル所ニアラス單ニ掛長ノ記憶ノ爲メニセシモノナレハ倒令附點ノ數ト實際ノ投票數ト一票ノ差アリトスルモ別ニ其不正タルノ證據ナキ以上ハ之ヲ以テ無效ノ投票ナリト云フヲ得ス（二五、一二、一〇）

○蓋ヲ開クニアラサレハ投票投入ノ途ナキ箱ヲ用ヒタル選擧ハ選擧ノ規定ニ違背シタルモノトス（二九、九、二一）

○錠前ナキ懸蓋ヲ爲シタル投票函ヲ用ヒタル選擧會ハ背法ナリ（二九、一一、二）

○法律ノ規定以外ニ投票ノ方法ヲ掲示スルモ之カ爲メニ選擧ヲ妨害シタルノ事實ナケレハ其選擧ハ違法ニアラス（三〇、七、九）

適用例

○被選擧人ノ氏名ハ假名字ニテ認ムルモ法律上別ニ妨ナシ

○被選擧人ノ氏名ヲ透キ寫シ又ハ型等ニ依リテ寫シ出スモノノ類ハ被選擧人ノ氏名ヲ書スルコト能ハサルモノト認ムヘキモノトス然レトモ名刺ヲ傍ニ置キテ模寫スルカ如キハ自書シ得ルモノト認ムルコトヲ得ヘシ

○投票所又ハ選擧會場ニ於テ會場整理ノタメ選擧人ニ對シ入場券又ハ到著番號札等ヲ交付スルカ如キハ一ニ當局者ノ處置ニ屬ス

○自選投票ハ有效ナリ

第二十三條　第三十條若ハ第三十四條ノ選擧、增員選擧又ハ補闕選擧ヲ同時ニ行フ場合ニ於テハ一ノ選擧ヲ以テ合併シテ之ヲ行フ

總選擧の時期には、總ての議員の任期終了すべきやう、本法に規定せるを以て、總選擧の場合に他の選擧を合併すると云ふことなし。只總選擧が無效となり、更に選擧を爲し、若は總選擧に於て定員の當選者を得ざりし場合、其他當選者の當選拒辭又は當選の無效、議員の闕員、增員等の爲選擧を爲すべき場合に於て、同時に行ひ得べきものは、其の原因の如何を問はず、合併して一の選擧を行ふべきものとす。是れ選擧の目的は定數の議員を得るに外ならざるを以て、之を區別するは無用の煩たるに過ぎざればなり。

第二十四條　削除

第二十五條　左ノ投票ハ之ヲ無效トス

一　成規ノ用紙ヲ用ヰサルモノ

二　現ニ町村會議員ノ職ニ在ル者ノ氏名ヲ記載シタルモノ

三　一投票中二人以上ノ被選擧人ノ氏名ヲ記載シタルモノ

四　被選擧人ノ何人タルカヲ確認シ難キモノ
五　被選擧權ナキ者ノ氏名ヲ記載シタルモノ
六　被選擧人ノ氏名ノ外他事ヲ記入シタルモノ但シ爵位職業身分住所又ハ敬稱ノ類ヲ記入シタルモノハ此ノ限ニ在ラス
七　被選擧人ノ氏名ヲ自書セサルモノ

本條は、投票が本法の規定に違背する爲め無效たるべきものを明示せるなり。

第一項第一號は、第二十二條第七項に定むる用紙を用ひざるものなり。

第二號は、補缺選擧又は增員選擧の場合に起ることある事項にして、現任者に投票するも何等の結果を生ぜざるを以て無效とするなり。

第三號は、一投票中に二人以上の被選擧人を記載するは、單記の趣旨に違ふを以て無效とするなり。

第四號の被選擧人の何人たるかを確認し難きものには、書體不明にして讀むこと能はざるものもあるべく、又人名は讀み得るとするも、その何人を指せるかを確と認むること能はざるものもあるべし。後者は例へば、吉村正夫と云ふ被選擧權ある者ありとせんに、若し投票紙に古村政吉と記載したりとせば多分吉村正夫の間違なるべしと思はるゝも、確と認むること能はざるが如し。然れども當時の事情と記載の振合とにより惜に何人を指せるものなりと認めらるゝときは、多少の誤字脱字等あるも效力に妨げなし。

第五號は、被選擧權なき者の氏名を記載したるもの。

第六號は、被選擧人の氏名の外他事を記入したるもの、即無用の記載を爲せるものにて、之れを有效とするときは無記名投票の趣旨を沒却する弊を招くの虞あるを以て無效とせるなり。但し何大字何番地農又は何商何某殿とか、男爵何某樣とか云ふが如き、爵位職業身分住所又は敬稱の類を記入するは、一般附隨の記載なるを以て、差支なしとす。

第七號は、被選擧人の氏名を自書せざるものは、無效たるを規定せるなり。切拔型等を用ふる者ありて、爭議を釀すこと從來往々ありたれば本號を以て之を明にせるなり。

行政判決例

○本條ハ選擧ニ必要ナキ雜事ヲ記入シタル場合ヲ指スモノニシテ、被選擧人ノ資格ヲ明確ニスルカ爲メノ記入ハ之ニ該當スト云フヘカラス故ニ投票ニ「被選人某」ト記入シタルカ如キハ無效ノ投票ナリト云フヲ得ス（二五、五、二六）

○投票記載ノ氏名ニ誤字脱字等アルモ選擧當時ノ事實ニ徵シテ其何人ヲ指示シタルヤヲ認識シ得ル投票ハ有效トス（二八、一一、八）

○無效ノ投票アリタルカ爲メニ選擧全體ヲ無效トスルヲ得ス（三二、一二、一九）
○投票ニハ必スシモ被選擧人ノ姓名ヲ併記スルコトヲ要セス被選擧人ノ姓又ハ名ノ一方ノミヲ記載スルモ其何人タルヲ確認シ得ルニ於テハ無效ニアラス（三二、四、七）
○一村內ニ被選資格ヲ有スル同姓名ノ者二人アル場合ニ於テ單ニ其姓名ノミヲ記載シ其兩人中何レノ投票ナルヤヲ認メ得ヘキ著明ナル特徵ナキ投票ハ町村制第二十三條第二項第二號ニ所謂被選擧人ノ何人タルヲ確認シ難キモノトス（三五、三、一〇）
○被選擧人ノ名下ニ捺印アル投票ハ府縣制第二十七條第五ノ規定ニ依リ無效トス（府縣制適用三三、四、一一）
○單ニ投票欄內ニ縱線ヲ畫シ若クハ最初ニ或ル文字ヲ記シテ之ヲ消抹シ其痕跡ヲ止メサリシ投票ハ選擧ニ有害ナル他事記入ト認ムルヲ得ス（同前三三、九、二六）
○同一選擧區內ニ同氏名ノ者ナキ限リハ同氏名ヲ聯記シタル投票ヲ以テ二名以上ノ被選擧人ヲ記載セシモノト認ムルヲ得ス（同前三四、五、二四）

適用例

○町村內ニ同一ノ氏名アルトキハ其誰タルヲ明ナラシムル爲メ氏名ノ外ニ他事ヲ副記シタル投票ノ如キハ本條第二項第四號ノ限外ナリトス

解疑例

問 町村會議員選擧確定名簿ニハ片桐且元ト改名ヲ記載シアリ然レドモ幼名ハ助作ナルニヨリ通常片桐助作ト呼ブ故ニ其幼名タル助作ト記載シタル投票アリ此投票ハ無效ナルカ

答 被選擧人ノ何人タルヲ確認シ得ル投票ハ些少ノ誤記アルモ有效ナリトス卽チ前名ハ助作ニシテ何人モ其投票ハ且元ヲ指シタルコトヲ認メ得ベケレバ其投票ハ有效ナリ

第二十六條　投票ノ拒否及效力ハ選擧立會人之ヲ決定ス可否同數ナルトキハ選擧長之ヲ決スヘシ

選擧分會ニ於ケル投票ノ拒否ハ其ノ選擧立會人之ヲ決定ス可否同數ナルトキハ分會長之ヲ決スヘシ

本條は或者の投票を拒むべきや否や、又投票の有效無效如何を決する方法を定む。投票を拒むべき場合は、選擧人名簿に登錄あるも選擧權なきことの明瞭となりたるときの如し。又投票の效力に付ては前條の規定により判斷すべきなり。

是等の場合には選擧立會人に於て、多數決により決定すべきものとす。若し立會人の意見二つに分れ、可否同數なるときは選擧長に於て決すべし。

選舉分會に於ける投票の拒否に付ても、前同樣其分會の立會人に於て決定すべく、而して可否同數なるときは、分會長に於て決すべきなり。而して投票の査定は、選擧會に於て爲すべく、選擧分會は之に與らざるを以て、投票の效力に關しては、選擧分會の立會人及分會長は、之に關與することなし。

《參照》　舊制第二十三條

行政判決例

○投票ノ數カ現ニ投票ヲ爲シタル選擧人ノ員數ト符合セス過剩投票アル場合ニ在リテハ其過剩投票ノ數ヲ當選者ノ投票數ヨリ控除シテ當選ノ結果ニ異動ナキトキハ其選擧ハ取リ消スヘキモノニ非ス（二六、六、六）

適用例

○名簿確定ノ後公民權ヲ失ヒタルコト確實ナル者ノ投票ハ選擧掛ニ於テ本條第三項ノ規定ニ依リ不受理ノ議決ヲ爲スコトヲ得

○確定名簿ニ登錄セラレタル者又ハ選擧人名簿ニ記載セラルヘキ裁決書若クハ判決書ヲ所持スルモ之ヲ選擧權ナシトシ其投票ヲ拒否セントスルトキハ立會人ノ議決ヲ經ルヲ要スト雖モ確定名簿ニ登錄ナク又ハ裁決書若クハ判決書ヲモ所持セサル者ニ對シテハ選擧長限リ其投票ヲ拒否スルヲ得ルハ勿論速ニ之ヲ場外ニ退出セシムルヲ要ス

第二十七條　町村會議員ノ選擧ハ有效投票ノ最多數ヲ得タル者ヲ以テ當選者トス但シ選擧スヘキ議員數ヲ以テ選擧人名簿ニ登錄セラレタル人員數ヲ除シテ得タル數ノ七分ノ一以上ノ得票アルコトヲ要ス

前項ノ規定ニ依リ當選者ヲ定ムルニ當リ得票ノ數同シキトキハ年長者ヲ取リ年齡同シキトキハ選擧長抽籤シテ之ヲ定ムヘシ

議員の當選を定むるには、有效投票の最多數を得たる者、卽最高點者より定數に滿つる迄順次多數を得たるものを取るものとす。然るに此方法に於ては、時として選擧人多數なるに拘はらず僅々一二票にて當選となることなしとせず。斯の如きは當選が選擧人多數の意思と云はんよりは寧ろ偶然の結果と云ふべきが故に、但し書を以て之を制限せり。其結果は、例へば選擧人名簿に登錄せられたる人員六百人にして、十二人の議員を選擧すべき場合なるときは、六百を十二除して得たる數は五〇にして其七分の一は、七・七分の一となるを以て、八票以上を得るにあらざれば當選者たるを得ざるなり。

右の如くして當選者を定むるに當り、若し投票の數同じき者二人以上あるときは、年齡を比較して年長者を取るべきを以て、一日にても早く出生せる者を當選者とすべく、同日の出生なるときは、選擧長に於て抽籤して之を定むるなり。抽籤の方法は選擧長の定むるところに依るべく、同點者に抽籤せしめて定むるの意にあらざるなり。

適用例

○本條抽籤ノ方法ニ關シテハ法律上別段規定ナキヲ以テ理事者ニ於テ適宜之ヲ定ムルヲ得ヘシ

○議員ノ選擧ヲ査定スルニ方リ投票ノ數相同シキトキハ年長者ヲ取ラサルヲ得ス其年長者ヲ定ムルハ從來生年月ノ前後ニ依リタルモ明治三十五年法律第五十號ヲ以テ出生ノ日ヨリ起算スヘシト規定セラレタレハ從テ年長者ヲ定ムルニハ出生日ノ前後ニ依ラサルヘカテス或ハ該法律規定ニ對シ市町村制ハ特例ナリトシ之ヲ適用スルニ及ハスト云フモ法律第五十號ハ自治制發布後ノ規定ナレハ市町村制ノ規定ヲ以テ年齡起算上ノ特例ト看做スコトヲ得ス卽チ議員當選上ニ於ケル年齡ヲ査定スルニモ矢張其出生ノ日ヨリスヘキモノトス

第二十八條　選擧長又ハ分會長ハ選擧錄ヲ調製シテ選擧又ハ投票ノ顚末ヲ記載シ選擧又ハ投票ヲ終リタル後之ヲ朗讀シ選擧立會人二人以上ト共ニ署名スヘシ

選會分會長ハ投票函ト同時ニ選擧錄ヲ本會ニ送致スヘシ

選擧錄ハ投票、選擧人名簿其ノ他ノ關係書類ト共ニ選擧及當選ノ效力確定

スルニ至ル迄之ヲ保存スヘシ

選擧錄は、選擧の顚末一切を記載すべきものにして、選擧會に於ては選擧長、選擧分會に於ては分會長、之を調製すべきものとす。而して選擧會に於ては選擧を終りたる後、選擧分會に於ては、投票を終りたる後、之を朗讀して選擧長又は分會長、選擧立會人二人以上と共に署名すべきものとす。選擧分會の選擧錄は、投票函と同時に之を本會に送致すべきものとす。

選擧錄は、選擧が適法に行はれたるや否やを觀るべき重要なる記錄なるを以て、投票、選擧人名簿其の他の關係書類と共に、選擧及當選の效力確定するに至るまで、之を保存すべきものと定めたり。選擧及當選の效力確定する時期は、(一)異議により其效力を動かし得るの期間を經過したるとき、卽選擧人の異議申立の期間內(第三十三條第一項)に其申立なく、且郡長の處分期間內(同條第三項)に處分なくして、其期間を經過したるとき。又は(二)異議申立に對する決定、若くは郡長の處分が確定するか、或は尙是等に對し訴願訴訟ありたるとき、其裁決の確定又は判決ありたるとき是なり。

《參照》　舊制第二十七條

行政判決例

○選擧錄調製ノ後村長一個人ノ作爲シタル辯明書ヲ以テ曩ニ正當ノ手續ヲ以テ調製シタル選擧錄登載ノ事實ヲ確實ニシタリト云フヲ得ス(二五、一二、一二)

○選擧會閉會ノ時期ニ付テハ明文ナキヲ以テ投票ヲ終ヘ當選人定マリタル時期ニ於テ終ルモノニシテ選擧錄ノ調製方式ニ違フノ一事ニ依リ選擧ノ效力ニ影響ヲ及ホスヘキモノニアラス（二七、一、三一）

○選擧掛中或ル者カ隨意ニ作製シテ與ヘタル證明書ノ如キハ其選擧會カ違法ナリトノ事實ヲ證明スルノ效力ナシ（二八、一一、二七）

○選擧錄ニ掛長ノ署名ナキモ選擧ノ際掛長カ出席シタルコト明白ナレハ掛長ヲ差措キ他ノ選擧掛ノミカ選擧ヲ執行シタルモノト云フヲ得ス（三〇、一、二七）

○選擧錄ニ選擧掛長ノ署名ナキモ必スシモ其選擧ハ無效ニアラス（同前）

○選擧錄ハ選擧ノ顚末ヲ記錄スルニ止マルヲ以テ其ノ外ノ事項マテ記載スヘキモノト云フヲ得サルノミナラス假ニ其ノ記載ナキハ選擧錄ノ不備ナリトスルモ之カ爲ニ適法ニ執行シ終リタル選擧ニ何等ノ影響ヲ及ホスコトナシ（三四、六、二九）

○選擧錄ハ選擧終了後其事實ヲ證スル爲調製スル記錄ニ過キサルカ故ニ之ニ立會人ノ署名ナキハ單ニ選擧錄其物ノ瑕疵ニ止リ選擧ノ效力ニ影響ヲ及ホスヘキモノニ非ス（三三、一一、一六）

第二十九條　當選者定マリタルトキハ町村長ハ直ニ當選者ニ當選ノ旨ヲ告知スヘシ

當選者當選ヲ辭セムトスルトキハ當選ノ告知ヲ受ケタル日ヨリ五日以內ニ之ヲ町村長ニ申立ツヘシ

第十五條第二項ニ揭ケサル官吏ニシテ當選シタル者ハ所屬長官ノ許可ヲ受クルニ非サレハ之ニ應スルコトヲ得ス

前項ノ官吏ハ當選ノ告知ヲ受ケタル日ヨリ二十日以內ニ之ニ應スヘキ旨ヲ町村長ニ申立テサルトキハ其ノ當選ヲ辭シタルモノト看做ス

町村長は、當選者の定まりたるときは、直に當選の旨を當選者に告知すべきが故に、若しその當選を辭せんとするときは、告知を受けたる日より五日以內に之を町村長に申立てざるべからず。即ち或る月の七日に告知を受けたりとすれば、同月十二日までに申立つべきなり。

右の如く、當選を辭するときは、五日以內に申立つべしとありて、當選を承諾したる場合に關しては何等の規定なし。是れ名譽職は、町村公民の必ず擔任すべき義務あるものにして、拒辭の申出なきものは、當然承諾したるものと見るべきものなればなり。

第十五條第二項に揭げたる官吏、即所屬府縣郡の官吏、檢事、警察官吏及收稅官吏は、被選擧權を有せざる者なれども、其の他の官吏は、被選擧權を有せざる者にあらざれば、當選することなしと云ふべからず。然れども、一方には官吏として服務紀律の下に立つものなれば、町村の名譽職に當選するも、所屬長官の許可を受くるにあらざれば、之に應ずることを得ざるものとせり。官吏にして當選に應ぜんとするときは、所屬長官の許可を受くべきこと、前項の如くなるを以て、告知を受けたる日より二十日以内に手續を經たる上之に應ずべき旨を町村長に申立つべきことに定め、若し此の期間に申立てざるときは、當選を辭したる者と看做さるゝなり。

《參照》　舊制第二十八條

適　用　例

○當選ノ告知ニ關シテハ法律ハ何等ノ規定ヲ設ケサルニ依リ郵便電信其他使丁ヲ以テスルモ別段差支アルコトナシ

○所屬長官ノ許可アラサルカ爲メ法定ノ期間ニ當選承諾ノ申立ヲ爲ササル者モ其ノ當選ヲ辭シタルモノト看做サル

第三十條　當選者當選ヲ辭シタルトキ、死亡者ナルトキ又ハ選擧ニ關スル犯罪ニ依リ刑ニ處セラレ其ノ當選無效ト爲リタルトキハ更ニ選擧ヲ行フヘシ但シ其ノ當選者第二十七條第二項ノ適用又ハ準用ニ依リ當選者ト爲リタル者ナル場合ニ於テハ第十七條第二項ノ例ニ依ル當選者選擧ニ關スル犯罪ニ依リ刑ニ處セラレ其ノ當選無效ト爲リタルトキ其ノ前ニ其ノ者ニ關スル補闕選擧若ハ前項ノ選擧ノ告示ヲ爲シタル場合又ハ更ニ選擧ヲ行フコトナクシテ當選者ヲ定メタル場合ニ於テハ前項ノ規定ヲ適用セス

本條は、當選辭退ありし場合に、更に當選者を定むる方法を規定す。此の場合には、第二十七條の規定を準用すべきを以て、現に當選したるもの以外の者に就き、有效投票の最多數を得たる者を當選者とす。其他當選得票數の最少限の規定、得票數同じき者二人以上ありたる場合の當選者の定め方等も、第二十七條の規定を準用すべきものなれば、其の詳細は同條に就いて見るべし。

第一項　「當選者當選を辭したるとき」とは、前條の規定により通常人なれば、當選告知の日より五日內に拒辭の申立を爲すか、官吏ならば當選告知の日より二十日以內に應諾の申立を爲さゞる場合を云ふ。一旦就任の上辭任するは議員の辭任にして、茲に云ふ當選を辭するものに非ず。「死亡者なるとき」と云ふは、語は拙なるも「死亡したるとき」の意なり。選擧の日に於て生存せざる者に對する投票は當然無效なれば、死亡者を當選者として査定すべき謂れなし。選擧當日生存するものにして、前條諾否申立の期間内に死亡したるときを茲に「死亡者なるとき」と云ふなり。「選擧に關する犯罪に依り刑に處せられ其當選無效と爲りたるとき」と云ふは、市町村會議員の選擧に付ては、衆議院議員選擧法の罰則を準用せらるゝを以て、同法第百二條の規定により當選人は選擧に關する犯罪により刑に處せられたるときは、禁錮刑たると罰金刑たるとを問はず、總て其當選は無效たるべきが故に、此場合を指せるなり。

右等の場合に於ては、原則として更に選擧を行ふべきものとせり。但其の當選者が第二十七條第二項の適用により、同點者中年長の故を以て、若は抽籤により當選者となりし者なるときは、第十七條第二項により當選者を定むべきものとす。

第二項は當選者が選擧に關する犯罪により處罰せらるれば、當選は當然無效となるも、其科刑の判決確定前に當選を辭するか、若くは資格要件を缺くに至れる等にて、既に補缺選擧を行ひたるか、又は前項の選擧告示を爲し、若くは第二十七條第二項の規定により補缺議員を定めたるときは、科刑の判決確定したりとて、更に選擧を行ふの要なきことを規定せり。是當然の事特に規定を俟たざる所とす。

第三十一條　選擧ヲ終リタルトキハ町村長ハ直ニ選擧錄ノ謄本ヲ添ヘ之ヲ郡長ニ報告スヘシ

第二十九條第二項ノ期間ヲ經過シタルトキ、又ハ同條第四項ノ申立アリタ

ルトキハ町村長ハ直ニ當選者ノ住所氏名ヲ告示シ併セテ之ヲ郡長ニ報告スヘシ

第一項の規定に於ては、選擧を終りたる時、町村長は直に之を郡長に報告すべく、その報告書には選擧録の謄本を添屬するを要す。玆に選擧を終りたるときと云へるは、投票の調査を爲して當選者を定め、選擧全部を終りたるときを云ふ。

第二項は、當選者が當選を諾したりと認むべき場合に達したるときの取扱手續を規定す。卽ち左の場合に於て當選者の住所氏名を告示し併せて之を郡長に報告すべきものとす。

一　當選者に當選の告知を爲したる後、五日以内に辭任の申立なきとき。

二　當選者官吏にして二十日以内に當選に應ずるの申立を爲したるとき。

第三十二條　選擧ノ規定ニ違反スルコトアルトキハ選擧ノ結果ニ異動ヲ生スルノ虞アル場合ニ限リ其ノ選擧ノ全部又ハ一部ヲ無效トス

選擧の規定は、第十一條以下に於て詳密に爲されたり。然るに選擧が若し此の規定に違反して行はれたるときは、之が爲め其の結果に異動を生ずることあるべき場合に限り、其異動あるべしと認めらるゝ全部又は一部の選擧を無效とすべきものとす。例之選擧人名簿の縱覧期間七日なるべきを六日とし、又は選擧會場投票の日時等の告示を爲すに、一定の公告式に依らざるか、若くは七日間なるべきを五日間爲したる等の如き場合は、選擧の全部に關する手續違法にして、全部に異動を生ずるの虞あることは勿論なれば、斯る場合には全部を無效とし、若し又選擧分會の投票時刻を當日に至り繰上げ、定刻前に閉鎖したるが如きことあらば、其の分會のみに付て違法あるものにして其結果に異動の虞あるものなれば、此場合には單に該分會の選擧のみを無效とすべきものとす。

〔參照〕　舊制第二十九條

行政判決例

○現ニ投票セシ選擧人ノ員數ニ比シ過剩投票アル場合モ其過剩投票ノ數ヲ當選者ノ得票數ヨリ控除スルカ爲メ當選ノ結果ニ異動ヲ生スルニ至ラサルトキハ該選擧ハ取消スヘキモノニアラス(二六、六、六)

○選擧掛長及選擧掛等共謀シテ投票函ニ在中セル投票ヲ差替ヘタル事實アルトキハ選擧ノ規定ニ違背スル不正ノ行爲ナルヲ以テ其選擧ハ之ヲ無效トス(三二、四、二九)

○無資格者カ選擧ニ參與シタルノ故ヲ以テ其選擧ヲ違法ナリト主張スルハ本條ノ選擧ノ效力ニ關スル事實ニ外ナラス(三一、一〇、一〇)

○選擧會場ニ於テ選擧人ノ入場ヲ拒絕シ選擧權ノ行使ヲ阻礙シタル事實アルトキハ選擧ノ規定ニ違

背シタルモノトス(三一、一一、二四)
○無資格者カ投票ヲ爲シタルノ一事ヲ以テ直ニ選擧全體ヲ無效トスヘキモノニアラス無資格者ノ爲シタル投票ヲ當選者ノ得票中ヨリ控除スルモ當選ノ結果ニ異動ヲ生セサルトキハ其選擧ハ有效ナリ(三三、三、三〇)
○法定ノ期限内ニ公告ヲ爲サスシテ執行シタル選擧ハ所謂選擧ノ規定ニ違背シ選擧全體ニ影響スル瑕疵アル場合ナルヲ以テ町村制第二十九條第三項ノ規定ニ依リ其選擧全部ヲ取消スヘキモノトス(三三、一二、二八)
○他人ノ名義ヲ詐稱シテ爲シタル投票ハ無效ナリト雖當選者ノ得票中ヨリ該投票ヲ控除スルモ選擧ノ結果ニ異動ヲ生セサルトキハ選擧全體ヲ無效トスヘキモノニアラス
他人ノ名義ヲ詐稱シテ選擧會場ニ入リタル者アルモ投票ヲ爲ササルトキハ選擧ノ結果ニ影響ヲ及ホサス(三五、四、一六)
○選擧人名簿無效ノ裁決ハ該名簿調製ノ時ニ溯リテ之ヲ無效タラシムルノ效力ヲ有ス從テ苟モ右ノ裁決確定セル以上ハ其確定カ選擧ノ前ナルト否トヲ問ハス該名簿ニ依リテ行ハレタル選擧ハ無效ニ屬スヘキモノトス(四〇、一二、二三)
○町會議員ノ選擧ノ取消ヲ求ムル者カ其目的ヲ達スル爲メ最初ノ訴願事由以外ニ他ノ理由ヲ附加シ

テ該選擧ノ違法ヲ主張スルハ卽チ事實上又ハ法律上ノ申述ヲ補充セルモノニ外ナラス（四一、五、四）

○成規ノ用紙ヲ用キサル投票アルトキハ其投票ヲ無效トスヘク選擧全部ヲ無效トスヘキモノニアラス（府縣制適用三三、二、四）

適用例

○名簿確定後ハ名簿其モノニ對スル異議トシテ訴願ヲ提起スルヲ得スト雖モ本條及第三十七條ニ依リ選擧取消ノ理由トシテ該名簿ヲ不正ナリト主張スルコトヲ得ヘキナリ

○選擧名簿確定後公民權ヲ失ヒタル者ハ假令該名簿ニ登錄セラルルモ有效ニ投票ヲ爲スコトヲ得ス故ニ選擧終了後失權者ノ投票ヲ行ヒタル事實アルコトヲ發見シ選擧ノ結果ニ異動ヲ生スルノ虞アル場合ニ於テハ該選擧ハ取消スヘキモノトス

第三十三條　選擧人選擧又ハ當選ノ效力ニ關シ異議アルトキハ選擧ニ關シテハ選擧ノ日ヨリ當選ニ關シテハ第三十一條第二項ノ告示ノ日ヨリ七日以內ニ之ヲ町村長ニ申立ツルコトヲ得此ノ場合ニ於テハ町村長ハ七日以內ニ町村會ノ決定ニ付スヘシ町村會ハ其ノ送付ヲ受ケタル日ヨリ十四日以內ニ之

ヲ決定スヘシ
前項ノ決定ニ不服アル者ハ府縣參事會ニ訴願スルコトヲ得
郡長ハ選擧又ハ當選ノ效力ニ關シ異議アルトキハ府縣知事ノ指揮ヲ受ケ選擧ニ關シテハ第三十一條第一項ノ報告ヲ受ケタル日ヨリ當選ニ關シテハ同條第二項ノ報告ヲ受ケタル日ヨリ二十日以内ニ之ヲ處分スルコトヲ得
前項ノ處分アリタルトキハ同一事件ニ付爲シタル異議ノ申立及町村會ノ決定ハ無效トス
第三項ノ處分ニ不服アル者ハ府縣參事會ニ訴願シ其ノ裁決又ハ第二項若ハ第六項ノ裁決ニ不服アル者ハ行政裁判所ニ出訴スルコトヲ得
第一項ノ決定及第二項又ハ前項ノ裁決ニ付テハ町村長ヨリモ訴願又ハ訴訟ヲ提起スルコトヲ得
第二項第五項又ハ前項ノ裁決ニ付テハ府縣知事ヨリモ訴訟ヲ提起スルコトヲ得

第十七條、第三十條又ハ第三十四條第三項ノ選擧ハ之ニ關係アル選擧又ハ當選ニ關スル異議申立期間、異議ノ決定若ハ訴願ノ裁決確定セサル間又ハ訴訟ノ繫屬スル間之ヲ行フコトヲ得ス

町村會議員ハ選擧又ハ當選ニ關スル處分、決定若ハ裁決確定シ又ハ判決アル迄ハ會議ニ列席シ議事ニ參與スルノ權ヲ失ハス

本條は、選擧又は當選の效力に關し、異議ある場合の規定にして、異議には選擧人の異議と郡長の異議との二あり

第一項は、選擧人に於て、異議ある場合にして、選擧に關しては選擧の日より、當選に關しては當選者の告示ありたる日より七日以内に町村長に申立つべきものとす。

本項に所謂選擧の日とは、選擧終了の日にして、若し特別の事情ありて、二日間にして終了するときは、其の二日目卽ち最終の日を選擧の日として期間の計算をなすべきものとす。故に二日目の翌日より數へて七日間に申立てざるべからず。

此の選擧の日と云ふに付ては、從來行政裁判所は、解釋を異にするものゝ如く、府縣制第三十四條第一項を左の如く解釋せり（明治四十一年三月十八日判決）

按ずるに府縣制第三十四條第一項に「選擧人選擧若は當選の效力に關し異議あるときは選擧の日より十四日以内に之を府縣知事に申立つることを得」とある其の選擧の日は被告の言ふが如く投票の日を指すものなることは同法第十三條第十五條第二項第十八條第三項の規定と對照して明白なり云々」

と。然れども、是れ誤れるの甚しきものにして、府縣會議員の選擧は、投票に始まり選擧會に終るものなることは、同法第三十條第三十一條の「選擧を終りたる後」又「選擧を終りたるとき」との規定より推考して、疑を容るゝの餘地なし。故に所謂選擧の日とは、投票に始まり選擧會に終る不可分の期日を云ふものにして、或は一日なることあり、或は數日なることあり。必ずしも普通の感覺に從て選擧の日と云ふを以て單に一日と解すべきにあらざるなり。是を以て本項の異議申立期間の計算も、若し選擧數日に渉るときは、其の最終日を起算點とし、一般期間の計算法に從ひ其翌日より七日間とすべきものとす。

町村長は右異議の申立ありたるときは、七日以内に町村會の決定に付すべく、町村會は、その送付を受けたる日より十四日以内に之を決定すべきものとせり。舊制に於ては、此の期限を付せざりしを以て、往々不當に決定期を延ばすが如き弊ありしに鑑み、斯く明に期間を定めたるなり。

選擧若は當選の效力に關して異議を申立て得べきものは、選擧人なるを以て、選擧人は何人にても異議を申立て得べく、縱令投票を爲さゞりし者と雖、選擧人なる以上は、異議申立の權利を有するものとす。

第二項は、前項町村會の決定を不當とする場合に於て、更に府縣參事會に訴願し、之が取消又は變更を求むるの途を開けり。

第三項は、郡長に於て異議ある場合にして、此場合に於て、郡長は府縣知事の指揮を受けて、選擧の全部又は一部若くは當選の取消を爲すことを得べし。而して其の期間は、選擧に關しては、選擧を終りて其の報告を受けたる日より、當選に關しては、當選者の報告を受けたる日より二十日間なりとす。

第四項、郡長が前項の處分を爲したるときは、同一事件に付選擧人の爲したる異議の申立及町村會の決定は、無效に歸すべきものとす。是れ異議の目的たる事項が郡長の處分によりて決せられ、而して其處分の當否に付ては次項に規定する如く、訴願訴訟によりて爭はるべければ、二重に選擧人の異議に因る爭訟手續を進むるの要なければなり。

第五項乃至第七項は、町村會の決定及府縣參事會の裁決に對し、關係者に訴願訴訟を爲し得べきことを定めたるなり。

第八項　本項の規定を設くる理由は、選擧又は當選に關し異議ありて、其の爭未だ決せざる間に、問題の議員に辭任、失格、死亡者ありて、直に補闕選擧を爲し、若は定數に充たずとて再選擧を爲すが如きことあらんか、決定又は裁決の確定若は判決の結果と相矛盾する場合を生ずればなり。例せば、次點者が當選爭訟中、問題の當選者が辭任し、補闕選擧を爲すことあらんか、次點者が當選者たるべきものと決せる場合に、爭の確定通りとすれば、補闕選擧は無用に歸し、補闕選擧を有效とせんか、爭訟確定の結果は無用となるが如し。故に本項の規定を以て、爭訟確定の結果を以て、どこまでも有效ならしめんとするなり。

第九項は、一旦當選者と定まりたる者は、選擧又は當選を無效とする處分、決定若は裁決あるも其確定以前、又は判決あるまでは、會議に列席し、議事に參與するの權あることを認めたる規定なり。故に、縱令選擧無效となることあるも、其の選擧に依り當選したる議員の參與したる會議は、有效なりとす。

《參照》 舊制第二十九條

行政判決例

○選擧ノ際投票權ヲ拋棄スルモ選擧ノ效力ニ關シテハ訴權ヲ失ハス（二一六、二、二三）

○凡ソ日ヲ以テスル期間ノ計算ハ初日ヲ算入セサルヲ一般ノ通則トスルモノナレハ訴願期間ニ付テモ此通則ニ依ルヲ相當トス（二一九、五、二八）

○選擧人ハ選擧ノ效力ニ關シ自ラ訴願ヲ爲ササルモ他ノ選擧人カ訴願ノ手續ヲ經タル時ハ他ノ選擧

人ト共ニ行政訴訟ヲ提起スルコトヲ得（三〇、五、二四）
○議員選擧ニ日以上ニ渉ルモノハ選擧終結ノ日ヲ以テ本條訴願期限ノ起算點トス

適用例

第三十四條　當選無效ト確定シタルトキハ町村長ハ直ニ第二十七條ノ例ニ依リ更ニ當選者ヲ定ムヘシ

選擧無效ト確定シタルトキハ更ニ選擧ヲ行フヘシ

議員ノ定數ニ足ル當選者ヲ得ルコト能ハサルトキハ其ノ不足ノ員數ニ付更ニ選擧ヲ行フヘシ此ノ場合ニ於テハ第二十七條第一項但書ノ規定ヲ適用セス

本條は、決定、處分、裁決又は判決の結果、選擧若は當選が無效と確定したる場合に付規定を設けたり。或者の當選が無效なりと確定したるときは、町村長は、直に第二十七條の規定に依り更に當選者を定めざるべからず。

選擧無效と確定したるときは、全部無效なるときは、更に全部の選擧を行ひ、一部無效なるときは、更に一部の選擧を行はざるべからず。

総て選擧を行ひたる場合、又は當選無效と確定して更に當選者を定むる場合に、議員の定數に足るだけの當選者を得ること能はざるときは、其の不足の員數に付更に選擧を行はざるべからず。此の場合に於ては、第二十七條第一項但書の規定を適用せられざるが故に、得票數の制限なく、幾票にても比較多數を以て當選者を定むべきものとす。故に縱令一票を得たるものも、當選者たることあり得べきなり。

第三十五條　町村會議員ニシテ被選擧權ヲ有セサル者ハ其ノ職ヲ失フ其ノ被選擧權ノ有無ハ町村會議員カ左ノ各號ノ一ニ該當スルニ因リ被選擧權ヲ有セサル場合ヲ除クノ外町村會之ヲ決定ス

一　禁治產者又ハ準禁治產者トナリタルトキ

二　家資分散又ハ破產ノ宣告ヲ受ケ其ノ宣告確定シタルトキ

三　禁錮以上ノ刑ニ處セラレタルトキ

四　選擧ニ關スル犯罪ニ依リ罰金ニ處セラレタルトキ

町村長ハ町村會議員中被選擧權ヲ有セサル者アリト認ムルトキハ之ヲ町村會ノ決定ニ付スヘシ

町村會ハ其ノ送付ヲ受ケタル日ヨリ十四日以內ニ之ヲ決定スヘシ

第一項ノ決定ヲ受ケタル者其ノ決定ニ不服アルトキハ府縣參事會ニ訴願シ其ノ裁決又ハ第四項ノ裁決ニ不服アルトキハ行政裁判所ニ出訴スルコトヲ得

第一項ノ決定及前項ノ裁決ニ付テハ町村長ヨリモ訴願又ハ訴訟ヲ提起スルコトヲ得

前二項ノ裁決ニ付テハ府縣知事ヨリモ訴訟ヲ提起スルコトヲ得

第三十三條第九項ノ規定ハ第一項及第二項ノ場合ニ之ヲ準用ス

第一項ノ決定ハ文書ヲ以テ之ヲ爲シ其ノ理由ヲ附シ之ヲ本人ニ交付スヘシ

一旦町村會議員となりたる者にして、始めより被選擧權を有せざりしこと發見せらるゝか、又は當選後被選擧權を有せざるに至りたるときは、議員の職を失ふものとす。而して其の被選擧權の有無に付ては、若し禁治産者又は準禁治産者と爲りたるとき(一)、家資分散又は破産の宣告を受け其の宣告確定したるとき(二)、禁錮以上の刑に處せられたるとき(三)、選擧に關する犯罪に依り罰金に處せられたるとき(四)の如く裁判の宣告に依るものなるときは、甚だ明確にして別に調査決定の手續を要せざるも、其他の場合例へば納税資格を缺けりとか、住所を失ひたりとか、又は第十五條第二項に列擧する職務に就きたりとか云ふが如き場合には、町村會に於て調査して、理由を明示したる決定書を作り、之を本人に交付せざるべからず。是れ第一項及第八項の規定なり。

第二項は、町村會議員中に被選擧權を有せざる者ありと認めたるとき、町村會の決定に付すべき町村長の義務を規定したるものなり。

第三項乃至第五項は、第二項の決定に付て訴願、訴訟の途を開きたるなり。

第六項は、第二項の無資格決定を受けたる町村會議員と雖、其確定以前に在りては、議事に參與するの權を失はざることを定めたり。

（參照） 舊制第三十條

解 疑 例

問 一、村會議員ニシテ戰時に際シ兵役ニ召集セラレ一旦入隊シタルモ既ニ歸鄕セリ然ルニ村會ハ不在中何等ノ決議ヲ爲サズシテ放置セリ此場合ニハ町村制第九條ニヨリ自然失職セルモノナルヤ叉ハ同制第三十條ニヨリ村會ニ於テ資格ノ有無ヲ議決スベキモノナルヤ

二、村會ニ於テ資格ノ有無ヲ議セズシテ其儘ニナシ置クモ妨ケナキヤ

三、此場合ニハ村會毎ニ矢張リ招集ノ通知ヲ爲スベキヤ

答　一、村會議員ガ資格ヲ失ヒタルヤ否ヤハ町村制第三十條ニヨリ村會ニ於テ決議セザレハ失職者ナリトシテ取扱フヲ得ズ

二、村長ハ資格ヲ失ヒタルモノアルトキハ之ヲ村會ニ付議スルコト相當ニシテ漫然看過スルハ職務ノ怠慢タルヲ免レズ

三、町村制第三十條ノ失格ノ決議ナキ以上ハ村會招集毎ニ失格ノ議員ニモ其通知ヲ爲スベキハ當然ナリ但其資格ノ有無ヲ議スル場合ニ其議員ガ議事ニ參與スル能ハザルハ町村制第四十五條ノ規定ニヨリ自ラ明カナリ

第三十六條　第十八條及第三十三條ノ場合ニ於テ府縣參事會ノ決定及裁決ハ府縣知事、郡長ノ處分ハ郡長、町村會ノ決定ハ町村長直ニ之ヲ告示スヘシ

本條は第十八條に於ける選擧人名簿に關する異議の決定、訴願の裁決並第三十三條に於ける選擧及當選の效力に關する異議の決定、訴願の裁決及郡長の處分を、各當該理事者に於て告示すべきものとせるなり。是れ關係者に周知せしむるの要あればなり。

第三十七條　本法又ハ本法ニ基キテ發スル勅令ニ依リ設置スル議會ノ議員ノ選擧ニ付テハ衆議院議員選擧ニ關スル罰則ヲ準用ス

本法に依り設置する議會の議員は、町村會議員、區會議員、町村組合會議員及市町村組合會議員なり。本法に基きて發する勅令に依り設置する議會は、第百五十七條の規定に係る北海道其の他の或島嶼に於て、本法に代はるべき制度に依りて設置せらるゝ議會なり。

右に擧げたる議員の選擧に關する罰則は、衆議院議員選擧に關する罰則を準用するものとす。

第三十八條　特別ノ事情アル町村ニ於テハ郡長ハ府縣知事ノ許可ヲ得テ其ノ町村ヲシテ町村會ヲ設ケス選擧權ヲ有スル町村公民ノ總會ヲ以テ之ニ充テシムルコトヲ得

町村總會ニ關シテハ町村會ニ關スル規定ヲ準用ス

特別の事情ある町村とは、例へば、其の區域狹く、人口亦寡少なる町村の類なるべし。此の如き町村にては、必ずしも議員を選ばず、議すべきことは、其の町村内の公民一堂に會して討議するを、却て便利とすることあるべし。畢竟議員を選んで事を議せしむるは、數千百の人員を一堂に會して相談を爲すことは、實際に不便利なるが故に、その中より少數を選びて、議決するの仕組なれども、町村の公民悉く議事に參與するの便あらば、敢て議員を選ぶの要なかるべし。故に小町村等にては、必ずしも町村會を設けず、選擧權を有する町村公民の總會を以て、議決機關とすることを得べきものとす。

但此方法に依ることは、郡長に於て其特別の事情を具して府縣知事の許可を受くべきものとす。町村總會に關しては、町村會に關する規定を準用せらるゝを以て、其の職務權限、開議に關する規定等、總て町村會の例によるべきものとす。

第二款　職務權限

本款は町村會の盡すべき職務の範圍を定めたり。而して一般に公けの職務は、充分に之を盡すことが、權利なると同時に義務なり。故に職務を怠り又は適當に處理せざることは、權利の行用を全うせざるものたると共に、義務違背の責を免れざるを以て、町村の議員吏員にして、其職務の範圍に屬する事項は、深く留意して之を處理するに遺漏なきを期せざるべからず。從て町村會の職務權限の如き明かに之を知悉するを要す。

町村會の職務權限は頗る廣汎なり。今之を概括すれば、議決權、選任權、監督權、陳情權とするを得べし。

第三十九條　町村會ハ町村ニ關スル事件及法律勅令ニ依リ其ノ權限ニ屬スル事件ヲ議決ス

本條は議決權を規定せり。

町村に關する事件とは、第二條により付與せらるゝ町村の自治權限の範圍に屬する事件にして、町村の自由に處理すべきことは、細大となく之に包含せらるゝものとす。只或事件を議決するに當り、大綱を定むるに止まり、細目を理事者に一任するか、又は細目末節に至る迄議決するかは各事件に付町村會に於て適當に定むべきものとす。

法律勅令に依り其權限に屬する事件とは、府縣制第百九條の規定による府縣稅賦課の細目を、府縣會の議決により町村會の議決に付する如き場合を云ふ。

第四十條　町村會ノ議決スヘキ事件ノ概目左ノ如シ

一　町村條例及町村規則ヲ設ケ又ハ改廢スル事

二　町村費ヲ以テ支辨スヘキ事業ニ關スル事但シ第七十七條ノ事務及法律勅令ニ規定アルモノハ此ノ限ニ在ラス

三　歲入出豫算ヲ定ムル事

四　決算報告ヲ認定スル事

五　法令ニ定ムルモノヲ除クノ外使用料、手數料、加入金、町村稅又ハ夫役現品ノ賦課徵收ニ關スル事

六　不動産ノ管理處分及取得ニ關スル事
七　基本財産及積立金穀等ノ設置管理及處分ニ關スル事
八　歳入出豫算ヲ以テ定ムルモノヲ除クノ外新ニ義務ノ負擔ヲ爲シ及權利ノ拋棄ヲ爲ス事
九　財産及營造物ノ管理方法ヲ定ムル事但シ法律勅令ニ規定アルモノハ此ノ限ニ在ラス
十　町村吏員ノ身元保證ニ關スル事
十一　町村ニ係ル訴願訴訟及和解ニ關スル事

本條は、町村會の議決すべき事件の概略を擧示して、普通の場合に於て議決事項の範圍に付ての惑なからしめたり。固より之を以て議決事項を盡せるに非ず、又斯の如き列擧を以て盡し得べきにも非ず。故に議決權の範圍は前條に於て、抽象的に規定し、本條は單に注意的規定に止まる。從て第五條第八條の場合の如き類にして、本條列擧以外の議決事項は枚擧に遑あらざるなり。

一　町村の條例規則の事は第十條に於て述べたり。是等を新設し、改正し、廢止するは議決事項の一なり。

二　町村費を以て支辨すべき事業に關することは、議決事項中の主なるものなるも、第七十七條の規定により、町村長其他の吏員が、法令の規定により國、府縣其の他の公共團體の事務を取扱ふ場合は、町村は其費用の負擔こそすれ、其事務は法令の規定により定まれるが故に、別に町村會に於て議決するの餘地なきものとす。卽漂流物の取扱、行旅病者死亡人の取扱、地租、所得稅の徵收、戶籍事務、府縣稅、組合町村費の徵收等の如き、現行法令の規定による町村吏員の取扱事務なりとす。公共團體の說明は第七十七條に讓る。

三　歲入出豫算とは一會計年度(四月一日に始まり翌年三月三十一日に終る)に於ける、收入支出を豫め見積るものなり。此見積りに基いて、其年度內の町村稅の賦課徵收及費用の支拂を爲すべきものにして、之を定むることは、亦町村會の主なる議決事項の一なり。

四　決算報告を認定するとは、或年度の經過後に、町村長が提出する收入支出の決算報告に對し、之を調査して、其正當なるや否やを議定するを云ふ。

五　使用料とは町村の營造物又は町村有財產を使用せしむる代償として徵收するものにして、例せば町村有の公園に茶店を設くることを許して、是より收むる料金の如し。手數料とは特に或者の爲めに或行爲を爲すとき、其者より行爲の報償として徵收する料金なり。例せば公課證明を與ふる際の證明手數料の如し。加入金とは町村有財產を共用せしむるに、新たに加入するものより徵收するものにして、例せば新來の住民に町村有秣場の共用を許するときの料金の如し。使用料手數料には法令を以て定むるものあり。例せば使用料の一たる小學校の授業料の如き、滯納處分に於ける督促手數料、戸籍謄本下付手數料の如し。是等法令に規定あるものゝ外に、使用料手數料を徵し、又は加入金を徵し、町村稅夫役現品の賦課徵收を爲すことは町村會の議決事項とす。又小學校の授業料は、小學校令施行規則に、徵收し得べき最高額を定むるに止まるが故に、授業料を徵收せんとせば、其範圍内に於ては尙町村會の議決を待つものとす。

六　不動產とは土地、立木、建物等を云ふ。管理とは物の性質を變せずして、其用法に從ふ使用收益及保存を爲すを云ふ。故に山林の管理と云へば、樹木の植付、伐採方法、又は賃貸等なり。處分と云へば物の性質を變ずること、例へば山林を變じて耕地とし、池沼とするが如き、又は賣買讓與等を爲すが如きことなり。取得とは讓受買受等により權利を得るを云ふ。而して町村が不動產の管理處分及取得に關することを爲すは、町村會の議決を待つものとす。

七　基本財產とは、之より生ずる年々の收益のみを使用し、其財產の本體は永く保存して、費消せざるものを云ふ。積立金穀とは是亦費消することなくして、一定の方法により年々積立つる金錢穀類等なり。而して是等基本財產、積立金穀等を設くること、及之を管理し又は處分することは、町村會の議決を要するものとす。

八　毎年度の收入支出は、豫算を編成して、之を議定するを以て、其範圍に屬するものは、更に議決するの要なしと雖、豫算以外に新に義務を負擔する契約を爲し、又は權利を拋棄するが如きは町村會の議決を要す。

九　營造物とは學校道路公園等の如く、一般公共の用に供する爲め行政上の設備を爲せるものを云ふ。是等營造物及其他の町村有財産の管理方法を定むる事は、町村會の議決事項とす。但し小學校の如き法令に於て管理方法を定むるものは、町村會の議決を待たざるものとす。

十　身元保證を要する町村吏員は、主として收入役副收入役等にして、名譽職吏員に對しては、保證を要求するが如きは不當なるべし。有給吏員たる收入役の如きに於ても、其町村に於て旣に定まれる身元保證の條件を承諾して就職するに非ざれば、之を强要するに由なし。故に結局本號に規定する所は、或種の有給吏員に對し、豫め一般的にか又は任命の際、身元保證を要求するに、金錢又は有價證券を寄託せしむるか、若くは或資格の保證人を立てしむる等の事項を町村會に於て議決すべしと云ふの意なり。

十一　訴願とは行政上の處分又は決定に不服なるとき上級の行政機關に申立てゝ、其處分決定の取消又は變更を求むる手續にして、本制中之を爲し得べき場合を規定すること頗る多し。而して其手續は本法に定むるもの丶外は、明治二十三年法律第百號訴願法に依るべし。

本號に訴訟と云ふは、行政訴訟、民事訴訟の總てを包含す。

和解とは、爭ある權利關係を、當事者雙方讓步して、協議上落著を告ぐるを云ふ。

町村も法人たる以上、一個人の如く訴願、訴訟の當事者となり、其他權利關係に付爭を爲すことなしとせず。是等の場合には、町村會の議決を以て處理すべきものとす。

〔參照〕　舊制第三十二條

行政判決例

○町村ト學區ト其區域ヲ同ウスル町村ニ於テハ町村會ノ議決ニ依リ敎育費ヲ賦課シタルハ固ヨリ當然ナリ二十二年法律第十一號ハ學區カ數町村ニ關係スル場合ニ適用スヘキ法律ナリ（二四、七、一〇）

○郡會議員配當ノ當否ニ關シ訴願ヲ爲サントノ町村會ノ議決ハ越權ノ行爲也（二四、一一、二〇）

○收入役ノ身元保證金ハ町村會ノ承諾ヲ得テ後之ヲ徵スヘシ事後ニ承諾ヲ受クルハ町村會ノ權限ヲ侵シタルモノトス（二八、五、一四）

○村ノ負擔ニ屬スル土木工事ヲ區ノ受負ト爲スヘシトノ村會ノ議決ハ違法ナリ（二九、四、二四）

○學校建築寄附金ノ受否及收支ニ付キ村會ノ議決ヲ經サルトキハ村會議員區長常設委員等ニ協議ヲ遂クルモ該協議ハ法律上何等ノ效力アルモノニ非サレハ之ヲ以テ村長ハ專斷ノ責ヲ免カルルコト

ヲ得ス(三三、七、一〇)
○學校建築費ノ豫算金額以外ニ村會ノ議決ヲ經ス後年度ノ公債償還費ヲ繰入レ支出シタルハ村會ノ權限ヲ侵シタルモノトス(同上)
○官林公賣ノ爲メニ得タル村ノ臨時收入金ノ處分ニ關スル村會ノ議決ニ對シテ行政訴訟ヲ許スノ法令ナシ(三四、三、一五)
○町村會ハ町村制第三十三條第五號ニ依リ町村稅ノ賦課ニ付キ隨意ニ其標準ヲ定メ得ルモノトス(三七、四、二七)
○大字代表者ノ訴訟ハ起訴ニ關スル村會ノ決議ヲ要スルモノトス
大字代表者ノ訴訟ニシテ起訴ニ關スル村會ノ決議ヲ缺ク場合ニ裁判所カ期間ヲ指定シ村會決議書ヲ提出スヘキ旨ヲ命シタルモ當事者ニ於テ該期間內ニ之ヲ提出セサルトキハ其訴訟ヲ却下スヘキモノトス(三九、五、二二)

適用例

○組合村ニ一ノ組合村長ヲ置キ各村各別ニ村長ヲ置カサル場合ニ於テ其組合內甲村ヨリ乙村ニ係リ訴訟ヲ起ストキハ各村會ニ於テ特ニ訴訟事件ニ關スル代表者ヲ選任セシムヘキモノトス
○市町村會ノ議決ヲ經市町村費ノ支辨ヲ以テ午砲ヲ發スルコトヲ旅團ニ依託スルカ如キハ市町村ノ

隨意ナリトス

解疑例

問 從來公有地タリシ原野ヲ明治十七年頃官民有土地區分調査ノ際官有地トナリシヲ今回拂下ノ許可ヲ得テ村有トナシタリ而シテ從來ノ慣例ニ基ツキ關係部落ニ使用セシメンコトヲ村會ニ於テ議決シタリ此場合ニ於テハ町村制第八十四條ニヨリ町村條例ヲ設ケ使用セシムベキモノナリヤ將又民法上ノ貸借契約ヲ爲スベキモノナリヤ尙ホ何レノ場合ニ於テモ使用權ノ登記ヲ爲スベキモノナリヤ

答 舊慣ニ基ツキ關係部落ニ使用セシムルノミニテ特ニ使用料等ヲ徵セザル場合ナルトキハ村會ガ村有財產ノ管理方法ヲ定メタルモノト見ルヲ得ベキガ故ニ村會ノ議決ノミニテ可ナルベシト雖若シ其關係部落住民ヨリ使用料又ハ加入金等ヲ徵スルガ如キ場合ナルトキハ町村條例ヲ以テ規定スベク從テ其議決ハ內務大臣ノ許可ヲ得ザルベカラズ又村カ其關係部落住民ト賃貸借契約ニヨリ其土地ヲ使用セシムルハ管理方法ノ一ナルガ故ニ村會議決ノミニテ契約ヲ結ブハ妨ナク此場合ニ於テハ民法上ノ權利ナルガ故ニ第三者ニ對シ權利ヲ確實ニセント欲セバ登記スルコトヲ得ベシ然レドモ前述賃貸借以外ノ場合ニハ部落住民ハ單ニ村有地ノ使用ヲ許サルヽノミニテ私權ヲ獲得スルモノニ非ザルガ故ニ登記シ得ベキモノニ非ズ

問　年度ノ初即チ村稅徵收前ニ支出スベキ金額ナキヲ以テ村會ノ決議ヲ經ズ村長ニ於テ他ヨリ借入金ヲ爲シ支出シタリ之レハ村民ノ公認セル所ナルニ依リ若シ村會ニ於テ其利子ノ支出ヲ是認セバ公借金利子ノ名ヲ以テ支出スルモ差支ナキヤ

答　村會ニ於テ事後承認ヲ爲ス以上ハ其名目ハ何ニテモ可ナリ

問　過半數ヲ以テ村長不信任ノ決議ヲ爲シタルニ村長ニ於テ勇退セザル場合以後ノ議事提案ハ總テ之ヲ否認スルハ不當ナルヤ又不信任後村長ニ對シテハ如何ニセバ之ヲ排斥シ得ル途アリヤ

答　不信任決議ト云フガ如キハ適法ノモノニ非ズ故ニ村長ガ辭職セザルヲ理由トシテ村ノ事務ヲ阻害スルガ如キ行動ヲ爲スハ不當ナリ又村長ハ懲戒處分ニヨルノ外任期中其職ヲ退カシメラルルコトナシ

問　玆ニ名譽職村長同助役收入役書記三名及議員十六名アル一村アリ過般來收入役ノ後任選擧ヲ行フニ當リ村長ガ推薦シタル者ハ無資力者ナルヨリ相當ノ保證人ヲ立テザレバ選任シ難シトノ村會ノ主張ニ對シ保證人二名ヲ立テタルヨリ村會ハ異議ナク之ヲ選任シタリ然ルニ此收入役ニ於テ現金若干ヲ費消シタリ此場合ハ保證人ニ於テ辨償ノ義務ヲ盡クスハ當然ト思考ス如何

答　當初保證ノ趣旨ガ斯ル場合ニ辨償ノ義務ヲ盡ス趣旨ナリシトスレバ辨償義務アルハ勿論ナリ

第四十一條　町村會ハ法律勅令ニ依リ其ノ權限ニ屬スル選擧ヲ行フヘシ

本條は町村會の選任權を規定せり。而して其範圍は、本法に規定せる町村吏員を選擧するは勿論、其他法律勅令に依り町村會に選任權を與へたるものに付ても、選擧を行ふべきものとす。例せば小學校令の規定により、學務委員を選擧するが如し。

第四十二條　町村會ハ町村ノ事務ニ關スル書類及計算書ヲ檢閲シ町村長ノ報告ヲ請求シテ事務ノ管理、議決ノ執行及出納ヲ檢査スルコトヲ得

町村會ハ議員中ヨリ委員ヲ選擧シ町村長又ハ其ノ指名シタル吏員立會ノ上實地ニ就キ前項町村會ノ權限ニ屬スル事件ヲ行ハシムルコトヲ得

本條は町村會の町村事務監督權を規定せり。卽町村會は其議決により、何時にても町村長に對し、町村の事務に關する書類及計算書の提出を求めて、之を檢閲し、尙町村長の報告を求めて、事務取扱の狀況、議決したる事件の執行及金錢出納の狀況を檢査することを得るものとす（第一項）。町村會は亦一名若くは數名の委員を議員中より選擧して、町村長又は町村長の指名する吏員立會の上實地に臨み說明を求め、前項の如く檢閲又は檢査を爲さしむることを得（第二項）。玆に稍疑問を生ずるは、町村會が委員を選ばずして、議員總員實地檢査を爲し得るや否やに在り。多くの場合に在りては、委員を選びて檢査せしめ、町村會は其報告を聽取るを便とすべきも、場合により總員が實地に就き、說明を

聽取するを便とすることなきに非ざるべし。故に法文上多少の疑ひなきに非ずと雖、町村會が適當と認むる場合に於ては、總員が實地檢査するも違法に非ずと解するを穩當なりとす。

第四十三條　町村會ハ町村ノ公益ニ關スル事件ニ付意見書ヲ町村長又ハ監督官廳ニ提出スルコトヲ得

本條及次條は陳情權を規定せり。

公益に關する事件とは、一般住民の利害に關係することなり。或事項が一般に利益となるときは公益に關することは勿論なるも、或事項が一般の利益を害する場合も、公益に關すと云ふべきなり。例せば治水事業に付、或方法によれば、利益を受け、或方法によれば、危害を受くると云ふが如き、共に公益に關するものなり。而して公益に關することゝ云へば、其範圍頗る廣く一般の利害に關する以上、如何なる事項も之を包含せざるなし。然れども本條により意見書を町村長又は監督官廳に提出するは、只斯る事は一般に利なり、斯る事は一般に不利なりと云ふ單純なる意見を述ぶるのみが目的に非ずして、其意見に基いて適當の處置を施されんことを望むの趣旨に外ならざるを以て、行政上の取扱により處理するを得べき事項、即行政事務の範圍に屬せざるべからず。故に町村住民が朝遲くまで寢るの弊習あれば、牙は公益に關することとなるも、今日の法律觀念に於ては、朝寢を法律により制限するは不當なるを以て、斯る事項に付制裁を設けられんことを望むの意見書を提出するも無效なり。但朝寢の弊を矯むる方法として、早晨に號砲を發するか、梵鐘を撞き鳴らすことを町村の事業として、計畫せられたしと云ふが如き意見書を町村長に提出することは、固より爲し得べき所なり。其他政府又は上級自治體の事業に付ても、町村の公益に關し必要なりと思惟するときは、意見書を提出するに妨げなし。唯之を提出するは町村長又は監督官廳たる郡長、府縣知事、內務大臣に對して爲すべく、他の官廳に對し直接に意見書を提出するは違法なり。故に例へば町村の交通上鐵道を通ずるの要ありとの意見書を提出するには、直ちに鐵道省に爲さずして、町村長又は監督官廳に提出し、其結果上級の監督官廳より、鐵道省に交渉せらるゝを期すべきなり。

〔參照〕　舊制第三十五條第二項

行政判決例

○本條第二項ハ町村ノ公益云々トアリテ他ニ制限スル所ナキヲ以テ前項事務監督ノ場合ニ限ラス總テ町村ノ利害ニ關係アル事件ニ付テハ町村ヨリ意見書ヲ提出スルヲ得ルモノトス（二八、六、八）

○前記ノ如クナルヲ以テ町村內ヲ通過スル縣ノ事業タル架橋事件ニ付キ町村會カ意見書提出ノ爲メ起草委員ヲ選定スルカ如キハ越權ノ處置ニアラス（同前）

適用例

○一般ニ係ル法令ノ改正ニ關シテハ意見書ヲ提出スルコトヲ得サルモノトス

○意見書ハ監督官廳以外ノ官廳ニ提出スルコトヲ得ス
○町村會ノ議決ヲ以テ町村ノ利害ニ直接ノ關係ヲ有スル事項ヲ主眼トシテ府縣令ノ改正ヲ建議スルハ本條第二項ノ範圍內ニ屬ス
○町村ノ行政ニ關シ町村會ニ發案權ナキ事項ニ付テモ町村會ヨリ町村長ニ對シ發案請求ノ建議ヲ爲シテ妨ケナシ

第四十四條　町村會ハ行政廳ノ諮問アルトキハ意見ヲ答申スヘシ
町村會ノ意見ヲ徵シテ處分ヲ爲スヘキ場合ニ於テ町村會成立セス、招集ニ應セス若ハ意見ヲ提出セス又ハ町村會ヲ招集スルコト能ハサルトキハ當該行政廳ハ其ノ意見ヲ俟タスシテ直ニ處分ヲ爲スコトヲ得

町村會は、行政廳より諮問せらるゝことあるときは、意見を答申せざるべからず。玆に行政廳と云へるは、郡長府縣知事は勿論、廣く其の他の行政廳を指したるものとす。

町村會の意見を徵して處分すべき場合とは、例へば町村境界變更に付、府縣知事が、町村會の意見を徵すべきが如し。斯る場合に、町村會成立せず、招集に應せず、若は意見を提出せず、又は町村會を招集すること能はざるときは、行政廳は、町村會の意見を俟たずして、直に處分を爲すことを得るも

のとす。

町村會成立せずとは、半數以上の缺員ありて、招集開會する能はざる場合、又は解散の後を承けて、未だ議員の選擧を終へざる場合等をいふ。

招集に應ぜずとは、在任議員は定數の半數以上あるも、會議を開くに足る丈の應招者なきを云ふ。意見を呈出せずとは、假令町村會が開議するも答申を爲さゞるときなり。町村會を開くこと能はざるときは、天災事變其の他の事故にて、實際に町村會を開くこと不可能の場合をいふなり。

第四十五條　町村會ハ町村長ヲ以テ議長トス町村長故障アルトキハ其ノ代理者議長ノ職務ヲ代理ス町村長及其ノ代理者共ニ故障アルトキハ年長ノ議員議長ノ職務ヲ代理ス年齡同シキトキハ抽籤ヲ以テ之ヲ定ム

町村會の議長は、町村長を以て之に充つるものとす。故に有給町村長なるときも、名譽職町村長なるときも、同じく議長たるべきなり。

若し町村長に於て、第五十條の規定により議事に參與することを得ざるか、又は病氣其の他の事故により議長の職を執る能はざるときは、其の代理者たる助役に於て、議長の職務を代理すべきものとす。若し町村長及其の代理者たる助役共に故障あるときは、議員中の年長者議長の職務を代理すべく、其の年長者が、同年の者二人以上あるときは、抽籤を以て之を定むるものとす。

（參照）舊制第三十九條

行政判決例

○村長ノ資格ヲ表示スル場合ト村會議長ノ資格ヲ表示スル場合トハ彼此混同セサルヲ要ス而シテ議長ノ資格ヲ表示スル場合ニ於テハ法律上村長ニ於テ議長ノ職ヲ行フモノナルヲ以テ村會議長村長某ト記名スルヲ當然トスルモ村長ノ資格ヲ表示スル場合ニ於テハ議長ノ文字ヲ冠セス單ニ村長某ト記載スルヲ相當トス（二九、五、一三）

適用例

○町村長故障アリテ助役代理スルトキハ公文ノ署名モ代理ノ名義ヲ用フヘキモノトス

○町村會議員ハ議長ニ不法行爲アリト認ムルモ議員ノ資格ヲ以テ府縣知事若クハ内務大臣ニ申告シ之レカ處分ヲ求ムルノ職權ナキモノトス

解疑例

問　村會議員ヲ兼ネタル村長アリ第三十九條前段ニ依リ村長ハ村會議長タルハ勿論ナルモ議事ノ進行ヲ計ル爲メ村長ハ議席ニ列シ代理者タル助役（有給又ハ村會議員ヲ兼務セザルモノ）ヲ議長トスルトキハ可否ヲ決スルニ當リ同數トナル場合ニハ代理議長ヲシテ裁決セシムルモ違法ニアラザル

乎是等ノ場合ハ村長ニ故障アルモノト認ムルヲ得ルノ義ナリヤ

答　議員ヲ兼ヌル村長ガ議事ニ參與スルヲ得テ議場ニ出席スル以上ハ故障アリト云フヲ得ズ從テ助役ヲシテ議長ノ職ヲ代理セシムルハ不當ナリ。

第四十六條　町村長及其ノ委任又ハ囑託ヲ受ケタル者ハ會議ニ列席シテ議事ニ參與スルコトヲ得但シ議決ニ加ハルコトヲ得ス

前項ノ列席者發言ヲ求ムルトキハ議長ハ直ニ之ヲ許スヘシ但シ之カ爲議員ノ演說ヲ中止セシムルコトヲ得ス

町村長及町村長の委任を受けたる者、又は町村長の囑託を受けたる者は、會議に列席して議事に參與することを得。故に町村長の委任を受けたる助役、收入役及委員其の他の吏員は勿論、吏員外のものと雖も、囑託を受くるときは、會議に列席し議事に參與することを得るなり。例へば土木其の他技術に屬する事項にして、技術員の說明を求むるを便とする場合の如き、又は敎育衛生の事項にして、敎員醫師の說明を要する場合の如きは、町村長は、臨時囑託して、議事に參與せしむることを得べし。即ち他の會議等にて參與員と稱するものに等し。故に說明の便宜上假に之を參與員と稱すべし。但し此の參與員は主として說明の任に當るのみにて議決に加はることを得ざるなり。町村長又は其の委任若くは囑託を受けて列席する者卽參與員が發言を求むるときは、直に之を許すべきものとす。故に參與員と議員と同時に發言を求むるときは、先づ參與員に發言を許さゞるべからず。但し議員演說中なるときは。之を中止せしむることを得ざるを以て、其の終了を竢たざるべからず。

第四十七條　町村會ハ町村長之ヲ招集ス議員定數三分ノ一以上ノ請求アルトキハ町村長ハ之ヲ招集スヘシ

町村長ハ必要アル場合ニ於テハ會期ヲ定メテ町村會ヲ招集スルコトヲ得招集及會議ノ事件ハ開會ノ日ヨリ少クトモ三日前ニ之ヲ告知スヘシ但シ急施ヲ要スル場合ハ此ノ限ニ在ラス

町村會開會中急施ヲ要スル事件アルトキハ町村長ハ直ニ之ヲ其ノ會議ニ付スルコトヲ得三日前迄ニ告知ヲ爲シタル事件ニ付亦同シ

町村會ハ町村長之ヲ開閉ス

町村會は、町村長に於て、必要の都度招集するものとす。又議員定數の三分の一以上の請求あるときは、必ず招集せざるべからず。議員定數は第十一條の規定に依りて定まるものにして、若し十二人を定員とするときは、四人以上の請求あるを要するなり。

議員が、町村會招集の請求を爲すは、如何なる場合なるかは何等規定するところなしと雖、町村會は、元來發案權を有せざるものなれば、町村會自ら發動することを得べき事件、例せば意見書の提出、又は發案を促がす建議、若くは第四十二條の檢閲檢査を行はんとする如き場合ならざるべからず。

町村會は必要の都度開會すべきものにして、彼の府縣會等の如く、會期の一定せるものにあらざれども、若し必要あるときは、會期を定めて招集することを得るものとす。例へば、會議事件多數なるか又は複雜にして數日の期間を要するが如き場合には、町村長は、其の見込を以て會期を定めて招集することを得るものとす。

招集の通知及會議事件の告知は、開會の日より少くとも三日前ならざるべからず。卽七月七日に開會せんとするときは、遲くも同月四日までに招集狀を發し、且會議に附すべき事件を告知すべきものとす。但し急に開會を要する場合には、三日前ならざるも差支なしとす。

町村會開會中に於て、急を要する事件發生したるときは、直に之を其の會議に付することを得べく。又當初通常の議事として、三日後に付議すべき旨告知し置きたる事件と雖、他の案件に付開會中急を要する事情生じたるときも、直に之を付議することを得べし。

町村會は、町村長に於て開閉すべきものとす。此の開閉は、第五十三條に規定する其日の會議の開閉を云ふに非ずして、一回の招集に對する會議の開閉を云ふものなり。

（參照） 舊制第四十二條

行政判決例

○本條ニ依リ村會召集ニ少クモ開會三日前ニ告知スヘキ場合ニ當リ開會當日ヲ算入スルカ如キハ一般ニ認メラレタル慣例ニアラス（二八、一一、二七）

○速カニ意見ヲ答申スルノ必要アル場合ニ在リテハ村會ノ招集ハ開會ノ三日前タルコトヲ要セス（三三、七、一〇）

○會議ノ事件ノ告知トハ村會ニ於テ何事ヲ議スルカヲ知ラシムレハ足ルモノトス（同前）

適用例

○第四十二條ニ依レハ議員四分ノ一以上ノ請求アリタルトキハ其事項ノ何タルヲ問ハス必ス町村會ヲ招集セサル可ラサルモノヽ如シト雖モ第三十五條及第五十條ニ揭ケタル事件ノ如ク町村會自ラ發動スルコトヲ得ヘキモノヽ外議員ハ町村會ノ招集ヲ請求スルコトヲ得サルモノトス

○町村長助役共ニ闕員トナリタル場合ハ臨機ノ處分トシテ官吏ヲ派遣シ得ルニ依リ該官吏ニ於テ町村會ヲ招集スヘシ

○正當ノ事由ナク議員中ノ一人ヲ召集セスシテ開議シタルトキハ其決議ハ無效トス

○告知外ニ係ル事件ト雖モ議員四分ノ一以上ノ同意ヲ以テ村長ノ發案ヲ求メ而シテ村長ヨリ議案ト

シテ提出シタル場合ハ直チニ之レヲ議決スルコトヲ得

○市參事會町村長ノ發案ニ因ラス市町村會ニ於テ直ニ吏員ノ選擧ヲ爲シ又ハ半數以上ノ出席議員ナク之ヲ選擧シタルトキハ其選擧ハ當然無效ナルヲ以テ別ニ之カ取消處分ヲ爲サス更ニ之ヲ選擧セシムルコトヲ要ス

解疑例

問　町村會ハ議員四分ノ一以上ノ請求アルトキハ其事件ノ何タルヲ問ハズ招集スルモ違法ニアラザルカ

答　議員四分ノ一以上ノ請求アレバ議長ハ必ズ町村會ノ招集ヲ爲スベキモノニシテ議員ガ之ヲ請求スルニハ其會議ヲ要スル事件ヲ開陳スベキハ固ヨリナリト雖之ガ當否ヲ判斷スルハ議長ノ職權ニ屬スルモノトスルヲ得ズ然レドス從來ノ例ニヨレバ第三十四條、第三十五條、第五十條ノ如キ場合ノ外議員ニ發案權ナシトセルガ故ニ結局是等ノ場合ノ外ハ請求ニヨリ招集セラルヽモ町村長ガ發案ヲ肯ンゼザルトキハ議スベキ事案ナキガ故ニ何等ノ效ヲ奏セザルコトアルベキモ議長トシテハ四分ノ一以上ノ請求アレバ理由ノ如何效果ノ有無ヲ問ハス招集ヲ爲スベキモノトス

問　村會議員二名犯罪ノ嫌疑ニテ拘禁中ナルモ未ダ公判ニ付セラレタルニアラザルニ依リ解職スベキ場合ニ至ラズ此ノ時ニ於テ村會ヲ開會スルトキハ其招集狀ハ自宅ニ發送スベキカ又ハ監獄ニ發

送スベキカ若クハ缺員ト見テ招集セザルモ差支ナキカ

答 招集狀ヲ其自宅若クハ監獄ニ發送セバ可ナリ缺員ト見ルヲ得ズ

問 本村會議員ノ定數ハ十八名ナルモ事故ノ爲メ退職セルモノ九名アリ之ガ補缺選擧ヲ行フニハ二ケ月餘ノ日子ヲ要ス然ルニ緊急議事アルガ爲メ現在ノ議員九名ニテ村會ヲ開カントス而シテ第十七條ヲ見ルニ若シ定員三分ノ一以上缺員アルトキハ其補缺選擧ヲ行フベシトアリ故ニ九名ニテハ其三分ノ一ヲ缺キ居ルガ爲メ開會スルヲ得ズトノ說アリ如何

答 議員ニ缺員アルトキハ定期改選ト同時ニ補缺選擧ヲ行フヲ原則トシ若シ三分ノ一以上ノ缺員アルトキハ其定期改選期ヲ待タズシテ之ガ補缺選擧ヲ爲スベキモノトス故ニ第十七條ハ補缺選擧ニ係ル規定ニシテ之ヲ以テ村會ノ開否ヲ斷ズルコトヲ得ズ而シテ町村會ヲ開會シ有效ニ決議ヲ爲スニハ半數以上ノ出席ヲ要スル第四十二條ノ規定アレバ現在議員九名アル上ハ半數ノ出席ヲ見ルコトヲ得ベク卽チ有效ニ決議ヲ爲スコトヲ得ベシ今本問ニ九名ノ退職者アリト云フハ定員三分ノ一以上ノ缺員アルモノナレバ定期改選期ヲ待タズシテ之ガ補缺選擧ヲ執行セザルベカラズト雖モ緊急事件ノ爲メ現在員九名ヲ招集シ開會スルモ其決議ハ有效ナリトス

第四十八條　町村會ハ議員定數ノ半數以上出席スルニ非サレハ會議ヲ開クコトヲ得ス但シ第五十條ノ除斥ノ爲半數ニ滿タサルトキ、同一ノ事件ニ付招集再回ニ至ルモ仍半數ニ滿タサルトキ又ハ招集ニ應スルモ出席議員定數ヲ缺キ議長ニ於テ出席ヲ催告シ仍半數ニ滿タサルトキハ此ノ限ニ在ラス

本條は會議を開き得るに足る議員の數卽定足數と、之を缺ける特別の場合とに付規定を設けたり。原則としては議員定數の半數以上出席するに非ざれば、會議を開くを得ざるものとす。故に十八人の議員定數なるときは、九人以上の出席を要す。然れども絕對に此原則を固持するときは、或は議決を要する事件の進行を妨げ、或は招集に應ぜざるものとして、町村會の議決を待たずして處分する場合を多くし、穩當ならざるを以て、例外を設け左の場合に於ては半數に滿たざるも開議するを得るものとせり。

一　第五十條の規定により、故障ある議員を除けるが爲め出席議員半數に滿たざるとき。

二　或事件の爲町村會を招集し、應招者半數に滿たずして會議を開くこと能はず、再び其の事件の爲に招集し、仍半數に滿たざるとき。

三　議員が半數以上招集に應じて出頭するも、開議に當り議席に就かざるものありて、議長が出席を促すも尙着席せざるものあり、爲めに半數に滿たざるとき。

以上の場合には、定數を缺くも會議を開くことを得べきも、爰に注意すべきは、出席議員一人にても會議を開くことを得べきやの點なり。會議の常態として、議長を除き少くとも議員二名以上に非ざれば。事を議する能はざるを以て、一人の出席議員にては、會議を開くに由なきものと解すべきなり。

《參照》 舊制第四十三條

行政判決例

○村會招集再回ノ場合ハ出席議員當初ヨリ議員定數ニ充タサルト中途ニシテ退場シタル者アルカ爲メ其定數ヲ缺キタルトニ拘ラス本條但書ノ規定ニ據ルコトヲ得(二五、七、一)

適用例

○甲乙町村會ニテ互選シタル議員ヲ以テ組織ス可キ組合會ニ於テ乙町村ガ故ラニ町村會議員ヲ選擧セス從テ組合議員ヲ選出スル能ハサル場合ト雖モ該組合規約中別段ノ規定ナキ以上ハ甲町村選出ノ組合會議員ニシテ會議ヲ開クコトヲ得ヘキ數ニ滿ツルトキハ仍ホ會議ヲ開キ妨ケナシ

○凡ソ會議ハ議長及ヒ議員ヲ合セ三名以上列席スルヲ要スルハ議事ノ常體ナレバ再回召集ノ場合ト雖モ議長一名ニテ原案ヲ可決シタルハ不當ナリト云ハサルヲ得ス然レトモ村會議員ヨリ訴願シ得ヘキモノニアラス

○町村會再招集ノ場合ト雖モ議員二以上出席スルニアラサレハ會議ヲ開クコトヲ得ス故ニ此出席議員ナキトキハ町村會招集ニ應セサルモノトシテ之ヲ處理シ妨ケナシ

○初度選擧ノ場合ニ於テ議員定員ノ内辭退者アリ定員ニ滿タサルモ半數以上應選者アルトキハ會議

ヲ開クコトヲ得

○吏員ノ選擧ヲ爲ス場合モ本條ニ依ルヘキモノトス

○村長選擧ノ爲メ再回招集ノ末村會ニ於テ資格ナキ者ヲ選擧シ且二ケ年ノ制限ヲ特免スルノ議決ヲ爲シタル場合ノ如キハ發案權ヲ侵シタルノミナラス制限特免ニ付テハ再回ノ招集ト認ムルコトヲ得ス

解疑例

問　議員定員十二名ノ内六名出席シタリ然ルニ村長ハ之ヲ不成立ト誤認シ再回招集セシニ議員五名ハ出席シタルヲ以テ議事ヲ開キ助役選擧ヲ行ヘリ右選擧ハ無效ナルヤ將有效ナルヤ

答　出席議員半數ニ滿タザルモ場合ニヨリ村會ノ開會ヲ許スハ已ムヲ得ザル場合ニ處スル例外規定タルヲ以テ例外ハ狹ク解釋スベシトノ一般解釋ノ原則ニ從ヒ之ヲ適用スベキ條件ヲ具備スルヤ否ヤヲ嚴密ニ究査セザルベカラズ本問ノ場合ニ於テ當初半數ノ出席アリタル以上ハ村會ハ明カニ成立シタルモノニシテ議事ヲ開カザリシハ假令村長ノ法律解釋ニ基クモノトスルモ法律上不成立ニ非ズシテ任意ニ散會シタルモノト云ハザルヲ得ズ然レバ同一議事ニ就キ次回ノ招集ニ於テ出席議員半數ニ滿タザルモ第四十三條但書ノ趣旨トスル同一議事ニ付二回相次テ半數ニ充タザル場合ニ適合セズ故ニ村會トシテ何等議決ヲ爲ス能ハザルモノニシテ其選擧ハ無效ナリ

問　組合會ノ或村ノ議員總辭職ヲ爲スモ過半數ノ議員在職セバ組合會ノ成立ニ關係ナキカ從テ決議ハ有效ナル乎

答　本問ハ組合會ノ組織ニ關スルモノニテ規約ニヨリテ定マルベキモノナルモ若シ規約ニ反對ノ條項ナキトキハ組合町村内ノ一町村選出議員ニシテ總辭職ヲ爲スモ他ノ組合内ノ町村選出議員ノミニテ議會成立セバ有效ニ決議ヲ爲スコトヲ得ベシ

第四十九條　町村會ノ議事ハ過半數ヲ以テ決ス可否同數ナルトキハ議長ノ決スル所ニ依ル

本條は、議決の方法を定む。卽町村會の議事は、出席議員の過半數を以て決すべく、可否同數なる場合には、議長の決する所に依るべきものとす。故に議長は決定權を有するなり。

是に於て左の疑義を生ず

議員にして議長となりたる場合に於ては、議員の資格を以て表決の數に加はり、更に議長として決定權を行使し得べきか、又は議長たる以上は、決定權を行使するのみにて、表決權は之を行使することを得ざるか。

右の疑義に關しては、解釋區々に涉り、主務省に於ては、本條と同意義なる郡制第四十一條の適用に付「會議規則中別段ノ規定ナキニ於テハ、議長ハ其ノ席ニ於テ表決裁決ノ二權ヲ行フコトヲ得ヘシ。

又會議規則ニ別ニ規定ナキトキハ表決裁決ノ二權ヲ有スルヲ以テ一ノ議題ニ付之ヲ併セ行フコトヲ得」となし、行政裁判所に於ては、反對の解釋を執れるが如し。其の判旨を摘錄すれば

○郡會議長ハ郡制第四十一條ノ規定ニ從ヒ可否同數ナル場合ニ於テ採決權ヲ有スルニ止マリ議長席ヲ離レ自己ノ意見ヲ吐露スルハ法律ノ禁止スル所ニアラサレトモ其意見ヲ採テ直ニ之ヲ可否ノ數ニ加フルハ不當ナリ

右は新潟縣中頸城郡會に於て、出席議員議長を加へて三十名なるとき、或議案を決するに當り、記名投票を以て、表決したる結果、十五名宛の正半數となりたるを以て、議長が更に之を決定したるに對し、郡長之を不當として縣參事會に訴願し、縣參事會之を是認したれば、遂に行政裁判所の判決を求め、其の結果前揭の判決を與へたるものなれば、行政裁判所に於ては、議長は單に決定の權あるのみにて、表決權を行使すべからずと斷定したるなり。

然れども、合議體に於ては、議長は其議員中より選ぶを普通とし、而かも議長と爲りたるが爲議員たるの資格を喪失するものにあらざる以上、議長と雖、議員たるの資格に於ては、議員通有の表決權を有せざるべからず。故に法令に別段の規定なき限りは、議員として表決權を行ひ、且議長として可否同數なる場合に決定權を行使し得べきものと解するを穩當とすべし。

《參照》第四十四條

適用例

○議長（町村ニ於テハ町村長議員ヲ兼ヌル場合）ハ表決及ヒ裁決ノ兩權ヲ併有ス卽チ町村長及ヒ助役ニシテ議員ヲ兼ヌル場合ニ於テハ一人ニシテ二個ノ議決權ヲ有スルモノトス故ニ議長タルトキ意見アルニ於テハ議員席ニ着キテ之ヲ陳述シ議長席ニ復シタル後表決ヲ爲ス場合ニ於テハ議長席ニテ可否ヲ表シ議決ノ數ニ算入シ猶可否同數ナルトキハ町村制第四十四條末段ノ規定ニ依リ更ニ其可否ヲ決スルノ權アルモノトス

第五十條　議長及議員ハ自己又ハ父母、祖父母、妻、子孫、兄弟姉妹ノ一身上ニ關スル事件ニ付テハ其ノ議事ニ參與スルコトヲ得ス但シ町村會ノ同意ヲ得タルトキハ會議ニ出席シ發言スルコトヲ得

本條は、會議の公正を保持するが爲に設けたる規定なり。故に自己の一身上に關する事件は勿論、本條規定の近親者の一身上に關する事件の議事に付ては、議席に列するを得ざるなり。而して一身上に關する事件とは、自己又は本條に列記する近親の選擧權被選擧權、若くは第八條の制裁第七條第二項の年限の特免等の議事、又は町村吏員に推薦せられたる如き場合等其他種々なるべく、結局直接一身に關する總てを包含す。

然れども、場合に依りては、辯明を要することなきにあらざるべし。故に但書に於て、町村會の同意を得れば、出席の上發言することを得るものと定む。此の場合に於ても、議決に加はることを得ざるものとす。

〔參照〕　舊制第四十條、第四十五條

適用例

○選擧掛長ノ處置ニ對シ訴願者アルトキハ當時ノ選擧掛長トナリ事務ヲ取扱ヒタル議員ハ一身上ノ關係アルモノトス

○町村長助役ノ報酬及給料額ヲ定ムルコトハ町村長助役ノ一身上ニ關スル事件ニアラサルヲ以テ町村長助役ハ右ニ關スル町村會ノ議事ニ參與スルコトヲ得ルモノトス

○豫テ規定シアル町村長助役ノ報酬給料額ノ範圍內ニ於テ現町村長助役ニ支給ノ額ヲ議スルモ町村長助役ハ一身上ノ關係アルモノニアラス

○選擧ノ全部又ハ幾部ノ效力ニ關シ訴願アルモ其議員ハ一身上ノ關係アルモノニ非サルカ故ニ該選擧ニ依リ當選シタル議員ハ其裁決ノ議事ニ加ハルコトヲ得ルモノトス

○町村會議員ニシテ選擧ニ關シ訴願シタル者ハ特ニ自身ノ選擧ニ關シ訴願セル場合ヲ除クノ外一身上ニ關係アルモノニアラス

解疑例

問　町村會ニ於テ收入役書記選任ヲ爲スニ方リ町村長ノ提出シタル推薦案ニハ被選任者ト父子ノ關係ヲ有スル議員加リタルトキハ第四十五條ニ違背スベキヤ將タ同條ハ本問ノ如キ公事ニ屬スル場合ニ適用スベキ規定ニアラズシテ假令ハ救助費ノ決議若クハ受負工事ノ隨意契約ヲ爲スガ如キ全ク私事ニシテ一般的事件ニ適用スベキ規定ナリヤ

答　被推薦者ト父子ノ關係ヲ有スル議員ハ本問ノ議事ニ參與スルコトヲ得ズ此場合父タル議員ハ第四十五條ニ依リ之ヲ避ケザルベカラズ卽チ本條ニ所謂一身上ノ事件トハ後段例示ノ場合ヲ包含スルハ勿論其子タルモノガ收入役若クハ書記ニ推薦セラルヽハ其子ノ一身上ニ關スル事件ニ該當スルモノナリ

問　小學校建築ニ際シ町村會議員中ヨリ建築委員ヲ設ケ該工事ノ監督ヲ命ジ置キタリ然ルニ該建物ニ關シ至急町村會開會ノ必要起レリ此ノ場合ニハ該委員ハ議決ノ數ニ加ハルコトヲ得ザルヤ

答　議事事件ニシテ第四十五條第一項ニ該當セザル限リハ町村會議員ハ議決ノ數ニ加ハルコトヲ得ベシ故ニ建築委員ガ其決議ニ加ハルハ何等差支ナシ

第五十一條　法律勅令ニ依リ町村會ニ於テ選擧ヲ行フトキハ一人毎ニ無記名投票ヲ爲シ有效投票ノ過半數ヲ得タル者ヲ以テ當選者トス過半數ヲ得タル

者ナキトキハ最多數ヲ得タル者二人ヲ取リ之ニ就キ決選投票ヲ爲サシム其ノ二人ヲ取ルニ當リ同數者アルトキハ年長者ヲ取リ年齡同シキトキハ議長抽籤シテ之ヲ定ム此ノ決選投票ニ於テハ多數ヲ得タル者ヲ以テ當選者トス同數ナルトキハ年長者ヲ取リ年齡同シキトキハ議長抽籤シテ之ヲ定ム

前項ノ場合ニ於テハ第二十二條及第二十五條ノ規定ヲ準用シ投票ノ效力ニ關シ異議アルトキハ町村會之ヲ決定ス

第一項ノ選擧ニ付テハ町村會ハ其ノ議決ヲ以テ指名推選又ハ連名投票ノ法ヲ用ウルコトヲ得其ノ連名投票ノ法ヲ用ウル場合ニ於テハ前二項ノ例ニ依ル

連名投票ノ法ヲ用ウル場合ニ於テ其ノ投票ニシテ第二十五條第一號、第六號及第七號ニ該當スルモノ並其ノ記載ノ人員選擧スヘキ定數ニ過キタルモノハ之ヲ無效トシ同條第二號、第四號及第五號ニ該當スルモノハ其ノ部分

ノミヲ無效トス

本條は、町村會に於て行ふ選擧の方法を規定す

本法に於て町村吏員の選擧を行ふは勿論、其の他法律勅令に依り、町村會に於て選擧を行ふを要することあるべし。此場合に於ては、無記名投票の法を用ゐ、選擧すべき者一名毎に投票を爲し、有效投票の過半數を得たる者を當選者と定むべきものとす。

過半數を得たる者なきときは、最多くの投票を得たる者二人に付、決選投票を爲すべきものとす。卽最多くの投票を得たる甲と乙とに付、更に投票を爲し其の孰れに定むべきかを決するなり。其の二人を取るに當り、同點者三名以上あるときは、年長者より二人を取り、年齡同じきときは、議長に於て抽籤を爲して之を定むるものとす。

此の決選投票に於ては、投票の多數を得たる者を當選者とす。若し同數なるときは、年長者を取り、年齡同じきときは、議長に於て抽籤して之を定むるものとす。

前項の場合に於て、其の投票を行ふの方法に關しては、第二十二條の規定を準用し、其效力に關しては、第二十五條を準用すべきものとす。準用とは其儘全部適用する能はざるも適當なる程度に於て用ゆるを云ふ。而して其の投票の效力に關し異議あるときは、町村會之を決定するものとす。又町村會の議決によりては、前項選擧の代りに、指名推選、又は連名投票の法を用ゆることを得べし。

指名推選とは、町村會の議決に依り、通常議長に指名を託し、町村會は其被指名者に付過半數を以て可否を決するものとす。

連名投票の法とは、被選擧人の總數を一投票に記載するを云ふ其の法を用ふる場合に於て其の投票が、(一)成規の用紙を用ひざるもの(二)被選擧人の氏名の外他事を記入したるもの、(爵位職業身分住所又は敬稱を記入したるものは此の限にあらず)(三)被選擧人の氏名を自書せざるもの(四)記載の人員が、選擧すべき定數に過ぎたるものは之を無效とす。又(一)現に其の職に在る者の氏名を記載したるもの(二)被選擧人の何人たるかを確認し難きもの(三)被選擧權なき者の氏名を記載したるものは、其の部分のみを無效とし、他は有效とするなり。

〔參照〕　舊制第四十六條

適　用　例

○町村會ニ於テ町村吏員ヲ選擧スルニ方リ例ヘハ拾二名ノ議員ヲ以テ組織スル町村會ニシテ甲ハ六票ヲ得乙丙ハ各三票ヲ得ルトキハ何レモ過半數ヲ得サルヲ以テ本條第一項ニ依リ最多數ヲ得ル者二名ヲ取リ之レニ就テ更ニ投票セシム可キモ乙丙ハ同數ナルヲ以テ議長自ラ抽籤シテ其一名ヲ執リ甲ト併セテ二名トナシ更ニ投票セシム可キモノトス

○指名推選法トハ議長又ハ議員ニ於テ被選人ヲ指名シ之レヲ會議ニ諮ヒ過半數ヲ得タル時ニ當選者

ト定ム可キモノトス

○自選投票ハ妨ナシ

○當選者無資格ナリシコトヲ發見シタルトキハ其當選ヲ取消シ更ニ選擧セシムヘシ

○町村吏員選擧ニシテ町村長ノ發案ヲ俟タス又ハ出席議員半數ニ滿タスシテ選擧ヲ爲シタル場合ハ別ニ取消ヲ要セス當然無效ニ屬スルヲ以テ更ニ選擧セシムヘキモノトス

○町村長選擧投票同數ニシテ決選投票ノ場合ニ於テ其候補者議員ナルモ其議員ハ第四十五條ニ依ルヲ要セス

解疑例

問　町村長及助役ノ選擧ヲ爲シタルニ町村長ハ滿點ヲ以テ當選シタルモ助役ハ投票同數ナルヲ以テ再投票ヲ爲シタルニ先キノ當選者以外ノモノ大多數ヲ得タリ此候補者以外ノ者ニ係ル投票ハ有效ナリヤ

答　其投票ニシテ候補者以外ニ係ル投票ハ固ヨリ無效ナリトス何トナレハ二名同點ナルカ故ニ特ニ其二名ニ就テ決選投票ヲ爲ス場合ナレハ其二名以外ニ係ル投票ハ決選投票ノ性質ニ違フモノナレハナリ

第五十二條　町村會ノ會議ハ公開ス但シ左ノ場合ハ此ノ限ニ在ラス

一　議長ノ意見ヲ以テ傍聽ヲ禁止シタルトキ

二　議員二人以上ノ發議ニ依リ傍聽禁止ヲ可決シタルトキ

前項議員ノ發議ハ討論ヲ須ヰス其ノ可否ヲ決スヘシ

一國又は一地方の政務を議するに當りては、須らく公明正大なるべし。故に本條町村會の會議も、之を公開するを以て原則とす。然れども、他人の名譽に關する事件の如き、又は公衆の安寧を害する虞ある場合の如きは、之を公開せざるを利益とすることなきにあらざるべし。故に但書に於て例外規定を設け、(一)議長の意見にて傍聽を禁止したるとき(二)議員二人以上の發議に依り傍聽を禁止したるときは、公開せざるも妨なきものとせり。

前項議員二人以上より、傍聽禁止の發議ありたるときは、討論を須ゐずして、其の可否を決すべきものとす。

《參照》　舊制第四十七條

適　用　例

○第四十七條但書ニ依リ傍聽ヲ禁シタルトキト雖監督官吏ハ臨場スルコトヲ得

第五十三條　議長ハ會議ヲ總理シ會議ノ順序ヲ定メ其ノ日ノ會議ヲ開閉シ議

場ノ秩序ヲ保持ス
議員定數ノ半數以上ヨリ請求アルトキハ其ノ日ノ會議ヲ開クコトヲ要ス此ノ場合ニ於テ議長仍會議ヲ開カサルトキハ第四十五條ノ例ニ依ル
前項議員ノ請求ニ依リ會議ヲ開キタルトキ又ハ議員中異議アルトキハ議長ハ會議ノ議決ニ依ルニ非サレハ其ノ日ノ會議ヲ閉チ又ハ中止スルコトヲ得ス

第一項は、議長の職權を規定す。

議長は會議一切の事務を處理すべく、會議の順序卽日程を定め、其の日の開會閉會を令し、議場の秩序を保持する等總て議長の職責に屬するものとす。其の議場の秩序を紊す者に對する制裁は、第五十五條に規定せり。

第二項は、議員が數派に分れ、町村會の形勢が理事者側に不利なるとき、招集に應じたる議員定數に達するも、會議を開かざる如き弊あるを以て、之を緩めん爲の規定なり。卽定數の半數以上の議員は開會を請求し得べく、若し開會せざるときは助役を議長として開會すべく、助役出席せざるときは、年長者を議長として開議するを得べし。

第三項は、前項の如くして閉會するも、通常の如く議長に中止又は閉會の自由ありとすれば、其の目的を達せざるが故に、本項の規定を置きて、之に制限を加へたるなり。

第五十四條　議員ハ選擧人ノ指示又ハ委囑ヲ受クヘカラス

議員ハ會議中無禮ノ語ヲ用ヰ又ハ他人ノ身上ニ渉リ言論スルコトヲ得ス

町村會議員は、獨立不羈なり。世人或は政治上の意味にて、町村民の代表者と稱することなきにあらざれども、是れ法律上何等意義あるものにあらず。正々堂々自己の自由意思を以て愼重に町村の利害得失を考量して意見を定むべく、何物の拘束をも受くべからざるなり。然れども、選擧の行はるゝ所、競爭の之に伴ふは現今の情態なるを以て、動もすれば、選擧人の意を迎合せんとするの弊なきにあらず。故に本條第一項に於て、嚴に之を禁じ、議員の職責を盡す上に於て、選擧人の指示に從ひ、又は其依賴を受けて行動すべからざるものとせるなり。

又議員は、公共の政務に參與する重要の職に在るものなれば、相當の恭敬を持するは、其の職務に對する當然の責務なりとす。故に會議に當りては、無禮の言語を愼み、又必要ならざるに人身攻擊を爲すが如きことあるべからざるものとす。

第五十五條　會議中本法又ハ會議規則ニ違ヒ其ノ他議場ノ秩序ヲ紊ス議員ア

ルトキハ議長ハ之ヲ制止シ又ハ發言ヲ取消サシメ命ニ從ハサルトキハ當日ノ會議ヲ終ル迄發言ヲ禁止シ又ハ議場外ニ退去セシメ必要アル場合ニ於テハ警察官吏ノ處分ヲ求ムルコトヲ得

議場騷擾ニシテ整理シ難キトキハ議長ハ當日ノ會議ヲ中止シ又ハ之ヲ閉ツルコトヲ得

本條及次條は議場整理の方法を規定したるものにして、本條は議員の議場に於ける不當なる行動を取締る規定なり。凡會議は多數人が意見を闘はすものなるを以て、一定の順序に從ひ秩序整然たらざれば、充分に意見を發表し又は聽取する能はずして、適當なる議決を望む能はざるなり。故に本法中にも第五十四條の如き議員の遵守すべき規定あり。其他議場整理に關する諸般の事項は會議規則に於て定むる所あるべし。

是等本法の規定又は會議規則に定むる所に違背するは勿論、別に規定なしと雖、苟も議場の秩序を亂すの行動を敢てする議員あれば、議長は之を制止し、又無禮の言語若くは人身攻擊等の不當なる言語は之を取消さしむべきものとす。若し議長の制止を肯んせずして、不當の擧動を續け又は發言取消の命に應せざるときは、議長は其日の會議を終る迄發言を禁止し、又は退席せしむるを得るものとす。

若し暴力を以て議長の命を拒む如き場合には、警察官吏の處分を請求すべく、警察官吏は之に應ずるの義務あるものとす。

若し又、議場全體に騷擾を極め、到底鎭靜し難きときは、議長は會議を中止して一旦休憩の上、更に開議するか、又は其日の會議を閉づることを得るものとす。

第五十六條　傍聽人公然可否ヲ表シ又ハ喧騷ニ渉リ其ノ他會議ノ妨害ヲ爲ストキハ之ヲ制止シ命ニ從ハサルトキハ之ヲ退場セシメ必要アル場合ニ於テハ警察官吏ノ處分ヲ求ムルコトヲ得

傍聽席騷擾ナルトキハ議長ハ總テノ傍聽人ヲ退場セシメ必要アル場合ニ於テハ警察官吏ノ處分ヲ求ムルコトヲ得

町村會は公開するを原則とするが故に、多數の傍聽人あることは、其地方民の自治行政に對する熱心の度を見るに足るべく、頗る喜ぶべきことなりと雖、傍聽人が議場に喧囂して、審議を盡すを妨げ、議員をして冷靜に利害得失を考量せしめざるは、曲事たるを免れず。故に傍聽人にして公然可否を表明し、又は喧騷する等、議事の妨害と爲る行動あれば、議長は之を制止し、尙之に從はざれば退場せしむべく、場合によりては警察官の處分を求め、之を强制することを得るものとす。

且つ又傍聽人が一般に騷擾して、議事に妨げあるときは、議長は總ての傍聽人を退場せしめ、是亦場合により警察官の處置を求め得べきものとす。

第五十七條　町村會ニ書記ヲ置キ議長ニ隷屬シテ庶務ヲ處理セシム

書記ハ議長之ヲ任免ス

町村會書記の主なる事務は、町村會開會の際、議長の指揮の下に、會議錄の調製等諸般の事務に從事するに在りと雖、開議中に非ずとも、又多少の事務なきに非ず。卽町村會として爲すべき意見書の提出、事務の實地檢査の場合に於ける事項を記錄する等種々あるべし。是等は總て議長の指揮により處理すべく、而して書記の任免は議長に於て專決すべきなり。

第五十八條　議長ハ書記ヲシテ會議錄ヲ調製シ會議ノ顚末及出席議員ノ氏名ヲ記載セシムヘシ

會議錄ハ議長及議員二人以上之ニ署名スルコトヲ要ス其ノ議員ハ町村會ニ於テ之ヲ定ムヘシ

會議錄は會議の要領を記載し、議事が適法になされたることを證すべき重要なる記錄なり。此記錄は町村會書記が、議長の指揮の下に調製するものにして、會議の開閉、出席議員數及其の氏名、提出されたる議案及之に對する採決の結果等、其時々錄取すべきものとす。而して此會議錄は、會議の終りに議長及出席議員中町村會に於て定めたる二名以上の者が署名して、其正確なるを證すべきものとす。

〔參照〕　舊制第四十九條

行政判決例

○村税賦課ニ關スル村會議決ノ方式カ其義事錄ニ徵シテ正當ナルトキハ之ヲ違法ト謂フヲ得ス　（三〇、三、一六）

適用例

○閉會ノ際議事錄ヲ調製セス次會ノ會議ニ於テ式ノ如ク朗讀スルカ如キハ其調製ハ制度ノ規定ニ違フト雖モ議決ノ實體ニシテ正當ニ議決セラレタルコトヲ認メ得ヘキ場合ニ在テハ只議決後ニ作ルヘキ證明書類ニ瑕瑾アルニ止マルモノナレハ議決ハ尙有效トシテ之ヲ施行シ妨ナシ

解疑例

問　町村役場書記ヲシテ町村會ノ書記タラシメ議會書記給料ヨリ給料ヲ支給シ差支ナキヤ

答　町村役場ノ事務ニ支障ナキ範圍ニ於テ會議ノ書記ヲ命ズルハ別段差支ナシ從テ相當ノ手當ヲ與フルモ可ナリ

問　村會ニ於テ會議費中ノ書記給料及ビ議案謄寫料ヲ否決削除シタリ其理由トスル所ハ議長タル村

長ハ役場書記ニ命ジテ會議ノ書記タラシムト云フニ在リ依テ考フルニ村書記ニ別種ノ會議書記ヲ命ズルハ議長ノ職權ナラザルベシ議長ノ命令ニ應ゼザルトキハ會議ノ書記ナキニ至ル右ハ不當ノ議決ニアラザル乎若シ之ヲ不當トセバ之ガ救濟方法ハ如何

答 第四十九條ノ末項ニ「町村會ノ書記ハ議長之ヲ選任ス」トアルハ廣ク議長ニ選任權ヲ與ヘタル規定ニシテ町村ノ書記ト會議ノ書記トハ自ラ別箇ノ職任ヲ有スルモノナルガ故ニ町村書記ニ會議書記ノ職務ヲ强制スルコトヲ得ズ然ルニ其給料ヲ削除シ又議案ノ謄寫料ヲモ否決シタル場合ハ必要ナル支出ヲ拒ムモノナルヲ以テ第六十八條ニ依リ之ヲ再議セシムルコトヲ得べシ

問 町村制第四十九條ニ議事錄ハ議長及議員二名以上之ニ署名ス可シトアリ議長及議員ノ姓名ハ必ズ自書スベキヤ否ヤ

答 署名ハ自ラ爲スヲ本則トス然レドモ本人自ラ筆ヲ執ル能ハザル場合ニ他人ヲシテ代筆セシムルモ必ズシモ無效ニ非ザルベシ

第五十九條　町村會ハ會議規則及傍聽人取締規則ヲ設クヘシ
會議規則ニハ本法及會議規則ニ違反シタル議員ニ對シ町村會ノ議決ニ依リ三日以内出席ヲ停止シ又ハ二圓以下ノ過怠金ヲ科スル規定ヲ設クルコトヲ得

會議規則は議事の順序方法等諸般の細目に涉る事項を定むべきものとす。大體に關する事項、例へば開議の定足數、議決又は選擧の方法、會議錄の調製等の如き、本法に規定するものは、別に會議規則により定むるの必要なく、又會議規則は是等に牴觸するを得ず。只適當に之を實施するに付ての順序方法を定むべきのみ。

傍聽人取締規則は混雜を防ぐ爲め定め置くべきものとす。

會議規則傍聽人取締規則は、孰れも町村會に於て議定すべきなり（第一項）

會議規則中には、本法の規定及該會議規則に違反する議員に制裁を加ふることを規定し得べく、其種類程度方法等、凡て本條の規定によるべきものとす（第二項）

（參照）　舊制第五十條

行政判決例

○村會議員ノ無屆不參ヲ理由トシ村會カ其議員ニ對シ過怠金ヲ科シタルヲ不當トシ其取消ヲ求ムル事件ニ關シ行政訴訟ヲ許スノ法令ナシ（二七、九、二四）

○本條ノ事項ニ付テハ市町村會亦發案權ヲ有ス（二八、五、一四）

適　用　例

○市第四十八條町村制第五十條及市制第六十四條町村制第六十八條第五ノ過怠金ノ納付ヲ怠ルモノ

ハ各第百二條ニ依リ徴收及滯納處分ヲナスコトヲ得

解疑例

問　村會開會第一讀會ニ於テ一議員ヨリ或ル費目ニ付キ修正及建議ヲ發議シタリ然ルニ議長ハ之レガ修正及建議ハ二讀會ニアラザレバ採用シ難シト排斥シタリ果シテ適法ノ行爲ナリヤ否ヤ

答　議事法ニ於ケル一讀會ナルモノハ一般ニ議案ノ全體ニ對シ質疑應答シ右了ツテ本案ヲ採用シテ二讀會ヲ開クヤ否ヤヲ決スベキモノトス而シテ議案中ノ或費目ニ對シ修正動議ヲ提出スルハ二讀會ニ於ケル議事ノ性質ナレバ議長ガ一議員ノ修正動議ヲ採用セザリシハ適法ノ行爲ナリトス茲ニ少シク解シ難キハ建議ヲ提出シタリト云フハ如何若シ議案ノ全體ニ對シ不備ノ點アリトノ理由ヲ以テ之ヲ調査整理セシムベキ意見ヲ提出シタルモノトセバ是レ所謂議案ノ全體ニ對スル取捨ノ意見ナレバ一讀會ニ於テモ提出スルコトヲ得ベク卽普通建議ト云ヘルモノニアラズシテ一個ノ動議ナリトス從テ議長ハ此動議ノ議題トナレル以上ハ會議ノ決ヲ採ラザルヲ得ズ

第三章　町村吏員

町村の意思を決定するものは、町村會なり。然れども、町村會は町村の意思を決定するのみにして、自ら之を執行するものにあらず。故に本章に於ては、その事務を行ふ機關、卽ち町村吏員の組織及職務權限を規定せり。

第一款　組織選擧及任免

第六十條　町村ニ町村長及助役一人ヲ置ク但シ町村條例ヲ以テ助役ノ定數ヲ增加スルコトヲ得

町村には町村長及助役各一人を置くを通例とす。然れども場合により助役を二人以上置くを便宜とすることなきに非ざるべし。斯る場合には、町村條例の規定を以て增加し得べきものとす。

第六十一條　町村長及助役ハ名譽職トス

町村ハ町村條例ヲ以テ町村長又ハ助役ヲ有給ト爲スコトヲ得

名譽職の意義は、第八條に於て說明せるが如く、衆望に依りて選任せられ、無給にて公共の事務に從ふものを云ふなり。名譽職に選擧せられ得べきものは、其の町村の公民にして、公民は名譽職を擔任するの義務を負ふものなり。

町村長及助役は名譽職たらしむるを原則とす。然れども人物選擇等の關係上、有給とするを便宜とする場合には、町村條例を以て之を規定し得べきものとす。

（參照）　舊制第五十五條

適　用　例

○元來町村長助役ハ名譽職ヲ以テ原則トシ唯已ムヲ得サル場合ニ於テ特ニ有給吏員ト爲スヲ許スニ過キサルモノナレハ有給ヲ改メ名譽職ニ復スルハ最モ希望スル所ナルモ已ニ一旦許可ヲ得テ有給條例ヲ施行シタル以上ハ又容易ニ之ヲ改正シ若クハ廢止スヘキモノニアラス加之當該者任期中ニ在テ之ヲ動カストキハ法律ヲ以テ規定シタル任期ヲ重セサルノ嫌アリテ甚タ穩當ナラス依テ此等ノ趣旨ヲ誤ラサル樣篤ク注意ヲ要ス

若シ不得已事情アル場合ハ特ニ其事情ニ就キ詳細其狀ヲ具スヘキモノトス

○町村長助役ヲ有給トナシ若クハ有給町村長助役ニ關スル條例ノ廢止ヲ稟請スルニ當リテハ稟請書中現任者任期滿了ノ際又ハ缺員中ナルヤ否ヤノ點ヲ明記スヘシ若シ此等ノ點明瞭ナラサルトキハ監督官廳ニ於テ之ヲ副申スルヲ要ス

○助役一名ヲ有給トスルヲ得ルハ大町村ニシテ事務ノ繁劇ナル等ノ情況アルニ限ルノ趣旨ヲ深ク注意スヘシ若シ大町村ニ非サルモ助役ヲ有給ト爲サヽルヲ得サル者ハ特ニ其事情ヲ具申スヘシ

○町村ノ狀況ニ依リ其公民中ヨリ適任ノ名譽職町村長ヲ得難キトキハ先ツ助役ヲ選擧シ條例ヲ以テ町村長ヲ有給職ト規定シタル後ニ於テ選擧スルモ可ナリ

○有給町村長助役條例ヲ進達スルモ現任者在職ノ儘ニテハ許可セラレサルノ例ナリ然レトモ現任者滿期後實施スル旨ヲ規定シ進達スルハ差支ナシ

第六十二條　町村長及助役ノ任期ハ四年トス

町村長助役等の任期短かければ、公共事務の劃策遂行に便ならず。又任期長きに失すれば、自然怠慢に陥るの弊なしとせず。故に彼是參酌して四年を適度としたるなり。

〔參照〕　舊制第五十四條

適用例

○市町村長助役收入役ノ任期ハ就職ノ日卽チ裁可又ハ認可ノ日ヨリ起算シ就職ニ相當スル翌年ノ前日マテヲ一年トス

○豫メ就職ノ日ヲ定メタルモノハ其期日ヨリ任期ヲ起算スヘキヲ以テ現任者ノ任期中ニ後任者ノ裁可又ハ認可ヲ請フ場合ニ在リテハ其就職期日ヲ豫定セシムヘキモノトス

○前任者任期中ニ退職シタル場合ト雖モ後任者ハ更ニ規定ノ年期間在職スルモノトス

解疑例

問　有給助役ニシテ其任期中ナルモ民情ニ適セザルヲ以テ町村會ハ之ヲ解職スト決議シタル場合ハ町村制第六十七條ノ後段ノ規定又ハ規約アルニアラザレバ何時ニテモ之ヲ解職スルノ權アリヤ將

タ一旦選任ヲ爲シ監督官廳ノ認可ヲ經タル上ハ第五十四條ノ任期中ハ有給名譽ノ差別ナク解職スルノ權ナキ乎

答　町村助役ハ名譽職ト有給職トノ別ナク法ニ一定シタル任期アルガ故ニ町村會ノ決議ヲ以テ隨時之ヲ解職スルコトヲ得ズ若シ第百二十八條第二項第三號ニ該當スルトキハ其任期中ナルモ懲戒裁判ニ依リ之ヲ解職スルコトヲ得ベシト雖モ民情ニ適セザルヲ理由トシ町村會ノ決議ヲ以テ之ヲ解職セントスルモ違法ノ決議ナルヲ以テ之ヲ執行スルコトヲ得ザルナリ換言スレバ町村會ニハ解職スルノ權限アルコトナシ

問　甲某アリ明治三十二年四月四日選バレテ某村長トナレリ然ルニ明治三十三年十月十一日刑事被告人トナリ職務ヲ停止セラレタルヲ以テ臨時代理者ヲ選任シ同年十二月ニ至リ更ニ乙某村長ニ就任セリ斯カル場合ニ於テハ乙某ノ任期ハ甲某ノ補缺トシテ三十二年四月四日ヨリ起算スベキヤ將タ各自就任ノ時ヨリ起算スベキヤ

答　町村吏員ノ任期ハ凡テ各自就任ノ時ヨリ起算スベキモノニシテ補缺ヲ以テ之ヲ論ズベキモノニ非ラザルナリ

第六十三條　町村長ハ町村會ニ於テ之ヲ選擧ス

助役ハ町村長ノ推薦ニ依リ町村會之ヲ定ム町村長職ニ在ラサルトキハ前項

ノ例ニ依ル

名譽職町村長及名譽職助役ハ其ノ町村公民中選擧權ヲ有スル者ニ限ル

有給町村長及有給助役ハ第七條第一項ノ規定ニ拘ラス在職ノ間其ノ町村ノ公民トス

町村長は、町村會に於て選擧すべきものとし、助役は、町村長の推薦に依り、町村會に於て之を定むるを本則とす。若し助役を推薦すべき町村長缺員中なるときは、町村長と等しく町村會に於て選擧すべきものとす。

町村長が、助役を推薦するには、必ず一人ならざるべからず。數人を推薦して町村會の選定に任するといふが如きは、推薦の趣旨にあらざるなり。

右第一項は、廣く町村長、助役と規定したれば、名譽職にても、有給にても、之を選定する手續に於ては、共に異なるところなし。

名譽職町村長及名譽職助役は、其の町村公民中に於て、選擧權を有するものに限るが故に、公民と雖第九條の第二項及第三項の條件に當る者は、之に選擧せらるゝことを得ざるものとす。有給町村長及有給助役は、其の町村の公民に限らず、廣く之を求むることを得べし。然れども、本來其の町村の公民中より選任する趣旨なれば、公民にあらざる者を選任したる場合と雖、其の在任中は公民の資格を有せしむることゝせり。從て在任中は公民權を行使することを得べきものとす。

《參照》　舊制第五十三條。第五十六條

行政判決例

適用例

○本條第二項ニ依リ公民權ヲ得タル者ハ第十二條ニ規定シタル選擧權ヲ有ス（二四、九、二五）

○町村長助役ノ選擧ニハ第十八條ニ依リ選擧人名簿ヲ調製セズ選擧ノ際ニ於テ選擧權ヲ有スル者ハ被選人タルコトヲ得ルモノトス

○所屬府郡縣ノ官吏タルト否トヲ問ハズ休職ノ官吏ハ在官ノ儘本屬長官ノ許可ヲ得テ市町村會議員ハ勿論市町村長助役又ハ收入役ニ就任スルコトヲ得ヘク其報酬ヲ受クル場合ト雖モ休職給ハ別ニ停止セラルルコトナキモノトス

○第五十六條第二項ノ其町村公民タルモノニ限ラストハ其町村ノ內外ヲ問ハス又公民タル者ニ限ラサルモノトス

○町村長（名譽職）ハ議員ト異ナリ、常務ニ服スルモノナレハ、他町村ノ有給吏員ヲ之ニ充ツルトキハ、其目的ニ背ク義ニシテ、議員ト相兼ヌル場合ト同視スルヲ得サルモノトス。

○町村長助役ヲ直ニ所屬縣郡ノ官吏ニ採用スルハ穩當ナラサルニ付可成一旦退職セシメタル上任用スル方然ルヘシ

○第五十六條第二項及第六十二條第三項ニ依リ得タル公民權ハ其職ヲ退ク時ニ於テ第七條ノ要件ヲ具備セサルトキハ退職ト同時ニ消滅スルモノトス

○有給助役トナリ公民權ヲ得タル者在職中名譽職町村長ニ當選スルモ其助役ヲ退クト同時ニ公民權ヲ失フヲ以テ第七條ノ要件ヲ具備セサル以上ハ其當選ヲ認可スル限リニアラス

解疑例

問　有給町村長及助役ハ就職ノ日ヨリ其町村ノ公民權ヲ有スルモノナルモ若シ町村會議員ノ選擧權ヲ行使セントスル場合ニ於テ其町村ニ二ケ年以上住居セズ又ハ全ク其町村ニ住居セズシテ隣村ヨリ通勤スル時之ヲ行使スルノ權ナキヤ

答　第五十六條ヲ以テ有給町村長助役ニ就任シタル者ニ公民權ヲ附與シタルハ其職務ニ附帶セシメシ一ノ例外規定ナルガ故ニ第七條ノ各要件ヲ具備セザルモ公民タルノ資格ヲ取得ス從テ本問ノ如キ場合ニ於テ選擧權ヲ行使スルモ何等ノ妨ゲアルコトナシ

問　職ニ就キタルニ依リ町村ノ公民權ヲ取得シタル者ハ任期滿了ノ時名譽職町村長及助役タルノ被選擧權ヲ有スルヤ

答　職ニ就キタルニ依リテ町村公民權ヲ取得シタルモノハ名譽職町村長、助役ニ選擧セラルベキ資格ヲ有スルガ如シト雖モ名譽職ニ就ク場合ニハ現職消滅シ從テ其公民權ヲモ喪失スルガ故ニ名譽職タル資格ヲ有セザルニ至ルモノトス

問　町村助役ヲ町村長ニ選擧セントスルトキハ現在助役ヲ辭セシメズシテ直チニ選擧スルモ差支ナキヤ

答　然リ差支ナシ町村長ニ當選ノ認可アルトキハ前職タル助役ハ當然消滅スベシ

第六十四條　町村長ヲ選擧シ又ハ助役ヲ定メ若ハ選擧シタルトキハ府縣知事ノ認可ヲ受クヘシ

前項ノ場合ニ於テ府縣知事ノ不認可ニ對シ町村長又ハ町村會ニ於テ不服アルトキハ內務大臣ニ具狀シテ認可ヲ請フコトヲ得

有給町村長及有給助役ハ三月前ニ申立ツルトキハ任意退職スルコトヲ得

町村長は町村の自治行政上最重要なる地位にして、町村行政の振否は、一に町村長の手腕如何に在りと云ふも過言に非ず。然らば之が選任に就て、町村會が充分なる注意を爲すべきは勿論、監督官廳に於ても、特に其適否を考査するの要あり。助役も亦町村長の事務を補助するのみならず、町村長の代

理を爲す場合少からざるを以て、町村長助役共に、町村會の選定を經たる上府縣知事の認可を請ひ、認可を得て初めて就任せしむべきものとせり。

町村長及助役の認可申請に對し、府縣知事が認可を與へず、町村長又は町村會に於て之を不服とするときは、內務大臣に其の事情を具陳して、認可を請ふことを得るものとす。是町村會が町村長助役を選定するは、固より輕々に爲さるべきものに非ず、從て之に對し府縣知事が不認可權を行使するは特別の事由なかるべからざるが故に、其當否を決するの方法を設けて、愼重を加へたるに外ならざるなり。

有給町村長及有給助役は町村公民の義務として就職せるものに非ざるが故に、理由の有無に拘はらず、三月前に申立つるときは、隨意に退職することを得るものとす。元來吏員は强制して服務せしむるを得ざる性質のものなるを以て、相當の理由あるときは勿論、相當の理由なくして、即時退職を申立つるも、如何ともすべからざるものにて、其當否如何に拘はらず、法律上は申立の趣旨に從て效力を生ずべきものとす。只玆に規定する所は、理由なくして正當に退職するには、三月以前に申立つべきものとして、退職の自由と町村事務上の利益とを調節せるのみ。

〔參照〕　舊制第五十七條、第五十九條

行政判決例

○投票ノ多數ヲ得タルハ即チ名譽職ノ當選ニシテ府縣知事ノ認可ヲ得サル前ト雖モ名譽職ニアヲス

ト云フヲ得ス（二六、三、一四）

適用例

○町村長ノ認可ニ付犯罪アル者ハ認可スヘカラサル儀ナルモ職務上ニ關係ナキ輕微ノ犯罪ニシテ其犯罪ノ性質及改悛ノ情況ニ於テ將來不都合ヲ生スヘキ懸念ナク且他ニ適當ノ人物ヲ得ルコト能ハサルカ如キ場合ニ在リテハ之ヲ認可スルモ差支ナシ

○三ケ月以内ニハ絶對的ニ退職スルヲ得スト云フノ意義ニアラス重病等不得止事故ニ依リ其職責ヲ盡スヲ得ス又町村ニ於テモ速ニ後任者ヲ選擧スルヲ便利トスルニ於テハ三ケ月以内ニ退職セシムルモ妨ナカルヘク此場合ニハ町村會ニ於テ其後任者ヲ選擧シ認可ヲ經タルノ時ヲ以テ退職スルモノトス

○辭表提出後三ケ月ヲ經タルトキハ其職ハ解ケタルモノトス

○市長及市ノ助役若クハ有給町村長及町村ノ有給助役任期中三ケ月以内ノ退職ハ市町村會之ヲ認定シタルトキハ其退職ノ申立書ニ認メタル日ヲ以テ解職シタルモノトスヘキモノナルカ故ニ其退職ノ申立書ニ退職ノ月日ヲ明示シタルカ又ハ後任者ノ裁可若クハ認可アルト同時ニ退職センコトヲ期シタルカ如キ或ハ一定ノ期日ヲ豫定シタルモノナルトキハ其月日若ハ期日ニ於テ解職スルモノトシ若シ又其申立ニ月日若ハ期日ヲ明示セサルトキハ市町村會ノ決定ニ委シタルモノト看做シ市

町村會ニ於テ決定シタル日ヲ以テ解職スヘキハ勿論ナレトモ市町村會ニ於テ故ラニ解職ノ日ヲ決定セスシテ其退職ノ認定ヲ爲シタル場合ニ於テハ其認定ヲ爲シタル日ヲ以テ解職シタルモノトスヘキモノトス

第六十五條　町村長及助役ハ第十五條第二項ニ掲ケタル職ト兼ヌルコトヲ得ス又其ノ町村ニ對シ請負ヲ爲シ及同一ノ行爲ヲ爲ス者ノ支配人又ハ主トシテ同一ノ行爲ヲ爲ス法人ノ無限責任社員、取締役、監査役若ハ之ニ準スヘキ者、清算人若ハ支配人タルコトヲ得ス

町村長ト父子兄弟タル縁故アル者ハ助役ノ職ニ在ルコトヲ得ス

父子兄弟タル縁故アル者ハ同時ニ助役ノ職ニ在ルコトヲ得ス第十五條第六項ノ規定ハ此ノ場合ニ之ヲ準用ス

町村長及助役は、町村行政の執行に當るもの故、第十五條第二項に掲げたる職と相兼ぬるは適當ならずとして、之を禁じたり。

又町村に對し請負を爲し、及同一の行爲を爲す者の支配人、又は主として同一の行爲を爲す法人の無限責任社員、取締役、監査役若は之に準ずべき者、清算人若は支配人たることを得ざるものとす。文

字の意義に關しては、第十五條に說明せり。

町村長は、町村行政の主腦にして、助役は其の補佐役なり。故に父子兄弟の緣故ある者が、同時に町村長助役と爲るときは、情實に制せらるゝ等種々の弊害なしとせず。故に之を禁じたり。若し助役と父子兄弟の緣故ある者が、町村長に選任せられたるときは、助役は其の職を退かざるべからず。又町村長と父子兄弟の緣故ある者は、假令助役に選擧せらるゝも、職に就くことを得ざるものとす。其の助役をして職を退かしめ、又就職するを得ざらしむるは、町村長の地位は、助役に比して重要なればなり。

又二人以上の助役を置く町村に於て、父子兄弟の緣故ある者は、同時に助役たるを得ず。其の助役在職中に於て、父子兄弟の緣故を生ずるに至りたるときは、第十五條第五項の規定を準用せられ、年少者に於て其の職務を失ふものとす。

第六十六條　有給町村長及有給助役ハ郡長ノ許可ヲ受クルニ非サレハ他ノ報償アル業務ニ從事スルコトヲ得ス

有給町村長及有給助役ハ會社ノ取締役、監査役若ハ之ニ準スヘキ者、淸算人又ハ支配人其ノ他ノ事務員トナルコトヲ得ス本條は、名譽職と有給職との區別に基づく規定なりと見ることを得べし。名譽職に對しては、斯かる制限を設けず。前條規定の如く、單に性質上相兼ぬるを得ざるもの、及町村に對し請負を爲すこと、又は主として同一の行爲を爲す法人の無限責任社員等と爲ることを制限したるに過ぎずして、之に牴觸せざる以上は、職業の自由を妨げらるゝことなしと雖、有給吏員は相當の給料を受くるものなるが故に、右の外尙郡長の許可を得るに非ざれば、他に俸給を得る職務に從事するを得ざるものとす。最職務によりては敢て差支なきものもあるべきを以て、郡長に於て考察を加へ許否すべきなり。會社の取締役、監査役若は之に準ずべき者、淸算人又は支配人其の他の事務員等の職は、監督官廳に於て許否を考量する迄もなく、有給町村長、有給助役が之に從事するは、公務に妨あるものとし、絕對に之を禁じたり。

第六十七條　町村ニ收入役一人ヲ置ク但シ特別ノ事情アル町村ニ於テハ町村條例ヲ以テ副收入役一人ヲ置クコトヲ得

收入役及副收入役ハ有給吏員トシ其ノ任期ハ四年トス

收入役及副收入役ハ町村長ノ推薦ニ依リ町村會之ヲ定メ郡長ノ認可ヲ受クヘシ

前項ノ場合ニ於テ郡長ノ不認可ニ對シ町村長又ハ町村會ニ於テ不服アルトキハ府縣知事ニ具狀シテ認可ヲ請フコトヲ得

第六十三條第四項ノ規定ハ收入役ニ第六十五條第一項及前條ノ規定ハ收入役及副收入役ニ之ヲ準用ス

町村長又ハ助役ト父子兄弟タル緣故アル者ハ收入役又ハ副收入役ノ職ニ在ルコトヲ得ス

收入役ト父子兄弟タル緣故アル者ハ副收入役ノ職ニ在ルコトヲ得ス

特別ノ事情アル町村ニ於テハ郡長ノ許可ヲ得テ町村長又ハ助役ヲシテ收入役ノ事務ヲ兼掌セシムルコトヲ得

第一項は、收入役の定員一人たること、並に特別の事情ある町村に限り、町村條例の規定に依り、更に一人の副收入役を置き得べきことを定めたり。

第二項は、收入役及副收入役に對する給與及任期を規定す。

第三項は、收入役及副收入役選任の方法にして、町村長に於て適任者なりと思惟する者を推薦し、町村會に於て認定の上、郡長の認可を受くべきものとせり。而して其資格に就ては制限なき故、勿論其町村公民に限らず、何人にもて可なり。

第四項は、郡長が收入役及副收入役の認可申請に對し、不認可したる場合に於て、町村長及町村會が、之を不服とするときは、府縣知事に對し詳細事情を開陳して、其の認可を請ふことを得るものとす。而して府縣知事亦認可を與へざるときは、更に他人を選定するの外なし。

第五項は、收入役は、其在職中は、第七條第一項の規定に拘らず、收入役たるに因りて其の町村の公民たることを得。又收入役及副收入役は第六十五條第一項及第六十六條の規定を準用せられ、左の結果を生ずるものとす。

一　第十五條第二項に揭げたる職を兼ぬることを得ず。

二　其の町村に對し、請負を爲し、及同一の行爲を爲す者の支配人、又は主として同一の行爲を爲す法人の無限責任社員、重役及支配人たることを得ず。

三　郡長の許可を受くるにあらざれば、他の報償ある業務に從事することを得ず。

四　會社の重役、支配人其の他の事務員となることを得ず。

第六項は、町村長又は助役と父子兄弟の緣故あるものは、收入役又は副收入役の職にあることを禁ず。

第七項は、收入役と父子兄弟たるものが、副收入役の職に在ることを禁ず。

第八項は、町村の歲入出極めて寡少なるが如き特別の事情ある町村に於て、郡長の許可を得るときは、別に收入役を置かず、町村長又は助役をして、收入役の事務を兼掌せしむることを得るものとせり。

〔參照〕　舊制第六十二條

行政判決例

○第五十六條第二項ニ依リ公民權ヲ得タル收入役ハ第十二條ノ規定ニ依リ選擧權ヲ有ス（三四、九二五）

適用例

○收入役ノ推薦ハ其選任スヘキ丈ノ人員ヲ推薦スヘキモノトス

○町村吏員總辭職ヲ爲シ收入役ノ選任ヲ町村會ニ詢ルノ暇ナキトキハ臨機ノ處分トシテ郡長ニ於テ代理者ヲ選任スルモ妨ナシ

○收入役兼掌ノ町村長及助役ニ收入役ノ給料ヲ給與スルハ町村ノ適宜ニ任セ妨ケナシ

○市町村ノ收入ハ總テ收入役之ヲ取扱フヘキモノナレハ之ニ對スル領收證モ亦收入役ノ名義ヲ以テ之ヲ發スヘキモノトス

第六十八條　町村ハ處務便宜ノ爲區ヲ劃シ區長及其ノ代理者一人ヲ置クコトヲ得

區長及其ノ代理者ハ名譽職トス町村會ニ於テ町村公民中選擧權ヲ有スル者

ヨリ之ヲ選擧ス

町村に大小あり、區域の廣狹、人口の多寡、固より一ならず。故に若し區域廣濶にして、人口亦稠密なる町村に於ては、唯町村長のみを以て其の事務を處理せんとせば、事務澁滯して、却て行政上の勞力費用を增加することなしと云ふべからず。故に行政上の便を圖り、人民の利益を增加せん爲、之を數區に區劃し、區に區長及其の代理者一人を置いて、其區に於ける行政事務を補助せしむるを得ることゝせり。

區長及其の代理者は名譽職とし、他の名譽職と等しく町村の公民中選擧權を有する者より、之を選擧すべく、而して之が選擧を爲すものは町村會なりとす。

《參照》　舊制第六十四條

適　用　例

○市町村廳ノ名稱ハ市制町村制ニ用ヒタル稱呼ニ從ヒ市役所町村役場ト稱シ區ニ於テハ通例事務所ヲ置カサルノ趣旨ナリト雖モ若シ之ヲ設クルノ必要アルトキハ適宜ノ稱呼ヲ設ケ妨ケナシ

○區ノ設置並區長及其代理者ノ任期ニ關スル件ハ議決ヲ以テ直ニ施行スルヲ得ルモノナレハ可成條例ヲ以テ規定セサルヲ要ス

解　疑　例

問　區長及委員ノ任期ニ就テハ町村會ノ議決スル所ニ依リ補缺選擧ノ場合ニハ其殘任期間就職スルコトト爲スモ其規定スル所ニ任セ敢テ差支ナキ乎

答　區長及委員ノ任期ヲ一定スルモ若シ任期中ニ辭退等ニ因リ缺員ヲ生ズルトキハ議員ノ場合ニ於ケルガ如ク補缺選擧ヲ爲スニアラズシテ新ニ區長又ハ委員ヲ選擧スルモノナレバ前任者ノ殘期間就職スルニアラズシテ更ニ一定ノ任期間就職スヘキハ宛モ町村長ガ四年ノ任期ヲ了ヘズシテ退職シタル場合ニ後任者ノ任期ハ更ニ四年ナルガ如シ

第六十九條　町村ハ臨時又ハ常設ノ委員ヲ置クコトヲ得

委員ハ名譽職トス町村會ニ於テ町村會議員又ハ町村公民中選擧權ヲ有スル者ヨリ之ヲ選擧ス但シ委員長ハ町村長又ハ其ノ委任ヲ受ケタル助役ヲ以テ之ニ充ツ

常設委員ノ組織ニ關シテハ町村條例ヲ以テ別段ノ規定ヲ設クルコトヲ得

委員とは或特定の町村事務に付、委託を受けて之を調査し、又は處理するものを云ふ。而して町村の委員は一の吏員なる故、町村長の指揮監督の下に立つものとす。

町村に於て置くべき委員には、常設と臨時との二あり。常設委員とは、學務委員、衛生委員の如く、繼續せる事務の爲め常置するものにして、臨時委員は、或一時の事務の爲め臨時に設くる學校建築委員と云ふが如きものなり。而して委員を設くるの趣旨は、左の二點に歸すべし。

一　臨時の事務にして、町村の吏員をして之に當らしむるときは、自ら他の一般事務即ち常務の妨げとなるべき虞ある場合。

二　特に技術を要し若は注意監督を要する事務にして、一人又は數人をして專掌せしむるを適當なりとする場合。

故に此法を用ゆる宜しきを得れば、一般事務を妨げずして、而も委託事務の結果をして頗る良好ならしむるを得べし。

委員も亦名譽職とし、町村會に於て町村會議員中又は町村公民中選擧權を有する者より、之を選擧すべきものとす。而して委員は通常二名以上なるべきを以て、之を指導する委員長あるを要す。此委員長には町村事務の責任者たる町村長、又は町村長より委任を受けたる助役を以て之に充つべきものとせり。

常設委員の組織は、町村の事情によりて、別段の規定を設くるを便宜とする場合もあるべし。故に本條末項に於て、その途を開けるなり。

爰に注意すべきは、本條の委員と町村會の委員とは、全然其の性質を異にすることなり。町村會の委員は、町村會が其の職務を行ふに當り、特に調査を要する場合に、議員中より之を選びて其任に當らしむるものにして、(第四十二條第二項に規定せる委員の如き類)議員が町村會の議事の一部を盡すに過ぎず。從て町村吏員たるものに非ずと雖、本條の委員は、孰れも純然たる町村吏員なりとす。

《參照》　舊制第六十五條

行政判決例

○町村ノ共有財產及營造物管理常設委員ハ町村制ニ所謂町村ノ名譽職ナリ(三三、六、九)

適用例

○常設委員條例稟請ノ節ハ其職務權限ヲ細密明確ニ規定スヘシ例セハ「營造物ニ關スル事」ト云フカ如キ廣汎ニ失スルコトナキヲ要ス

○常設委員ノ職務ハ其範圍ヲ確定シ範圍内ニ於テ概目ヲ揭クルハ妨ケナキモ單ニ概目トシテ規定スルトキハ意義廣汎ニ涉ルヲ以テ例ヘハ分掌事務ヲ土木衞生ト確定シ其範圍内ニ於テ更ニ概目ヲ揭記スルヲ可トス

○常設委員ハ本條第二項ニ依リ町村會議員又ハ町村公民中選擧權ヲ有スル者ヨリ選擧スヘキモノニ付第三項ニ依リ其組織ニ關スル條例ヲ設クル場合ニ在テモ右第二項ノ範圍内ニ於テ之ヲ設クヘキモノトス

○町村組合ニ於テ常設委員ヲ設ケントスル時ハ本條ノ規定ニ依リ町村組合會ノ議決ヲ經ルヲ要ス
○區ノ事務管理ノ爲メ常設委員ヲ置クヲ得ズ但シ學事通則小學校令ノ如キ別段ノ法規アルモノハ格別ナリトス
○前項一部ノ營造物管理ニ要スル委員ノ旅費日當ハ關係部落ニ負擔セシムヘキモノトス
○內國勸業博覽會府縣品評會等ニ出品奬勵ノ事務ニ關シ委員ヲ設クルハ其目的專ラ町村內ノ物產發達ヲ勸奬誘掖スル趣旨ニ出テタルトキハ妨ナシ
○委員ハ第六十八條第二項ノ五ニ依リ町村長ノ監督ニ屬スヘキハ勿論ナルヲ以テ條例ヲ以テ設置スルト議決ニ止ムルトヲ問ハス町村長ノ監督ニ屬スルモノト規定スルノ要ナシ
○市町村長助役ニシテ學務委員ニ當選スルハ學務委員設置ノ本旨ニ非サルモ別ニ制裁ナキヲ以テ就職ヲ妨ケス
○常設委員設置ノ條例廢止ノ議決ヲ爲スモ稟請ヲ要スルハ勿論ニシテ區長代理者ノ例トハ其性質同シカラス
○常設委員條例ノ件ニ付左ニ例ヲ掲ケテ參考ニ供ス若シ監督官廳ニ於テ之ニ該當スルノ條例ヲ認ムルトキハ相當措置ノ上進達スルヲ要ス
一　委員員數ノ定メナキモノ又ハ單ニ何人以上何人以下ト規定セルモノ

（理由）委員ノ實數市町村ノ實況ニ適セサル恐アリ

一　任期ノ定ナキモノ

（理由）委員モ亦市町村ニ對スル一ノ公務ナルヲ以テ豫メ相當期限ヲ定メ置カシムルヲ要ス

一　學務委員中敎員ヨリ出ツルモノノ任期ヲ定ムルモノ

（理由）組合長又ハ市町村長ニ於テ任免スヘキ委員任期ヲ條例中ニ規定シ又ハ議決ヲ以テ規定スルハ穩當ナラサルノミナラス尙敎員ヲ免セラルルトキハ依然學務委員タルヲ得ルヤ否ヤノ疑團ヲ生シ後日爭論ノ端緒ヲ惹起スルノ恐ナキヲ保セス

一　委員ノ數過多ナルモノ

（理由）市町村ノ情況ニヨリ自ラ事務繁閑ノ別アルハ數ノ免レサル所ナルヲ以テ其員數ハ豫メ之ヲ一定スルヲ得スト雖モ往々徒ニ多數委員ヲ設置スルノ傾アレハ其員數ハ必ス必要ノ度ニ應セシムルヲ要ス

一　組合町村會之ヲ選擧シ組合町村長之ヲ任免スト規定セルモノ

（理由）組合町村會トハ組合會ナルヤ或ハ組合各町村會ナルヤ判然セス從テ後日爭論ヲ惹起スルノ恐ナキ能ハス組合町村長亦同シ

一　組合條例中委員ノ選擧ハ町村制第六十五條第二項ヲ適用スト規定セルモノ

（理由）前ニ同シ

一　委員ハ議員之ヲ互選スト規定セルモノ

（理由）必スシモ町村會議員ノ互選ニ依ルヘキモノニアラス

一　委員ハ市町村制第七條ノ條件ヲ具フルモノノ内ヨリ選擧スト規定セルモノ

（理由）市町村制第七條ノ要件ヲ具フルモ必スシ委員タルヲ得ヘキモノニアラス陸海軍軍人ノ如キ是ナリ

一　委員ハ選擧權ヲ有スルモノノ内ヨリ之ヲ選擧スト規定セルモノ

（理由）選擧權ヲ有スルモノハト雖モ委員タルヲ得ヘキモノニアラス市町村制第十二條ニ該當スルモノノ如キ是ナリ

一　委員報酬ノ多額ナルモノ

（理由）報酬ノ多寡モ亦一定スルヲ得スト雖モ其額多キニ過クルハ名譽職タルノ實ニ背クノ嫌アリ

○常設委員ノ任期ハ組織ニ關スルモノニ非ス又其人員ハ組織ニ屬スルモ其員數ヲ定ムルハ特別ノ組織ニ屬セサルモノトス但シ市町村條例ヲ以テ常設委員ヲ設置スルトキハ條例中人員任期ニ關スル規定ヲ設クルヲ要ス

○町村組合條例ノ定ムル所ニ依リ組合內各町村ノ町村長ヲ以テ常設委員ト爲スハ妨ナシ

解疑例

問 一 町村會議員ヲ土木委員ニ選任スルニハ町村條例ヲ設クルモ支障ナキヤ

二 右ノ場合ニ於テ該委員ハ町村長ニ於テ選任スベキヤ將タ町村會ノ選擧ニヨルベキヤ

三 右土木委員ヲシテ行政事務ノ分擔ヲナサシメ差支ナキヤ

答 一 委員ノ選任ハ町村制第六十五條第二項ノ規定ニ依リ町村會ニ於テ爲スベキモノニテ條例ニヨルヲ要セズ同條第三項ニ常設委員ノ組織ニ關シテハ町村條例ヲ以テ別段ノ規定ヲ設クル事ヲ得ト規定セル趣旨ハ特別ノ技能ヲ要スル如キ事務ニハ公民ニ非サルモノヲ以テ之ニ充テントスルガ如キ場合ニ其資格及選任ノ方法ニ別段ノ規定ヲ設クルヲ得ベキモノトスルニ過ギズ

二 前項解答ニヨリ了解セラルベシ

三 町村ノ委員ハ町村制第七十四條ノ規定ニヨリ町村行政事務ノ一部ヲ分掌スベキモノトス卽チ委員ハ特定ノ事務ヲ處辨セシムル爲メ選任スルモノナルガ故ニ其事務ヲ分掌スベキハ當然ナリト云フベシ然レドモ其特定事務以外ノ事務ハ固ヨリ分掌セシムベキモノニアラズ

問 一昨年中某村ノ名譽職學務委員ニ當選シ就職シタル者アリ然ルニ今般辭職届ヲモ提出モズシテ突然某市ヘ寄留セリ依テ學務委員ノ職ハ自然消滅シタリ卽チ辭職ノ手續ヲ爲サザルモノニ付キ村

長郡長又ハ知事ニ於テ懲戒處分ヲ爲スノ權能アリヤ否ヤ又村會ニ於テ處分スベキ乎

答　名譽職學務委員ハ町村ノ常設委員タレバ他ノ町村吏員ト同一ニ公民タルノ資格要件ヲ具備スルコトヲ要シ而シテ其資格要件ニ缺欠ヲ生ズルトキハ辭職ノ手續ヲ要セズシテ法律上自然ニ解職スルモノトス去レバ辭職ノ手續ヲ爲サザレバトテ之ヲ處分スルノ途ナシ卽チ本問ニ於ケルガ如ク他市ニ寄留シ其町村ノ住民タルノ資格ヲ失フトキハ町村公民タルノ一要素ヲ缺欠スルニ至リ名譽職タル吏員ノ資格ヲ喪失スルモノナルヲ以テ辭職屆出ヲ爲スガ如キ手續ヲ要セザルナリ從テ何等ノ制裁ヲ加フルコトヲ得ズ

問　村會議事細則ニ本制第百十二條ニ依リ決算報告書ヲ受ケタルトキハ議員中ヨリ審査委員五名以下ヲ投票シ之ヲ審査セシムベシ云々トアリ而シテ此ノ審査委員ヲ未ダ該決算報告ヲ受ケザル以前ニ於テ豫メ選擧シ置クモ妨ゲナキヤ否ヤ

答　常設委員トシテ規定シタルモノニアラザレバ豫メ是等ノ委員ヲ選擧スルヲ得ザルモノトス

第七十條　名譽職町村長及名譽職助役其他町村公民ニ限リテ擔任スヘキ職務ニ在ル吏員ニシテ町村公民權ヲ喪失シ若ハ停止セラレタルトキ又ハ第九條第三項ノ場合ニ當ルトキハ其ノ職ヲ失フ職ニ就キタルカ爲町村公民タル者ニシテ禁治產若ハ準禁治產ノ宣告ヲ受ケタルトキ又ハ第九條第二項若ハ第

三項ノ場合ニ當ルトキ亦同シ

前項ノ職務ニ在ル者ニシテ禁錮以上ノ刑ニ當ルヘキ罪ノ爲豫審又ハ公判ニ付セラレタルトキハ監督官廳ハ其ノ職務ノ執行ヲ停止スルコトヲ得此ノ場合ニ於テハ其ノ停止期間報酬又ハ給料ヲ支給スルコトヲ得ス

町村公民に限り擔任すべき職務に在る吏員とは、名譽職町村長、名譽職助役、區長及其代理者、委員等なり。是等吏員在職中の者が、公民權を失ふか、停止せらるゝか、若くは陸海軍の現役に服し又は其他の兵役にある者戰事時變に際し召集せられたるときは、其職務を失ふものとす。公民權の喪失は第七條に掲げたる要件の一を闕く場合、其の停止は第九條第二項に該當する場合なり。

職に就きたるが爲町村公民たる者とは、有給町村長、有給助役及收入役を云ふなり。是等の者が(一)禁治產若は準禁治產の宣告を受くるとき、(二)租稅滯納處分を受くるとき、(三)家資分散若は破產の宣告を受くるとき、(四)禁錮以上の刑の宣告を受くるとき、(五)陸海軍の現役に服するとき、又は其他の兵役に在りて、戰時若は事變に際し召集せらるゝときは、何れも其職を失ふべきものとせり。從て現に是等の條件に當るものは、有給の町村長助役又は收入役に選任すること能はざることゝなるなり。

町村公民に限りて擔任すべき職務に在る者又は職に就きたるが爲町村公民たる者が、禁錮以上の刑に當るべき犯罪の嫌疑を以て、豫審又は公判に付せられたるときは、監督官廳は、其の職務の執行を停止することを得るものとす。此場合に於ては固より其職を失ふに非ず。監督官廳の意見により職務を執行せしむるを穩當ならずとする場合に於て、一時其停止を命ずるのみ。而して其の停止中は、報酬又は給料を支給せざるものとす。

第七十一條　前數條ニ定ムル者ノ外町村ニ必要ノ有給吏員ヲ置キ町村長之ヲ任免ス

前項吏員ノ定數ハ町村會ノ議決ヲ經テ之ヲ定ム

町村吏員として以上規定せらるゝものは、町村長、助役、收入役、副收入役、區長及其代理者、委員なりとす。是等の外從來書記と稱するが如き吏員を必要とすること多かるべきが故に、之を置くには、町村會に於て其定員を議決し、其任免は專ら町村長に掌らしむることゝせり。固より是等吏員には法律上一定の職務權限を與ふるに非ずして、町村長の指揮命令に從ひ其事務を補助せしむるに止まり、其名稱の如き、本法に於て一定することなきが故に、適宜の稱呼を付して可なり。

本章の說明を終るに臨み、本法又は町村條例若くは町村會の議決により任期の定まらざる吏員の解職に關し一言すべし。

本法に於て任期の定まらざる町村吏員は、區長及其の代理者、委員及其他の附屬吏員是なり。町村は是等に付條例又は町村會の議決を以て任期を定むるを得べきも、之を定めざるときは、解職を要するとき如何なる手續を經べきや。懲戒處分による解職又は本法に規定する原因により失職する場合は云ふを俟たざれども、其他の場合に於ては大要左の如くなるべし。

(一)臨時委員の如き一時の事務を處辨する爲めに選任せられたるものなるときは、其事務の終了と共に當然職務消滅すべし。

(二)臨時委員たると常設委員たるとを問はず、又區長たると其代理者たるとに論なく、町村會の選擧又は町村長の推薦に對する町村會の認定により就職したるものなるときは、町村會の議決により解職することを得べし。固より此場合に在りては、町村長の發案を待つべきなり。

(三)專ら町村長に任免權ある第七十一條の吏員に對しては、町村長が何時にても解職し得べきは勿論なり。

第二款　職務權限

第七十二條　町村長ハ町村ヲ統轄シ町村ヲ代表ス

町村長ノ擔任スル事務ノ概目左ノ如シ

一　町村會ノ議決ヲ經ヘキ事件ニ付其ノ議案ヲ發シ及其ノ議決ヲ執行スル事

二　財産及營造物ヲ管理スル事但シ特ニ之カ管理者ヲ置キタルトキハ其ノ事務ヲ監督スル事

三　收入支出ヲ命令シ及會計ヲ監督スル事

四　證書及公文書類ヲ保管スル事

五　法令又ハ町村會ノ議決ニ依リ使用料、手數料、加入金、町村稅又ハ夫役現品ヲ賦課徵收スル事

六　其ノ他法令ニ依リ町村長ノ職權ニ屬スル事項

町村を統轄すとは、町村行政の主腦と爲りて一切の事務を統ぶるを云ふ。從て町村の敎育、衞生、產業、交通等諸般行政事務の振否は、總て統轄者たる町村長の責任に歸す。

町村を代表すとは、外部に對して町村の資格に於ける行爲を代理執行するを云ふ。外部とは、町村內部の組織に屬する町村會町村吏員等に非ざるものを云ふ。更に詳言すれば自己町村以外の公私の法人及人を指すなり。

第一項に於ては、町村長の職務權限を總括的に規定せり。

第二項は町村長の取扱ふべき事務の主要なるものを列擧し、實際に當り惑ひなからしめんことを期せり。固より之を以て町村長の取扱事務の總てを盡せるには非ず、單に概目たるに止まるなり。概目の一は町村會の議決すべき事件に付、議案を調製し町村會に提出すること、及其議決の趣旨に從ひ事務を執行すること是なり。數多の議決事項中には、性質上町村會自ら提案して議決し得べきものなきに非ず。卽第四十二條第四十三條に規定する事項の如し。然れども其他の大多數は町村會自ら發案するを得ずして、町村長の發案を待つべきものとす。

其二は町村有の財產營造物を管理すること。卽適當に保存し其用法に從ひ使用收益を爲すべきなり。但管理方法に付ては町村會に於て議定すべきが故に、其方法に從ふことを要するは勿論なり。若し財產營造物の管理を助役に分掌せしむるか、又は委員に委託したるときは、町村長自ら之を管理するを要せすと雖、之を監督するは固より其責任に屬すべきものとす。

其三は收入役に對し、收入支出を命令し、及會計事務を監督すべきこと。

其四は町村所有の證書及公文書類を保管すること。證書には公債證書其他の有價證券もあるべく、又契約證書の如きものもあるべし。又公文書も種々あるべく、皆町村長の保管すべきものなりと雖、專ら收入役の取扱に屬する會計書類の如きは、決算前は責任者たる收入役に於て保管するを相當とすべく、

第百二十二條第二項に「決算は出納閉鎖後一月以內に證書類を併せて收入役より之を町村長に提出すべし」と規定せるより見るも、其然るを知るべし。

其五は法令又は町村會の議決に基いて、使用料、手數料、加入金、町村稅又は夫役現品の賦課を爲し、及之を徵收すること。故に賦課令狀を發し、滯納處分を爲す如きは、町村長の職務にして、收入役の職務に屬せず。

其六として揭ぐる所は、概目中の一としたるは穩當ならず。且當然の事にて法文の體裁上は寧ろ玆に揭げざるを可とすべきも、一般に知了し易からしめんことを期し、斯く「其他法令に依り町村長の職權に屬する事項」として揭げたるものなるべし。

〔參照〕　舊制第六十八條

行政判決例

○町村長ノ職務トシテ町村ヲ代表スルコトハ町村制ノ範圍內ニ於ケル町村ニ屬スル事件ナラサル可ラス之ニ反スル行爲不行爲トモ總テ町村長ノ職務ニ違フモノトス故ニ町村長カ衆議院議員ニ感謝狀ヲ送リタルハ其職務ニ違背シタルモノトス（二六、三、二八）

○前任町長ノ失錯ハ後任町長ニ於テ之ヲ改ムルノ職責ヲ有ス（三〇、一二、二五）

○町村會ノ議決スヘキ議案ハ或ル場合ヲ除ク外町村長ヨリ發スヘキ者トス然ルニ自ラ發セスシテ町

村會ノ發議ニ出テ其儘議決セシメタルハ町村長ノ職務ヲ盡シタル者ニアラス(三二、一一、二八)

○町村長カ町村會ノ議長トシテ不當ノ處置ヲ爲シタルハ卽チ町村長ノ職務ニ違フモノトス(同前)

○郡會議員選擧ニ關スル事務ハ郡制第十條乃至第十三條ノ規定ニ依リ當然町村長ノ職務ニ屬ス(三三、六、二七)

○町村カ條例ヲ以テ常設委員ヲ置キ町村有金穀ヲ管理セシムル場合ニハ町村長ハ管理ノ職責ヲ有セス從テ金穀ノ滅失ニ對シ賠償ノ責ヲ負フヘキノニアラス(三九、六、二八)

適用例

○市町村ニ於テ民事上ノ貸借契約ニ依リ借地料貸渡料等ノ名義ヲ以テ料金ヲ收入スルコトノ如キハ市制第六十四條第二項ノ四町村制第七十八條第二項ノ四ニ依リ市參事會若クハ町村長ノ管理スヘキモノトス

○特別税ヲ設クルノ許可ヲ得タル後戶別割ノ賦課ヲ低減スルカ如キハ法律ノ正文ニ背キタルモノト云フヲ得サルモ公益ヲ害スト認ムルトキハ本條第二項ノ一ニ依ルヲ得ヘシ

○市町村共有ノ墓地火葬場ハ市町村長之ヲ管理シ墓地火葬場ニ係ル費用ハ市町村税ヲ以テ支辨スヘキモノトス但シ市町村會ノ議決ニ依リ別ニ管理者ヲ置クハ妨ケナシ

○市町村ノ設置ニ係ル墓地火葬場ニ關シ市町村制ニ依ラサル管理者ヲ置クヲ得ス

○本條ノ命令トハ勅令省令府縣令ノ類ヲ云フ第百十條ノ命令トハ同シカラス
○市町村ニ於ケル通常行政事務ニ關スル議事ニ就テハ市制第六十四條第二項同第六十七條第三項並町村制第六十八條第二項ノ規定ニ基キ市會ニ對シテハ市參事會、市參事會ニ對シテ市長、町村會ニ對シテハ町村長ノミ其發案權ヲ有シ他ノ市參事會員及市町村會議員ハ之ヲ有スルコトヲ得ス但市制第六十九條ノ場合ニ於テ市長ヨリ市會ニ對シ議案ヲ提出スルカ如キハ別段ナリトス而シテ市制第三十三條第四十八條並町村制第三十五條ノ規定ニ依リ起ルヘキ議事ノ如キハ市町村會議員ニ於テモ其發案權ヲ有ス
○整理公債條例第十五條及第十七條ノ奥書ハ戸籍法施行後ト雖モ從前ノ通リ市町村長ニ於テ奥書ヲ爲スヘキモノトス
○收入支出ヲ命令スルハ町村長ノ正當ノ職權內ニ屬シ收入役ノ職務タル會計事務ノ範圍外ナレハ若シ收入役ヲシテ收支命令事務ニ干與セシムルカ如キハ違法ナリトス
○金錢出納ニ關スル證書類ニシテ既ニ五ケ年以上ヲ經過シ時效(民法第百六十九條以下)ニ罹リ再ヒ請求セラルルノ虞ナキモノハ町村長限リ之ヲ廢棄シ得ルカ如シト雖モ民法ノ規定ハ專ラ私法上ノ關係ヲ規定シタルモノニシテ公法上ノ關係ニ於ケル收支ノ證憑書類ハ別ニ時效ノ規定ナキモノナレハ適宜之カ廢棄處分ヲ爲スヲ得サルモノトス

解疑例

問　町村役場備付ノ土地臺帳ハ所有權移轉登記後多少ノ時日ヲ經過シテ記載ヲ改メラルルヲ常トシ時ノ關係上正確ナリト云フ能ハザルモノナルガ之ニ依リテ所有權ノ證明ヲ爲スモ妨ナキヤ

答　如何ナル官公衙ト雖モ土地所有權者ノ何人ナルカヲ絕對ニ證明シ得ルモノニアラズ從テ之ヲ證明スベキモノニアラザルナリ只ダ登記所ハ申請ニヨリ登記ノ謄本又ハ抄本ヲ又稅務署モ同ジク申請ニ基キ土地臺帳ノ謄本ヲ交付スルニ過ギザルモノニシテ卽チ是等ノ官衙ハ單ニ公簿上記載ノ事實ヲ證明スルニ過ギザルモノトス如上ノ理由ニヨリ町村役場モ當該役場備付ノ臺帳ニヨリ現在臺帳記載ノ事實ハ如斯トノコトヲ證明スルモノニシテ所有權ノ何人ニ存スルカヲ證明スルモノニアラズト見ルベシ

問　村民一個人ヨリ村會議事錄ノ閱覽又ハ謄寫ヲ願出タルトキハ之ヲ許可スルモ差支ナキヤ

答　村長ニ於テ其請求ヲ容ルルハ固ヨリ妨ナシ然レドモ之ニ應ズベキ法律上ノ義務アルモノニ非ズ

問　町村內ニ住所ヲ有スル或者ニ對スル民事訴訟ノ必要上其者所有ノ不動產ノ有無ニ付町村長ニ證明ヲ求ムルモノアルトキハ證明書ヲ付與スベキモノナルヤ否ヤ

答　本問ノ如キ場合ニ關シ町村長ニ證明書ヲ付與スベキコトヲ命ズル規定ナシ然レドモ町村長ハ人民直接ノ公吏ナルヲ以テ其職務上取扱ヘル事項ニシテ一箇人ニ關スルモノ例セバ寄留營業不動產

ノ有無等ノ如キハ其必要ノ如何ヲ糺シ公辨ニ照シテ證明書ヲ付與スルヲ妥當トス從テ現今一般ニ裁判所ニ提出スル爲メニ求ムル右等事項ニ付テノ證明書ハ之ヲ付與スルヲ例トス

尚本問トハ少シク趣ヲ異ニスト雖民事訴訟法中町村長ノ證明ヲ必要トスル場合アリ卽同法第九十三條第二項第六百四十三條第一項第三第四ノ如キモノニシテ是等ノ場合ハ町村長ニ於テ證明書ヲ付與スルノ義務アルモノト云ハザルベカラズ

問　村ノ行政事務中疑團ヲ生ジタル場合郡長ニ對シテ伺書ヲ提出スルモ二ヶ月以上ニ亘リテモ何等ノ指令ナキヲ以テ數度指令ヲ促スモ調査中トテ指令ヲ與ヘヌ已ムヲ得ズ知事ニ伺書ヲ提出シタルニ郡長ハ付箋ヲ以テ却下セリ然ルニ其事務ハ緊急捨テ置キ難キモノナル場合ニハ如何ナル手段ニ依リテ處理スベキヤ

答　凡テ行政事務ハ法令ノ命ズル所ニ從テ處理スベキモノナレバ疑義ニ就テ伺ヒ出ヅルガ如キハ處理上一ノ便宜手段ニ過ギズ故ニ村長ハ自己ノ正當ト解釋スルトコロニ從ヒ責任ヲ以テ之ヲ執行スベキモノトス

問　町村會ニ於テ或ル問題ヲ決議シタルニ一部ノ議員ハ當初ヨリ此問題ニ反對シ頻リニ同類ヲ糾合シ前キニ決議シタル事件ノ取消建議案ヲ提出シ議長ハ直チニ之ヲ受理シ會議ヲ召集シ此建議案ヲ議決シタリ然ルトキハ前キノ決議ハ無效ニ歸スベキヤ

答　町村會ノ決議ヲ經ルトキハ町村長ハ何時ニテモ其事業ノ延期變更又ハ廢止ヲ爲スコトヲ得本問一部議員ノ建議案ト云フモ町村長ニ於テ同ジク其事業ノ廢止ヲ以テ町村ニ利アリト認メ町村長發案ノ上町村會之ヲ容レタルモノナレバ前議決ノ無效ニ歸スルハ復タ論ヲ俟タザル也

問　村長更迭ノ場合ニ前任村長ヨリ後任村長ニ事務引繼ヲ爲ス際收入役ニ命シテ金庫內ニ在ル現金ノ引繼ヲモ爲スノ義務アリヤ

答　金庫內ニ在ル現金ハ常ニ收入役ニ於テ保管スルモノナルモ村長ハ職務上其保管ニ對シ監督ノ責任アルヲ以テ事務引繼ノ際ニハ之ヲ檢査シテ異狀ナキコトヲ示サヽルヘカラス然レトモ是只監督義務ニ關スル事實ヲ明カニスルニ止マリ金員ハ村長ノ占有スルモノニ非ルカ故ニ現物ノ授受ニヨリテ引繼ヲ爲スコトハ不能ナリト云ハサルヘカラス

問　町村會ニ於テ起債ノ議決ヲ爲シタル以上ハ町村長ハ其借入證書ニ議員ノ連署ヲ爲サシムルノ必要ナク町村長單獨ノ名義ヲ以テ之ヲ作製シテ可ナルヤ

答　町村長ハ有效ニ成立シタル町村會ノ議決ヲ執行スルノ職務ヲ有スルモノナレバ單獨ニ町村ヲ代表スベキモノトス

第七十三條　町村長ハ町村吏員ヲ指揮監督シ之ニ對シ懲戒ヲ行フコトヲ得其ノ懲戒處分ハ譴責及五圓以下ノ過怠金トス

本條は町村長の吏員監督權及懲戒權を規定せり。

町村長は、町村の統轄者なれば、部下の町村吏員卽助役收入役以下の吏員を指揮監督して、町村事務の成績を擧げざるべからず。從て是等吏員に對し權力を有することは、極めて必要なり。故に譴責及五圓以下の過怠金の範圍に於て懲戒處分を行ひ得べきものとせり。

町村吏員の懲戒は、譴責、過怠金、解職の三種なれども、町村長の行ふことを得べき懲戒は、右に止まるが故に、情狀の重きものは、監督官廳に具狀し、第百五十條の規定に依る懲戒處分を求むべきなり。

〔參照〕　舊制第六十八條

行政判決例

○町村吏員カ不正ノ行爲アルトキハ之カ監督ノ任アル町村長ハ其行爲ヲ關知セサルトノ理由ニ依リ曠職ノ責ヲ免ルルコトヲ得ス（二八、五、一四）

第七十四條　町村會ノ議決又ハ選擧其ノ權限ヲ越エ又ハ法令若ハ會議規則ニ背クト認ムルトキハ町村長ハ其ノ意見ニ依リ又ハ監督官廳ノ指揮ニ依リ理由ヲ示シテ之ヲ再議ニ付シ又ハ再選擧ヲ行ハシムヘシ其ノ執行ヲ要スルモノニ在リテハ之ヲ停止スヘシ

前項ノ場合ニ於テ町村會其ノ議決ヲ改メサルトキハ町村長ハ府縣參事會ノ裁決ヲ請フヘシ但シ特別ノ事由アルトキハ再議ニ付セスシテ直ニ裁決ヲ請フコトヲ得

監督官廳ハ第一項ノ議決又ハ選擧ヲ取消スコトヲ得但シ裁決ノ申請アリタルトキハ此ノ限ニ在ラス

前項ノ認定ニ依ル郡長ノ處分ニ不服アル町村長又ハ町村會ハ府縣參事會ニ訴願スルコトヲ得其ノ裁決、第二項ノ裁決又ハ前項ノ認定ニ依ル府縣知事ノ處分ニ不服アル町村長又ハ町村會ハ行政裁判所ニ出訴スルコトヲ得

町村會ノ議決公益ヲ害シ又ハ町村ノ收支ニ關シ不適當ナリト認ムルトキハ町村長ハ其ノ意見ニ依リ又ハ監督官廳ノ指揮ニ依リ理由ヲ示シテ之ヲ再議ニ付スヘシ其ノ執行ヲ要スルモノニ在リテハ之ヲ停止スヘシ

前項ノ場合ニ於テ町村會其ノ議決ヲ改メサルトキハ町村長ハ郡長ノ處分ヲ請フヘシ

前項ノ處分ニ不服アル町村長又ハ町村會ハ府縣參事會ニ訴願シ其ノ裁決ニ不服アルトキハ內務大臣ニ訴願スルコトヲ得

前項府縣參事會ノ裁決ニ付テハ府縣知事ヨリモ訴願ヲ提起スルコトヲ得

第二項及第四項ノ裁決ニ付テハ府縣知事ヨリモ訴訟ヲ提起スルコトヲ得

本條は、町村會の行動に對する町村長の監視權に關する規定にして、第一項乃至第四項は、違法の議決又は選擧を爲したる場合、第五項乃至第八項は、法令に背くにあらざるも、不當の議決を爲したる場合に處するの規定なり。

第一項、町村會の議決又は選擧が、其の權限を越え又は法令若は會議規則に背くとは、例へば、町村に於て其權能の範圍外なる物品運送業を營むの決議を爲すが如き、又は現役軍人家資分散者等を町村長又は助役に選擧する等の如き、又或は會議規則に「表決は起立によりて之を爲す、若し其數の多少に付異議あるときは指名點呼に依る」とあるに拘らず、異議ある場合に指名點呼を爲さゞるが如き是なり。斯る場合には、町村長は自己の意見を以てか又は監督官廳の指揮に依り、違法なるの理由を示して再議に付し、又は再選擧を爲さしむべきものとす。然るに町村會の議決には執行すべきものと然らざるものとあり。選擧は皆執行すべきものと云ふを得べし。

右に擧げたる例に於て、營業行爲に着手すること、又は當選者に告知し府縣知事に認可を申請すること等は卽執行にして、其議決又は選擧は執行を要する事項なりと云ふべし。之に反し決算報告に對し、不當支出あり、不正の決算報告なりと議決するが如きは、執行を要する事項に非ず。本項により再議に付する場合に於て、前議決が執行を要するものなるときは、最後の解決を見る迄之を見合はすべきものとす。

第二項　前項の場合に於て、町村會が、再議の上其の議決を改めざるときは、町村長は府縣參事會の裁決を請ふべきものとす。但し特別の事由あれば、前項により再議に付することなくして直に裁決を請ふことを得べきものとす。

第三項　監督官廳とは、郡長、府縣知事、內務大臣なり。是等の監督官廳は第一項に規定せる町村會の違法議決又は選擧を取消ことを得るものとす。但し前項により府縣參事會に裁決の申請ありたるときは、其の裁決に依るべきを以て、取消處分を爲すことを得ざるものとす。

第四項　本項にては前項の處分又は第二項の裁決に不服ある關係者に、訴願訴訟に依りて、處分又は裁決の取消又は變更を求むることを許せり。

因に注意すべきは、本法又は他の法令により、町村又は町村會が、訴願訴訟を爲すには、總て町村會の議決に依るべく、法令上町村長に訴願訴訟の權を認めたる場合に於ては、町村會の議決を俟つことなく、町村長獨立して爲すべきものとす。

第五項　本項は町村會の議決が、法令に違反するにあらざれども、公益を害し又は町村の收支に關し不適當と認むる場合に處すべき方法を規定せり。例へば、町村會に於て、或る營造物の廢止を議決し、爲に公益を害すと認むる場合の如き、又は收支の豫算を過度に增減して行政事務の施行に著しき障害を及ぼすか、若くは人民をして偏重偏輕の負擔を爲さしむるが如き場合に於ては、町村長は自己の意見に依り、又は監督官廳の指揮に依り、理由を示して之を再議に付し、其の執行を要するものは、最後の解決を見るまでは、之を見合はすべきものとす。

第六項　第五項に依り再議に付するも、町村會が仍其の議決を改めざるときは、町村長は郡長の處分を請ふべく、郡長は町村會の決議を相當なりとすれば、町村長の申請を却下すべく、不當なりとすれば、全部又は一部を取消すべきものとす。

第七項　前項郡長の處分に不服ある町村長又は町村會は訴願を爲し得べきものとす。而して此場合は違法の問題に非ずして、公益の認定又は適否の問題なるが故に、最終の決定權を行政裁判所に屬せしめずして、內務大臣に與へたり。

第八項第九項　府縣知事にり訴願、訴訟を許せり。

第七十五條　町村會成立セサルトキ又ハ第四十八條但書ノ場合ニ於テ仍會議ヲ開クコト能ハサルトキハ町村長ハ郡長ニ具狀シテ指揮ヲ請ヒ町村會ノ議

決スヘキ事件ヲ處置スルコトヲ得
町村會ニ於テ其ノ議決スヘキ事件ヲ議決セサルトキハ前項ノ例ニ依ル
町村會ノ決定スヘキ事件ニ關シテハ前二項ノ例ニ依ル此場合ニ於ケル町村長ノ處置ニ關シテハ各本條ノ規定ニ準シ訴願又ハ訴訟ヲ提起スルコトヲ得
前三項ノ規定ニ依ル處置ニ付テハ次回ノ會議ニ於テ之ヲ町村會ニ報告スヘシ

第一項 (一)町村會成立せずとは、會議を開くに足る丈の在任議員なき場合にして、議員定數の過半數の闕員あるか、又は總選擧前全然議員を缺ける場合なり。(二)第四十八條但書の場合とは、(イ)議長又は議員が、自己又は父母、祖父母、妻、子孫、兄弟姉妹の一身上に關する事件にて、議事に參與することを得ず、爲に開議の定數に滿たざるに至るとき、(ロ)同一の事件に付招集再回に至るも仍半數に滿たざるとき、(ハ)招集に應ずるも出席議員定數を缺き出席を催告するも仍半數に滿たざるとき、此三つは出席議員定足數に滿たざるも會議を開くことを得べき場合なり。
町村會成立せざる場合に會議を開く能はざるは論なし。第四十八條の但書に於ける定足數を必要とせざる場合に於ても、議長を除き二人以上の議員出席せざるときは、尙會議を開く能はざるべし。斯る場合に處する方法を設けざるときは、町村事務の進行を阻害すること少からざるを以て、此場合に於ては、町村長は郡長に詳細の事實を開陳して其指揮を受け、町村會の議決すべき事件を適宜處置するを得べきものとす。

第二項　若し町村會を開會するも、其の議決すべき事件を議決せざる場合に於ても、前項と同じく、郡長の指揮を請ひ、町村長に於て處置するを得べきものとす。玆に議決せざる場合と云ふは、可否の議決を爲さゞる場合にして、可否したる場合を含むものに非ず。

第三項　町村會の決定すべき事件とは、第十八第第三十三條第三十五條等に規定せるの類なり。此決定を要する事件あるとき、前二項の如く町村會を開く能はざるか、又は町村會が議決せざる場合に於ては、郡長の指揮により町村長に於て處置するを得べきものとす。而して此場合に於ける處置は卽決定を爲すにあり。

町村長の右の決定に不服あるときは、各本條の規定に準じ訴願又は訴訟を提起することを得るが故に、選擧人名簿に關する異議の決定なるときは、第十八條の規定に依り、選擧又は當選の效力に關する異議の決定なるときは、第三十三條に依り、町村會議員の被選擧權の有無に關する決定なるときは、第三十五決に依り、給與金の異議に關する決定なるときは第八十七條に依り、又町村稅の賦課に關する異議の決定なるときは第百十條に依り、各關係者は其の規定に從ひ、訴願訴訟を提起することを得るものとす。

町村長が、以上の處置を爲したるときは、第四項に依り、次回の會議に於て、之を町村會に報告すべきものとす。

第七十六條　町村會ニ於テ議決又ハ決定スヘキ事件ニ關シ臨時急施ヲ要スル場合ニ於テ町村會成立セサルトキ又ハ町村長ニ於テ之ヲ招集スルノ暇ナシト認ムルトキハ町村長ハ之ヲ專決シ次回ノ會議ニ於テ之ヲ町村會ニ報告スヘシ

前項ノ規定ニ依リ町村長ノ爲シタル處分ニ關シテハ各本條ノ規定ニ準シ訴願又ハ訴訟ヲ提起スルコトヲ得

本條は急迫の場合に於て、町村行政事務の機宜を過まらざらしむるを期するものにして、町村會成立せざるか、又は町村會は成立するも、事急にして之を招集するの暇なき場合に、町村長に專決處分の權を與へたるなり。此場合は前條の規定と異なり、郡長の指揮を受くるを要せず、町村長の責任を以て獨斷專行すべきなり。是固より非常特別の場合とも云ふべきを以て、町村長は輕々に此權利を行使すべからざるは勿論、此處置を爲したるときは、次に開く町村會の會議に於て報告を爲すべきものとす。

前項の規定に依りて、町村長の爲したる處分に對しては、其處分事項に關する本法中の各規定に準じて、訴願訴訟を爲し得べきものとす。

第七十七條　町村長其ノ他町村吏員ハ法令ノ定ムル所ニ依リ國府縣其ノ他公共團體ノ事務ヲ掌ル

前項ノ事務ヲ執行スル爲要スル費用ハ町村ノ負擔トス但シ法令中別段ノ規定アルモノハ此ノ限ニ在ラス

法令に於て國、府縣、郡其他公共團體の事務を命ずる場合には、法文上單に町村とするあり、又町村長其他の吏員を指せるあり。又稀には特に町村會を指示するあるあり。町村とせると町村吏員とせるとは、責任の點に於ては異同ありと雖、其事務は法令の規定により吏員に於て處理すべきものとす。而して租税の徵收等は其事務の著しきものなり。

公共團體とは行政の目的の爲めに成立する團體にして、府縣郡市町村は勿論、町村組合、水利組合、耕地整理組合等の如きを云ふ。茲に一言すべきは、世人往々公共團體と公益法人とを混同し、日本赤十字社とか、軍人後援會とか云ふが如き公益法人をも公共團體なりと云ふものあり、過れるの甚しきものにして、是等は純然たる私法人にして公益を目的とするに過ぎず。公共團體は之と異なり、單に公益を目的とするに止まらず、行政の目的によりて成立するものなり。從つて其組織に於て又は費用の徵收に於て、權力的行爲を許さるゝもの多し。此點は特に注意を要す。

前項の國府縣其の他の公共團體の事務を執行するに要する費用は、法令中別段の規定あるものゝ外は、總て町村の負擔たるべきものとす。是行政上の助力は相互的なればなり。

（參照） 舊制第六十九條

適用例

○海軍志願人ヲ檢査所ニ引纒メニ係ル町村吏員ノ旅費ハ町村ノ負擔タル可シ

○縣稅督促令狀交付方ヲ町村長ヲシテ取扱ハシムル旨ヲ縣令ヲ以テ規定シアル以上ハ其交付ニ關スル費用ハ町村ノ負擔ニ屬スルモノトス

○失踪者死亡者ノ相續人不分明ナル場合ニ於テハ其遺留財產ハ從來其親族ニ於テ保管シ若シ親族ナキトキハ市町村長ニ於テ保管シタリト雖モ民法施行後ハ民法第千五十二條ニ依リ該事務ハ全然裁判所ノ主管ニ屬セシヲ以ラ市町村長ノ保管ニ係ル分ハ此際裁判所ニ引繼ヘキモノトス

○府縣稅ノ滯納處分ノ取扱ハ之ヲ町村長ニ爲サシムルヲ得

○縣道修繕工事ノ監督ハ沿道町村ニ委任スル限ニ在ラス

○衆議院議員選擧投票所費（投票所費トハ投票所及選擧會場ニ要スル薪炭茶費等ヲ指ス）筆墨紙料及投票函送致費ノ如キハ市町村費支辨トス最モ投票函送致ノ場合ニ立會人ノ附添ハ其義務ニ屬スルヲ以テ旅費給與ノ限ニ非ス

○衆議院議員選擧投票所ノ借家料竝選擧ノ爲メ特ニ要スル使丁給ハ府縣税ノ支辨ニ屬ス又町村役場ニ投票所ヲ設ケタル場合ニ其投票所ニ要スル構造費ハ亦府縣税ノ支辨トス

○營業税雜種税等ニ關スル鑑札ヲ書換又ハ下渡ヲ爲スハ所謂府縣ノ行政事務ニ屬シ市町村ノ行政事務ニアラサルカ故ニ特ニ一個人ノ爲メニ爲ス事務トシ之カ手數料ヲ徵收スルコトヲ得ス

○市町村長カ本條ニ依リ國ノ行政事務ヲ管掌スルハ行政執行法ノ所謂行政官廳ニ該當スルモノトス

○市町村長ハ必ス徵兵署ニ列席スヘキコトトナリタルモ其市町村長ニ要スル旅費ハ徵兵費ヨリ支辨スヘキモノニアラサルカ故ニ他ノ場合ニ於ケルト同一ニ當該市町村費ヨリ之ヲ支辨スルヲ相當トス

○府縣知事ニ於テ漁業營業者ノ鑑札ヲ交付スルトキ該鑑札ノ交付ヲ市町村長ニ委任スル場合ト雖モ鑑札製造ニ要スル費用ハ市町村ニ於テ之ヲ負擔スヘキモノニアラス

○本條ノ末項ニ所謂事務執行スルカ爲メニ要スル費用トハ其事務費ヲ指シタルモノトス故ニ例ヘハ府縣令ヲ以テ荷車取締規則ヲ設ケ若シ其規則中ニ荷車ハ町村役場ノ檢印ヲ受クヘキコトヲ規定セ

ラレタルトキハ町村役場ニ於テ之カ検印ヲ押捺スルハ所謂管掌事務ニ外ナラサレハ之ニ要スル費用ハ町村ノ負擔タルコト敢テ論ヲ要セスト雖モ其檢印ハ特ニ要スル器具ナルニ依リ町村ニ於テ負擔スヘキ正當ノ費用ニアラス

第七十八條　町村長ハ郡長ノ許可ヲ得テ其ノ事務ノ一部ヲ助役又ハ區長ニ分掌セシムルコトヲ得但シ町村ノ事務ニ付テハ豫メ町村會ノ同意ヲ得ルコトヲ要ス

町村長ハ町村吏員ヲシテ其ノ事務ノ一部ヲ臨時代理セシムルコトヲ得

町村長は、郡長の許可を得て、其の事務の一部を助役又は區長に分掌せしむることを得べし。例へば、敎育事務を助役に分掌せしめ、又敎育事務中の區に屬する一部を區長に分掌せしむるが如し。此の敎育事務中の、就學に關する事務の如きは、國の敎育事務を町村長に委したるものなるを以て郡長の許可を得るを以て足れりと雖、若し敎育事務中設備に關する事務の如き、町村に屬するものを分掌せしむるには、郡長の許可を請ふに先ち、豫め町村會の同意を得ることを要す。而して分掌事務に就ては、町村長は監督の責に任ずるのみなるを以て分掌者の名を以て之を處理すべきものとす。

町村長は、町村吏員をして、其の事務の一部を臨時代理せしむることを得べし。例へば町村長に於て執行すべき、國税滯納處分の如きは、書記其の他の吏員をして、臨時代理せしむることを得るの類なり。

《參照》　舊制第六十九條、第七十條

行政判決例

○本條第二項ニ依リ町村行政事務ヲ分掌スル助役ト雖モ第一項ニ依リ町村長ノ事務補助ノ職務ナキモノト云フヲ得ス（三三、六一）

適用例

○本條（第六十九條ナリ）ニ依リ監督官廳ノ許可ヲ得テ助役ニ分掌セシムルコトヲ得ル事務ハ國ノ事務ニ屬スルヲ以テ第七十條ニ依リ町村會ノ同意ヲ得テ分掌セシムルニ及ハス又第五十五條第二項ニ依リ報酬ヲ受クルコトヲ得ス

○分掌事務ニ就テハ市參事會又ハ町村助役ノ名ヲ以テ文書ノ往復ヲ爲スヘシ

○助役ヲ島嶼ノ如キ不便ノ地ニ出張セシメ分掌事務ヲ取扱ハシムルハ妨ケナシ

○國税徵收事務ヲ助役ニ分掌セシムル場合ニ於テモ町村ヲ代表スルハ町村長特有ノ職權ニ屬スルヲ以テ町村長ニ對シテ徵税令書ヲ發スヘキモノトス又之カ傳令書ヲ發スルハ國ノ事務ナルヲ以テ監督官廳ノ許可ヲ得テ分掌セシムル以上ハ助役ノ名ヲ以テ發スルヲ得

○町村助役本條第三項ニ依リ町村長ノ職務代理中町村ニ關スル訴訟ニ付テハ該助役ニ於テ當事者タルヘキモノニシテ卽チ民事訴訟法第六十三條ニ所謂本人ナリトス

○助役ハ其分掌事務ニ就テハ其町村ヲ代表シ自己ノ名義ヲ以テ處分スルハ當然ニ付町村有財產ヲ管理スル場合ニ於テ其管理ニ關スル一切ノ事項ハ助役ノ名義ヲ以テスルハ勿論ナリト雖モ其財產ニ關シ訴訟ヲ提起シ又ハ町村會ノ議決ヲ經テ之ヲ賣買交換スルカ如キハ管理以外卽チ分掌事務外ナレハ助役ノ名義ヲ以テスルコトヲ得サルモノトス

○第六十八條第二項ノ一、三、五、七、八ノ事項ハ分掌セシムヘキニ非ス

○町村長カ水利組合管理者タル場合ニ於テ訴訟ヲ提起スルトキハ其町村助役ハ町村制第七十條ニ依リ之ヲ代理スルコトヲ得ヘキモノナルヲ以テ此代理ニ付普通ノ委任狀ヲ裁判所ニ提出スルニ及ハス

○國家ノ衞生事務ト町村ノ衞生事務トノ區別ナク一切ノ衞生事務ヲ總括的ニ助役ニ分掌セシメントスルトキハ一面ハ町村會ノ同意ヲ得ルト同時ニ他ノ一面ハ監督官廳ノ許可ヲ受クルコトヲ要ス

第七十九條　助役ハ町村長ノ事務ヲ補助ス

助役ハ町村長故障アルトキ之ヲ代理ス助役數人アルトキハ豫メ町村長ノ定

メタル順序ニ依リ之ヲ代理ス

補助とは、獨立の權限なく、附隨して指揮督監下に働くを云ふ。

故障あるとは、事實上疾病其他の事由により、一時職務を執る能はざるか、又は法律上自ら職務を執る能はざる場合(例せば第五十條の場合の如し)を云ふ。

《參照》　舊制第七十條

行政判決例

○本條第一項ニハ單ニ町村助役ハ町村長ノ事務ヲ補助ストアルヲ以テ其事務カ町村固有ノ事務ナルト否トニ拘ラス町村助役ハ總テ町村長ノ事務ヲ補助ス可キモノトス(三三、六、一)

○助役ニ於テ郡會議員選擧事務ヲ分掌シ居ルモ元來選擧事務ハ町村長固有ノ職務ニ屬スルヲ以テ何時ト雖モ助役ノ分掌ヲ解キ己レ自ラ之ヲ取扱フコトヲ得ルモノナレハ助役分掌ノ事實アルヲ以テ町村長ハ選擧事務ニ關係ナシト云フヲ得ス(三三、七、四)

第八十條　收入役ハ町村ノ出納其ノ他ノ會計事務及第七十七條ノ事務ニ關スル國府縣其ノ他公共團體ノ出納其ノ他ノ會計事務ヲ掌ル但シ法令中別段ノ規定アルモノハ此ノ限ニ在ラス

町村ハ收入役故障アルトキ之ヲ代理スヘキ吏員ヲ定メ郡長ノ認可ヲ受クヘシ但シ副收入役ヲ置キタル町村ハ此ノ限ニ在ラス

副收入役ハ收入役ノ事務ヲ補助シ收入役故障アルトキ之ヲ代理ス

町村長ハ郡長ノ許可ヲ得テ收入役ノ事務ノ一部ヲ副收入役ニ分掌セシムルコトヲ得但シ町村ノ出納其ノ他ノ會計事務ニ付テハ豫メ町村會ノ同意ヲ得ルコトヲ要ス

收入役は獨立の職責を有する吏員にして、金錢の出納及之に關する計算事務を掌るものとす。而して其事務の範圍は(一)町村の出納計算の事務は固より(二)國府縣其の他公共團體の出納計算の事務をも取扱ふものとす。例せば町村內に屬する國稅たる地租所得稅の如き、府縣稅、組合町村稅と云ふが如き、皆其町村の收入役が、收入納付の取扱を爲すべきものとす。但法令に於て特に他の取扱人を定むる場合あるときは、是に從ふものとす(第一項)

出納會計の事務は重大なるを以て、常に其の責任の所在を明にすると共に、濫に他の吏員をして干與せしむべきものにあらず。然れども、若し收入役病氣其の他の事故あるときは、事務の處辨に差支あるを以て、豫め斯る場合に代理すべき吏員を定めて、郡長の認可を受くべきものとす。而して此代理すべき吏員を定むることは、町村長の推薦により町村會が爲すべきものたるべし。然れども副收入役を置きたる町村にては、副收入役が代理すべきが故に、別に右代理者を定むるの必要なし（第二項）副收役は、收入役事故あるとき之を代理し、平常は收入役の事務を補助すべきものとす（第三項）副收入役は右の如く獨立の權限を有せずと雖、町村長に於て必要と認むる場合には、郡長の許可を得て、收入役の事務の一部を收入役に分掌せしむることを得べし。然るときは副收入役も分掌事務に就ては獨立して取扱を爲すべきなり。若し其の分掌せしむべき事務が、町村固有の出納其の他の會計事務なるときは、豫め町村會の同意を受くることを要するものとす（第四項）

〔參照〕　舊制第七十一條

行政判決例

○府縣稅徵收法第八條ニ依リ納稅者ヨリ納入シタル地方稅金ヲ管理スルハ町村收入役ノ任務トス（二五、一〇、二〇）

○收入役代務者ノ資格ヲ以テ領收シタル金員ハ其領收者ノ屬スル町村役場ノ收入ニ歸シタルモノナリ（同前）

○町村收入役ハ本條ノ規定ニ依リ其職務ヲ執行スルモノニシテ役場ノ處務規程中反對ノ規定アルカ又ハ郡長若クハ村長ヨリ特ニ郡會議員選擧事務ノ取扱ヲ命セラレタル場合ニアラサレハ其選擧事

務ニ關係スヘキモノニアラス(三三、一一、一六)

○町村ハ其町村ノ國稅ヲ徵收シ之ヲ國庫ニ送付スルノ責任ヲ有ス從テ該稅金ハ町村制第七十一條ニ依リ收入役ニ於テ當然受領スヘキモノナレハ其保管上ノ注意ヲ缺キ之ヲ亡失シタルトキハ賠償ノ責ヲ免カレサルモノトス

町村吏員ノ賠償責任ノ限度ニ付テハ町村制中別段ノ定ナケレハ民法ノ規定ニ依ルヘキモノトス(三八、一〇、一九)

○町村ノ實地ノ出納及ヒ現金ノ保管ハ町村制第七十一條ニ依リ專ラ收入役ノ職責ニ屬スルモノトス故ニ盜難亡失金ニシテ不可抗力ニ出テサル限リハ收入役ヲシテ之ヲ賠償セシムヘク町村長ニ對シ賠償責任ヲ負ハシムヘキモノニアラス(三九、三、八)

○町村收入役ハ執務時間ノ內外ヲ問ハス現金保管ノ職責ヲ有シ不可抗力ニ因ル場合ノ外其責任ヲ免ルルコトヲ得ス從テ盜難其他ノ危險ノ豫防上相當ナル設備ヲ爲サヽルカ爲メ保管金ヲ亡失シタルトキハ之カ賠償ノ責ニ任スヘキモノトス(三九、三、八)

適用例

○收入役ノ事務ハ市町村役場ニ於テ取扱フヘキモノトス

○收入ハ總テ收入役之ヲ取扱フヘキモノナレハ之ニ對スル領收證モ亦收入役ノ名義ヲ以テ之ヲ發ス

ヘキモノトス

○市町村ノ適宜ニ依リ書記ヲシテ收入役ニ分屬セシムルハ妨ケナシ

○市收入役ハ市會ノ議決ニ準據シ銀行又ハ爲替營業者ニ爲替方ヲ命スルハ固ヨリ妨ケナシ

○市町村收入役ハ銀行ト相當ノ契約ヲ爲シ之ニ現金出納ヲ取扱ハシムルモ法律上妨ケナキモノトス

○市町村ノ收入役ハ市町村有ノ現金ヲ保管ス可キ責任ヲ有スルカ故ニ其現金ヲ自己ノ庫中ニ保管シ置クト又ハ銀行ニ當座預ト爲ストハ一ニ收入役ノ決意如何ニ依リ他ノ干渉ヲ受ク可キモノニ非スト雖モ銀行ニ當座預ト爲シタル場合ニ其預金ヨリ生スル利子ハ市町村有ノ現金ヨリ生スル利子ナルヲ以テ當然市町村ノ收入ニ屬シ決シテ收入役自己ノ所有ニ歸スヘキモノニアラス

○前項ノ趣旨ニ因リ市町村有ノ現金ヲ銀行等ニ預入ルルハ市町村長ノ名義ヲ以テセスシテ收入役ノ名義ヲ以テスルヲ要ス

○國稅徵收事務ハ本條ニ依リ市町村ノ會計事務トシテ收入役ニ於テ管掌ス可キモノトス

○戶籍法ニ依ル手數料モ戶籍吏ニ於テ受領ス可キモノニ非スシテ收入役ニ於テ受領ス可キモノトス

○市町村ノ收入ヲ受領シ其費用ノ支拂ヲ爲シ其他會計ニ關スル一切ノ收支事務ハ專ラ收入役ノ擔任スヘキ事務ナルヲ以テ市町村ノ常設委員ニ之ヲ分掌セシムルコトヲ得サルモノトス

○府縣知事郡長ハ市町村ノ現金保管ニ關スル保管規定ノ準則ヲ示スコトヲ得レトモ現金保管ノ爲メ

金庫ヲ備付スヘキ旨ノ訓令ヲ發スルコトヲ得サルモノトス

解疑例

問　町村ノ收入金ハ收入役ニ於テ保管スベキモノナルヲ以テ若シ役場備附ノ金庫ナキトキハ現金ヲ安全ニ保管スル爲メ收入役ハ隨意ニ銀行ニ預入スルモ差支ナシト思考ス如何若シ果シテ差支ナシトセバ預金ニ對スル利子ハ收入役ニ於テ私ニ收得スルモ差支ナキヤ

答　收入金保管ノ爲メ銀行ニ預入セントセバ豫メ町村會ノ議決ヲ以テ預入ルベキ銀行ヲ定メ置クヲ相當トス若シ然ラズシテ收入役ノ專斷ヲ以テ預入セル銀行ノ破產等ニ遭遇シ損失ヲ蒙ルガ如キコトアラバ收入役ハ全責任ヲ負擔スベキ場合ナシトセズ
預金ヨリ生ジタル利子ハ矢張リ公金ニシテ他ニ科目ナケレバ雜收入ニ入ルベク收入役ガ利得スベキモノニアラズ

問　町村ニ於テ徵收スル府縣稅ハ全然收入役ニ於テ之ヲ保管シ金庫ニ納付スルマデハ收入役ノ職務ニ屬スルモノナルカ將タ徵收ハ勿論收入役ニ於テ之ヲ爲スベキモ其保管及金庫ヘノ納付ハ町村長ノ職務ニ屬スベキモノナリヤ

答　町村收入役ハ總テ町村ニ於テ收入スル金員ノ收入保管ニ任ズベキモノナルヲ以テ之レヲ金庫ニ納付スルマデハ收入役ノ職責ナリトス

問　町村收入役ガ其ノ在職中ニ於テ國縣稅其他町村稅等ヲ私消シテ死亡若クハ逃亡シタル後ニ至リ其費消ヲ發見シタル時ハ相續人又ハ家族ニ對シ賠償ヲ求ムルコトヲ得ベキヤ又町村長ハ之レガ賠償ニ任ゼザルヤ

答　收入役ハ其職務上收入及保管等ノ責任アリト雖私法上ノ債權債務ノ關係ニアラザルヲ以テ相續人ニ於テ賠償スルノ義務ナシ又町村長ハ之レガ監視ノ職責ヲ有スルヲ以テ行政上ノ處分ハ免レザルノミナラズ場合ニ依リテハ町村長モ亦其責ヲ分タザルベカラザルコトアルベシ

問　町村書記ヲシテ收入役ノ事務ヲ分掌セシムルコトヲ得ザルヤ

答　收入役ハ町村ノ收入及會計事務ヲ掌ル獨立ノ機關ナレバ町村書記ヲシテ兼務セシムベキ職務ニアラズ但シ書記ヲシテ收入役ニ分屬セシメ其事務ヲ補助セシムルハ別ニ法ノ禁ズル所ニアラズ

第八十一條　區長ハ町村長ノ命ヲ承ケ町村長ノ事務ニシテ區內ニ關スルモノヲ補助ス

區長代理者ハ區長ノ事務ヲ補助シ區長故障アルトキ之ヲ代理ス

區長には獨立の權限なく、其區內に關する町村長の事務を補助するものとす。從て一に町村長の命を聽かざるべからず。但第七十八條に依りて事務の分掌を命ぜらるゝときは、其命ぜられたる範圍を、自己の權限として處理すべく、此場合には町村長の監督を受くるに止まるものとす。

區長代理者は、區長の事務を補助するものにして、區長が、病氣其の他の事故あるときは、之が代理を爲すものとす。

《參照》 舊制第七十三條

行政判決例

○本條ノ補助執行事務ハ町村固有ノ事務ナルト否トニ拘ラス區長ハ町村長ノ職務ヲ補助ス可キ職責ヲ有シ隨テ其區內ニ關スル郡會議員選擧事務ニ付テモ亦町村長ノ事務ヲ補助執行ス可キモノトス（三四、一〇、一六）

○町村制第六十四條第一項ノ規定ニ依ラサル區長ハ縱令區長ノ名アルモ同制第七十三條ニ該當セス從テ郡會議員ノ被選擧權ヲ有スルモノトス（三八、一一、二〇）

解疑例

問 區長ニ選擧セラルルモ代理者タル職務ハ當然消滅セザルベケレバ當選者ハ孰レカ一方ヲ辭セザルベカラザルガ如シ如何

答 普通ノ場合ニ於テモ本人ト代理人トハ別個ノ人ナルガ如ク區長ト其代理者トハ別個ノ人ナラザルベカラズ區長代理者ガ區長ニ選擧セラレ就職スルトキハ前職ハ當然消滅スベキモノトス

第八十二條　委員ハ町村長ノ指揮監督ヲ承ケ財產又ハ營造物ヲ管理シ其ノ他委託ヲ受ケタル町村ノ事務ヲ調査シ又ハ之ヲ處辨ス

財產又は營造物の管理の意義は、第七十二條に於て說明せり。委員は、町村長の指揮監督を承け、町村の財產又は營造物を管理することあり。又は其の委託を受けたる町村の事務を調査し、又は之を處辨することあり。例せば町村有林野に付町村會の議決したる方法に從つて殖林輪伐等の取扱(管理)を爲すことあるべく、又町村民の資力調査と云ふが如きことを爲す(調査)ことあるべく、或は町村の生產品評會に於ける諸般の事務を取扱ふ(處辨)ことあるべし。要するに委員は委託せられたる事務を、其委託の趣旨に從ひ取扱ふものとす。

〔參照〕　舊制第七十四條

適用例

○町村組合ノ通常事務ヲ分掌セシムル爲メ常設委員ヲ設置スル場合ニ於テ各町村各別ニ之ヲ設クルハ允當ナラサルニ付組合ノ委員トシテ設置スルヲ可トス

○本條第三項ニ依リ別段ノ規定ヲ設ケサル常設委員ハ條例トシテ規定スルニ及ハス

○委員會ハ畢竟相談會ナルヲ以テ委員長モ共ニ其可否ノ數ニ加ハリ而シテ委員長ヲ併スモ尙ホ可否

同數ナルトキハ委員長ハ更ニ之ヲ決スルコトヲ得ルモノトス卽チ委員長ハ表決及裁決ノ二種ヲ併有ス

○委員ハ集議體ニ限ルモノノ如シト雖モ營造物ノ管理又ハ一時ノ委託ヲ以テ處辨スル等ノ場合ニ於テ單ニ一名ノ委員ヲ設クルハ妨ナシ

○委員ハ市町村行政事務ノ一部ヲ分掌スト雖モ元ト市參會町村長ニ從屬スベキモノニシテ獨立ノ地位ヲ有セス故ニ外部ニ對シテ市町村ヲ代表スルヲ得サルノミナラス委員ノ名ヲ以テ議案ヲ發シ事務ノ報告ヲ爲スヲ得ス然レトモ議案ノ下調ヲ爲シ參考ノ爲メ議場ニ於テ取扱ヒノ事務ヲ報告スルハ妨ケナシ

○委員ハ市町村行政事務ノ一部ヲ分掌スルヲ得ト雖收入役ノ事務ヲ分掌スルヲ得サルモノトス

解疑例

問 委員會ハ都テ傍聽ヲ許サザル內會議ト信ゼリ如何

答 法律上委員會ハ公開スベキ規定ナキガ故ニ公開セザルヲ通則トス然レドモ特ニ傍聽ヲ許スハ何等妨ナカルベシ

第八十三條　第七十一條ノ吏員ハ町村長ノ命ヲ承ケ事務ニ從事ス

第七十一條の吏員は、前數條に擧げたる町村吏員の外、町村に於て必要に應じ置くべき有給吏員なり、卽書記雇員等の如し。是等の有給吏員は固より獨立の權限なく、町村長の命を承けて諸種の事務に從事すべきものとす。

《參照》　舊制第七十二條

行政判決例

○町村書記ハ元來町村長ニ從屬シテ庶務ニ從事スヘキ吏員ニシテ町村長ノ指揮ニ依リ何レノ事務ヲモ取扱フヘキモノナレハ郡會議員選擧ノ際他ノ事務ヲ分掌シタリトスルモ町村長ノ指揮ヲ受クレハ何時ニテモ選擧事務ニ關係セサルヘカラサルヲ以テ其職務ノ性質上既ニ該選擧事務ニ關係ナキ吏員ト云フヲ得ス（三三、一二、七）

○町村ノ書記ハ本條ニ依リ町村長ノ指揮ノ下ニ事務ヲ分掌スルモノナレハ其命令ヲ受ケテ町村稅滯納處分ヲ爲スモ之ヲ違法ト謂フヲ得ス（三四、四、二二）

第四章　給料及給與

本章は町村の公職に任ずる吏員議員等に對する給與に關する規定なり。給料も給與の一なるを以て給料及給與と題せるは、聊穩當ならざるも、了解し易かるべしとの婆心より出でたるなるべし。

第八十四條　名譽職町村長、名譽職助役、町村會議員其ノ他ノ名譽職員ハ職務

ノ爲要スル費用ノ辨償ヲ受クルコトヲ得
名譽職町村長、名譽職助役、區長、區長代理者及委員ニハ費用辨償ノ外勤務ニ相當スル報酬ヲ給スルコトヲ得
費用辨償額、報酬額及其ノ支給方法ハ町村會ノ議決ヲ經テ之ヲ定ム

職務の爲に要する費用とは、辨當料、舟車馬賃の類にして、之を辨償するには實際に支拂ひたる實費の額に依ることあるべく、又豫め概算して、一日幾何と云ふが如く、渡切に之を給することあるべしと雖、要するに實費を償ふの趣旨に於て支給するものなり。

名譽職町村長、名譽職助役、町村會議員其の他委員區長及其の代理者等の總ての名譽職員は、本條第一項により費用の辨償を受くることを得べし。

第二項は、報酬に關する規定にして、報酬とは、給料にあらざるも、費用辨償とは趣を異にし、勤務に對して相當に報ゆる爲めに給するものなり。

名譽職町村長、名譽職助役、區長、區長代理者及委員は、特別の勤務を爲すものなるが故に、之に對し町村は報酬を給することを得るものとす。

町村會議員は、議事に參與するのみにて、別に事務を執るものにあらざるが故に、職務の爲に要する

費用の辨償を受くるのみにて、本項の報酬を受くることを得ず。

第三項、前二項に規定せる費用の辨償額、報酬額及其の支給の方法等は、總て町村會の議決により適宜に定むべきものにして、受給者は例へば費用辨償額が、費用を償ふに足らずとして、規定以外の金額を要求するが如き權利を有するものに非ざるなり。

《參照》　舊制第七十五條

行政判決例

○褒賞ハ職員ノ特別勤勞ニ對シ給與スルモノニシテ卽チ給與ノ一種ナリ故ニ書記以下ノ賞與金ヲ豫算ニ編入スルモ違法ニアラス（二八、九、三〇）

○町村長ノ缺員中之ニ代リテ其職務ヲ執リタル助役ニ對シテ村長ニ給與スヘキ報酬ヲ與ヘタルハ不法ニアラス（三二、一〇、一九）

適用例

○町村長助役ニ於テ報酬ヲ辭セサル限リハ之ヲ與フルハ當然ナリ

解疑例

問　役場費ニ慰勞金ノ目アリ今回村長滿期退職セシニヨリ慰勞金ヲ贈レリ然ルニ村長ノ慰勞金ハ村税ヲ以テ支出スルコトヲ得ズト云フ說アリ果シテ然ラバ旣ニ支出シタルモノナレバ何レノ名稱ヲ

以テセバ宜シキヤ

答　名譽職村長ノ滿期退職ニ際シ在職中勉勵ノ慰勞トシテ一時慰勞金ヲ給與スルモ違法ノ支出ニアラズ現ニ名譽職吏員退職ノ時一時慰勞金ヲ給與スルハ妨ゲナシトセル實例モアリテ反對説ハ理由ナシ

問　毎年歳出豫算ニ於テ年額何百何十圓ト決議セル市町村名譽職ノ報酬ハ中途退職又ハ辭任者ニ對シテハ月割ヲ以テ支給スル方穩當ナルベシト雖モ飽マデ年額ヲ請求セントス何レカ正當ナルヤ但別段支給方法ヲ規定セルモノナシ

答　名譽職ニ給スヘキ報酬ハ其勤務ニ對スル報酬ナルガ故ニ中途退職又ハ辭任者ニ年額ヲ支給スベキ理ナシ而シテ何レノ町村ニ於テモ中途退職者ニハ月割ヲ以テ其報酬ヲ支給スルコトヲ規定スルヲ例トス但之ヲ規定セザルモ理論上當然其勤務ノ年月ニ應ズベキモノトス

問　町村長助役ハ一ヶ年分又ハ其幾分ノ報酬ヲ辭退スルコトヲ得ルヤ若シ辭退スルコトヲ得ルトセバ其申出ハ町村會ニ對シテ爲スベキヤ將タ町村長ニ對シテ爲スベキヤ

答　報酬ヲ辭退スルハ何等妨ゲナカルベシ而シテ辭退ノ申出ハ町村長ニ在テハ助役ニ助役ニ在テハ町村長ニ對シテ之ヲ爲スベク又之ヲ受ケタル町村長又ハ助役ハ之ヲ町村會ニ報告スベキモノト思

考ス

問 戰死軍人葬儀ノ爲メ村長（名譽職タルト有給タルトヲ問ハス）ガ他町村ニ出張シタル場合ニ旅費ヲ支給スルモ差支ナキカ

答 差支ナシ國難ニ際シ忠骨ヲ戰野ニ曝シ國家扞衞ノ任ヲ盡セル同胞軍人ノ名譽ヲ表彰シ其遺族ヲ弔慰スルハ國民ノ精神ヲ維持發揚シ國家ノ根本ヲ養フ所以ニシテ政府ト云ハス地方機關ト云ハス相當ノ方法範圍ニヨリ相當ノ禮ヲ具ヘ弔祭ニ參加スベキハ勿論ニシテ町村ガ其代表者ヲ出シテ比隣町村ノ戰死軍人ノ葬儀ニ參加セシムルガ如キハ全國各町村ニ共通スル公共ノ務ト云ハザルベカラズ斯ル場合ニ關スル法ノ活用ノ極メテ廣キコトハ法ガ死文徒法タラザル所以ナリトス

問 茲ニ過失ニヨリ任期滿了ノ議員ヲ招集シテ村會ヲ開會シ後日其過失發覺シ其議事ハ遂ニ無效ニ歸シタリ然ルニ該議事ニ參與シタル議員（即滿期及任期中ノ議員一同）ハ規定ノ實費辨償料ノ請求ヲ爲シタリ右ハ其議會ヲ招集シタル町村長ニ於テ監督官廳ヨリ相當ノ懲戒處分ヲ受クルマデニシテ實費辨償ノ請求ニ應ズルヲ相當ナリト思考ス如何

答 任期中ノ議員ヲ招集シタルトキハ規定ノ實費辨償料ヲ支拂フベキハ當然ナリト雖既ニ其任期滿了シテ議員ノ資格ナキモノニ對シテハ其請求ニ應ズベキモノニアラズ何トナレハ實費辨償ハ議員ニ對シ爲スベキモノニシテ任期滿了ノモノハ議員タラザレバナリ

問　町村吏員ガ公用ヲ以テ出張シタトキハ定規ノ旅費日當ヲ受領シナガラ出張ヲ請ヒタル團體ヨリ別ニ旅費日當ノ支拂ヲ受クルハ妨ナキヤ

答　吏員ガ公用ヲ以テ出張シタルトキ旅費日當ヲ私ノ團體ヨリ受取ルハ不當ナリ但其團體ノ請ニヨリ其團體ノ爲メニ出張スルガ如キ場合ニ豫算額ナキガ爲メ實費ヲ支辨セシムルガ如キハ妨ナカルベシ

問　町村制ニ記載シアル實費辨償ト普通所謂日當トノ區別如何

答　日當ト實費辨償トヲ以テ給與ノ種別ナリト解スル勿ランコトヲ要ス日當ト實費辨償トハ給與ノ方法ト給與ノ種類トノ別ナリ給與ノ種類ニハ俸給、報酬、實費辨償アリ其支給方法ニ就テハ俸給ナレバ年俸、年給、月俸、月給、日給ノ別アリ報酬又ハ實費辨償ナルトキハ或ハ手當ト稱シテ一事務ニ就テ一定額ヲ給シ又ハ年手當月手當ト云フガ如ク年月ニヨリテ給スルアリ或ハ日當（一日當リ又ハ一日手當ノ義）ト稱シテ一日ニ付何程トシテ支給スルアリ實費辨償ノ或場合ハ額ヲ定メズシテ實際要シタル費用ヲ給スルアリ故ニ日當ヲ以テ支給スル給與ニハ報酬ナルコトアリ或ハ實費辨償ナルコトアルナリ普通ノ用語ナルガ故ニ往々其性質ヲ極メズシテ日當ナル語ヲ以テ直チニ給與ノ種類ナルガ如ク感覺スルモノナキニ非ズ特ニ注意ヲ要ス

第八十五條　有給町村長、有給助役其ノ他ノ有給吏員ノ給料額、旅費額及其ノ

支給方法ハ町村會ノ議決ヲ經テ之ヲ定ム

前條は名譽職員の給與に關し、本條は有給吏員の給與に關す。孰れも町村會の議決する所に依るものとす。

旅費とは、汽車賃、汽船賃、車馬賃、日當及宿泊料等旅行に要する費用を云ふ。名譽職員の旅費に關しては、直接規定なしと雖、旅費は費用なること勿論なるを以て、名譽職員と雖も辨償として之を受け得るは勿論なり。

〔參照〕　舊制第七十五條

行政判決例

○收入役缺員ノ爲メ監督官廳ノ許可ヲ得テ一時助役ニ於テ之ヲ兼掌スルモ何時專任收入役ヲ設クルヤ知ル可ラサルヲ以テ該收入役ノ給料ヲ定メ置クハ必要ノ豫算科目ナリ（二八、九、三〇）

○有給吏員ノ旅費ハ第八十八條ノ所謂町村ノ必要ナル支出ニ屬スルヲ以テ其支出ニ關シテハ町村條例ノ規定ニ依ルコトヲ要セス（三〇、四、八）

○助役ハ町村長ノ事務ヲ補助スル外尙町村行政事務ノ一部ヲ分掌スル場合アレハ其職務ヲ執行スルニ當リ出張ヲ要スルトキ其旅費ハ別ニ之ヲ支給スヘキハ當然ニシテ必ス町村長ノ實費辨償額中ヨリ支給スルヲ要スルモノニアラス（同前）

○有給吏員ニ對スル旅費ヲ村税豫算額ニ編入シ村會ニ於テ之カ賦課ノ議決ヲ爲シタルハ違法ニアラス(同前)

適用例

○巡査看守救助例ニ依リ救助ヲ受クルモノ有給町村吏員トナルト雖モ救助ヲ停止スルニ及ハス

○市町村吏員職務ニ斃レタル者ノ遺族扶助料ニ關シテハ條例ヲ以テ規定スルト議決ニ依ルトハ市町村ノ随意トス

第八十六條　有給吏員ニハ町村條例ノ定ムル所ニ依リ退隱料、退職給與金、死亡給與金又ハ遺族扶助料ヲ給スルコトヲ得

退隱料とは、退職後或一定の金額を、終身又は或期間給與するものにして、金額期間等は、勤務年數在職中の給料額等により差異あるを常とす。

退職給與金とは、在職中の勤勞に報ゆるが爲、退職の際、一時の給與金なり。其の金額等は勤務年數、勤務の成績等に依りて差等あるべし。

死亡給與金とは、在職中に死亡せし吏員の遺族に給するものにして、金額は、勤務の情況、勤務年數等に依り差等を設くるを常とす。

遺族扶助料とは、職務の爲に斃れたる吏員又は退隱料受給者の遺族に對し、一時若は或期間、遺族の扶助の爲に給與するものなり。

右の諸給與及其の支給方法は町村條例を以て規定すべきものとす。故に特に條例を設けざれば是等の給與を爲すを得ず。而して此の諸給與は有給吏員にのみ支給するものにして、名譽職は、元來無給にて公務に從事せしむるを趣旨とするが故に、之を給せざるものとす。但し慰勞金等町村會の議決に依りて支給するは、別段なりとす。

《參照》　舊制第七十七條

適　用　例

○元來退隱料ハ官吏ノ恩給ト同樣ノモノニシテ終身給與スルヲ當然トスヘキモノニ付退隱料ニ關スル條例ヲ制定スルトキハ此主旨ヲ誤ラサル樣注意ヲ要ス尤モ市町村ノ情況ニ依リ終身ノ退隱料ヲ設ケス年限若クハ一時限リ別ニ給與金ノ例ヲ設ケントスルハ別段ナリトス

○懲戒處分ニ依リ解職セラレタルモノニハ退隱料ヲ給セス有給吏員ニシテ町村制第九條ニ該當スルモノ重輕罪ノ爲メニ拘留若クハ訊問ヲ受ケ失職シタル時ハ退隱料ノ支給ヲ停止シ後ニ免訴又ハ無罪ノ言渡アリタルカ又ハ有罪ノ宣告アルモ刑法ニ依リ官吏失職ニ當ル可キ裁判ニアラサル時ニ限リ其確定ノ日ヲ待チ停止ノ始ニ遡リテ退隱料ヲ支給スルヲ允當トス

○有給吏員ニシテ第九條ニ該當セサルモノ卽チ書記附屬員ニ於テ刑法ニ據リ官吏失職ニ當ル可キ刑事裁判確定シ之カ爲メニ退職シタルモノニハ退隱料ヲ支給スヘキモノニアラス

○退隱料ヲ受クルモノニシテ國民分限ヲ失ヒ又ハ公權剝奪ヲ受ケタル時ハ退隱料ヲ受クルノ資格ヲ失フモノトス

○名譽職吏員ニ退職ノ時一時慰勞金ヲ給與スルハ妨ケナシ

○有給吏員死去セシトキハ在職中勉勵ノ慰勞ト見做シ弔祭料ヲ給スルハ妨ナシ

第八十七條　費用辨償、報酬、給料、旅費、退隱料、退職給與金、死亡給與金又ハ遺族扶助料ノ給與ニ付關係者ニ於テ異議アルトキハ之ヲ町村長ニ申立ツルコトヲ得

前項ノ異議ハ之ヲ町村會ノ決定ニ付スヘシ關係者其ノ決定ニ不服アルトキハ府縣參事會ニ訴願シ其ノ裁決又ハ第三項ノ裁決ニ不服アルトキハ行政裁判所ニ出訴スルコトヲ得

前項ノ決定及裁決ニ付テハ町村長ヨリモ訴願又ハ訴訟ヲ提起スルコトヲ得

前二項ノ裁決ニ付テハ府縣知事ヨリモ訴訟ヲ提起スルコトヲ得

第一項　前三條により、給與を受くべきものが、玆に列記せる給與に付異議あるとき、例へば、退隱料を受くべき條件を備へたりとする者にして、給與せられざるとき、又は其の額に不服なるときの如き、町村長に異議を申立つることを得べきものとす。

第二項乃至第四項は、前項の異議に對する決定、及其後の訴願、訴訟に關する規定なり。

〔參照〕　舊制第七十八條

行政判決例

○本條ノ規定ハ實費辨償額ノ給與處分ニ關シ出訴ヲ許シタルモノニシテ實費辨償ノ支給規則ヲ定メタル町村會ノ議決ニ對シ出訴ヲ許シタルモノニアラス（三四、二、一）

適用例

○有給吏員ノ退隱料ハ公法上ノ權利關係ナルカ故ニ其給否ニ關シテハ之ヲ民事訴訟トシテ出訴スルコトヲ得ス

第八十八條　費用辨償、報酬、給料、旅費、退隱料、退職給與金、死亡給與金、遺族扶助料其ノ他ノ給與ハ町村ノ負擔トス

本條は、本章に規定せる諸給與を負擔すべきものが町村なることを規定せるが、是殆んど云ふを俟た

ざる所なるも、或場合例せば租税滯納處分の爲め、吏員の出張する旅費の如き、費用として滯納者の負擔に非ざるやの疑を生ずるあらむことを虞れ、此規定を設けたるものなるべし。

第五章　町村の財務

町村は、法人として權利義務の關係に立ち、自ら其の共同事務を處理し、又國府縣其の他の公共團體の事務に屬する事項も、法律勅令の規定に依りて執行するものなれば、之に必要なる財用なかるべからず。從て一個人と同じく、財產上の經營に意を用ゆることは、頗る重要事に屬す。是本章に於て財產、營造物、町村稅及歲入出に關し規定を設くる所以なり。

第一款　財產營造物及町村稅

町村の收入を得る源泉卽ち財源は、本款の規定するところなるが、之を大別するときは、左の二種と爲すことを得べし。

一、公法上の收入

二、私法上の收入

公法上の收入とは、町村の行政權によりて得る收入にして(一)町村稅、(二)夫役現品、(三)手數料、使用料、加入金等を云ふ。
私法上の收入とは、町村が一個人と同樣に賣買貸借其他の取引を爲して是より生ずる收入にして(一)所有財產より生ずる收入、(二)公債募集、(三)一時の借入金等なりとす。詳細は、各條下に於て說明すべし。

第八十九條　公益ノ爲ニスル町村ノ財產ハ基本財產トシ之ヲ維持スヘシ
町村ハ特定ノ目的ノ爲特別ノ基本財產ヲ設ケ又ハ金穀等ヲ積立ツルコトヲ得

町村有の財產は、其目的とする所により、二樣あるべし。(一)收益の爲めに有する財產、(二)行政上の必要を充たす爲めの財產是なり。
(一)　收益の爲めに有する財產とは、町村が行政上に直接必要ならざる田畑山林等を有し、其賃貸又は產物の賣却により、年々又は或時期に利益を收むるものを云ふ。
(二)　行政上の必要を充たす爲めの財產とは、行政上の費用を支辨する爲め、豫算に依り賦課徵收したる金錢物品其他直接行政上の目的に供用する財產を云ふ。故に町村が有する學校役場等の敷地建物の如きは、此種に屬するものにして收益財產に非ざるなり。

右二種の財產中、收益の爲めにする財產は、基本財產として費消せず永く之を維持すべきものとす。

基本財產の何たるやは第四十條に於て說明せり。

右一般的の基本財產の外、特別の目的、例せば學校經營の爲めとか、救貧事業の爲めとか云ふが如き目的の爲め、特別の基本財產を設け、又は金穀等を積立つることを得るものとす。

《參照》 舊制第八十一條

行政判決例

○地方學事通則ノ規定ニ基キテ學校基本財產ヲ設クルハ既設ノ學校ノミニ限ラス將來設置セントスル學校ノ爲ニモ亦之ヲ設クルコトヲ得(三二、一〇、二三)

適用例

○基本財產ヲ蓄積スルハ元來市町村永遠ノ利益ヲ計ルモノニシテ市町村ノ經濟ニ於テ最モ緊要ナリト雖之カ蓄積ヲ爲ス時機ヲ得ルヲ要ス故ニ宜シク經濟上ノ餘地ヲ量リ其計畫ヲ愆ラサランコトヲ勉メサルヘカラス之カ爲メニ地租制限外ノ附加稅ヲ課シ又ハ特別稅ヲ設ケ若クハ特ニ之カ爲ニ課稅スト云ハサルモ多分ノ殘餘金ヲ以テ基本財產ニ編入スルノ餘地アリナカラ一方ニハ特別課稅ヲ稟請スルカ如キハ却テ俄ニ負擔ノ重キヲ加ヘ經濟上宜シキヲ得タルモノニアラス然レトモ年ノ豐凶ニ依リ制限外若クハ特別稅ヲ課スル負擔ニ苦マスシテ却テ蓄積ヲ爲スノ好時機タルカ如キ村柄

ナルカ其他特別ノ事情アルニ於テハ詳細添申スルヲ要ス

○若干ノ原資金ヲ寄附シ教育費土木費等ノ基本財產ト爲シ其入額ノミヲ以テ右ノ費用ニ支出スルノ目的ニテ寄附スルモノハ假令使用ノ目的ヲ定ムルモ該原資金ハ之ヲ類別シ基本財產トシテ維持スルコトヲ得ヘシ

○二箇村以上ノ共有ニ係ル不動產ニ付テハ其共有スル各村ヨリ見レハ其權利ハ專有不動產トハ其趣ヲ異ニストモ自ラ一種ノ不動產タルハ勿論ノ義ナレハ本條ニ依リ其持分ヲ基本財產ニ編入スルハ可ナリ又其管理ハ第八十二條ニ依リ一般ノ村費ニ充ツルヲ以テ原則ト爲スト雖モ之ニ該當スル金額ヲ一般歲入中ヨリ每年基本財產ニ編入シ得ヘキハ勿論ナリ最モ持分ノ確定シ居ラサルモノハ明文ノ制規無之モ反對ノ契約若クハ慣行アルニ非サレハ右共有村ノ持分ハ相均シキモノト推定スルヲ得ヘシ

○基本財產ヲ蓄積センカ爲メ故ラニ多額ノ殘金ヲ設ケントスル場合ニハ該殘金ハ基本財產蓄積金トシテ歲出豫算ニ編入ス可キモノトス

○條例ヲ以テ基本財產蓄積ノ方法ヲ規定シ又ハ町村費ヲ以テ不動產ヲ買得スルハ妨ケナシト雖モ負擔ニ差支ナキ時機ヲ見計ヒ施行スルヲ要ス

○町村稅ヲ制限ニ超過セサル限リ賦課シテ支出ニ充テ財產ヨリ生スル收入使用料等ヲ基本財產トシ

テ増殖スル等ハ負擔ノ餘裕アルトキニ限リ妨ケナシ
○小學校基本財産設備ノ爲メ公有水面埋立ヲ爲サントスルトキハ法令ノ規定ニ基キ許可ヲ乞フコトヲ得ヘシ
○課税ノ方法ヲ以テ强制シ又ハ課税ニ屬スル收入金ヲ以テ基本財産ヲ造成スルハ法ノ精神ニアラスト雖モ特別地價修正等ノ爲ニ生スル收入ヲ以テ協議上基本財産ヲ造成スルハ適宜ナリ
○基本財産ヲ蓄積スルカ爲メニ必要アルトキハ納税義務者ニ對シ現品ヲ賦課スルコトヲ妨ケス
○市町村ノ基本財産蓄積金ハ歳出豫算中之ヲ雜支出ニ編入セス別ニ其一款ヲ設ケ之ヲ整理スヘキモノトス
○市町村ノ管理ニ屬スル道路ニ對シ特ニ府縣費ヲ以テ改修工事ヲ施シ其結果トシテ不用ニ屬スル橋梁ノ古材木等ハ管理市町村ノ所有ニ歸スルモノトス

第九十條　舊來ノ慣行ニ依リ町村住民中特ニ財産又ハ營造物ヲ使用スル權利ヲ有スル者アルトキハ其ノ舊慣ニ依ル舊慣ヲ變更又ハ廢止セントスルトキハ町村會ノ議決ヲ經ヘシ

前項ノ財産又ハ營造物ヲ新ニ使用セムトスル者アルトキハ町村ハ之ヲ許可

スルコトヲ得

町村有の財產、例へば河岸敷地物揚場、又は山林原野の全部若は一部等を、或一部の人のみにて使用する舊來の慣行あるときは、依然其の舊慣に依るべきものとす。若し此の舊來の慣行を變更して、使用の制限をなし、又は全然其の舊慣を廢止して、使用を禁ずるか、又は一般人に使用せしむるには、町村會の議決を經べきものとす。（第一項）

又前項の町村有財產營造物を、特に使用することの許可を新たに得んとするものあるときは、町村は之を許可することを得べし。此場合に町村會の議決に依るべきは勿論なり。（第二項）

第九十一條　町村ハ前條ニ規定スル財產ノ使用方法ニ關シ町村規則ヲ設クルコトヲ得

前條に規定せる舊慣又は新なる許可により一部住民が町村有の財產營造物の使用を爲すに付、町村は町村規則を以て其方法を規定することを得べきものとす。故に舊來は何の制限なく使用せしめし場合に於ても、此規定に依りて、多少の制限を設くるが如きは固より妨げなし。

第九十二條　町村ハ第九十條第一項ノ使用者ヨリ使用料ヲ徵收シ同條第二項ノ使用ニ關シテハ使用料若ハ一時ノ加入金ヲ徵收シ又ハ使用料及加入金ヲ

共ニ徴收スルコトヲ得

第九十條第一項の使用　、卽舊來の慣行に依り、町村有の財産又は營造物を使用する者より、使用料を徴收することを得べし。故に舊來使用料を徴したるものは勿論、舊來無條件の使用者よりも、新に之を徴收し得べく、從て其の料額の增減をも、爲し得べし。

又新に使用者中に加はる者ある場合には、加入金を徴收することを得べし。場合により使用料及加入金を共に徴收することをも爲し得べきなり。

使用料、加入金の事は、第四十條の下に說明せり。

《參照》　舊制第八十四條

適　用　例

○水道ナル營造物ハ第八十九條ニ依リ使用料ヲ徴收シ得ヘキモ本條ニ依リ加入金ヲ徴收スルコトヲ得ス

○加入金徴收ハ從來ノ慣行ニ依リ市町村住民中特ニ數個人カ市町村有ノ土地物件ヲ使用スル權利ヲ有スル場合ニ於テ新ニ使用ノ權利ヲ得ントスル者ヨリ徴收スヘキモノナレハ一般ニ市町村住民カ使用セル場合ニ於テ他町村ヨリ移住シタル者カ新ニ使用セントスル場合ハ加入金ヲ徴收スルヲ得サルモノトス

○市町村制各第八十四條ノ趣旨ハ入會山林秣場等ノ類ニシテ舊慣ニ依リ其市町村住民若クハ或一部分ニ限リテ共同使用ヲ許シ來リタルモノアリテ（八十四條）新ニ之ニ加入シ其權利ヲ得ントスルトキ特ニ加入金又ハ使用料ヲ收入スルヲ得セシメタルモノナリ

第九十三條　町村ハ營造物ノ使用ニ付使用料ヲ徵收スルコトヲ得

町村ハ特ニ一個人ノ爲ニスル事務ニ付手數料ヲ徵收スルコトヲ得

町村住民は町村の營造物を使用することを得べきは勿論なれとも、營造物の種類に依りては、町村住民全部に於て使用せざるものあり。又假令全部に於て使用する場合にも、其の使用の量に於て異なるものあり。故に其の使用者より使用料を徵收するは、町村民の負擔を公平ならしむると共に、町村の收入を增加する所以なり。例へば水道の使用料を徵收するが如し。

前條は舊來の慣行ある營造物の使用者より、使用料を徵收する規定にして、本項は一般營造物に關する規定なりとす。（第一項）

町村は特に一個人の爲に事務を執ることあり。例へば身分其の他の證明、公簿の謄本下付等の類なり。町村は是等の事務に付き、手數料を徵收することを得るものとす。元來町村役場の事務費は、町村費より支辨するものにして、町村吏員が、全町村の爲にする事務を執るは、當然なれども、特に一個人

の爲にする事務は、一般事務と異なるを以て、手數料の徴收を許せるなり。（第二項）

《參照》　舊制第八十九條

適用例

○漁場ハ營造物ニ非ス

○市町村ノ議事堂ヲ使用セシメ其使用料ヲ徴收スル如キハ然ル可ラス

○又本條前段所有物及營造物ハ一般共同ノ用ニ供ス可キモノニシテ特ニ使用料ヲ徴收スルモノ假令ハ道路錢橋錢ノ類又ハ道路敷堤塘ノ一部分ノ使用ヲ許ス等ノ類ニシテ民事上ノ貸借ニ屬セサルモノヲ指スモノトス就テハ土地森林不動產ノ使用ニシテ前述ノ舊慣ナキモノハ第八十四條ヲ適用ス可ラサルハ勿論又本條ノ範圍ニ在ラス右等ノ如キハ通常貸借ニ外ナラサルヲ以テ民事上貸借契約ニ依リ借地料貸渡料等ノ名義ヲ以テ料金ヲ收入スルヲ當然トス

○港灣浚渫ノ費用ヲ償還スル爲メ入港船舶ヨリ帆別錢ヲ徴收スルハ妨ナシ但主務大臣ノ許可ヲ受クルヲ要ス

○川中（縱令ハ大阪市川中ノ如シ）使用者ヨリ使用料ヲ徴收スルハ主務大臣ノ許可ヲ得ルニ於テハ妨ナシ

○軌道ヲ布設シ一定ノ料金ヲ徴收スルモ營利ヲ目的トスルモノニ非スシテ全ク市町村ノ公益上必要

ノ事業ナルニ於テハ敢テ妨ナシ

○戸籍簿ノ閲覧及謄本下付ノ手數料ハ市町村ニ於テ特別ノ規定ヲ設ケテ之ヲ徴收スルコトヲ得ス

○手數料條例ニ土地物件ニ關スル證明トアルモ其物件ノ何物タルヲ明示セス從テ監督官廳ニ於テ其當否ヲ査定スルニ由ナキカ故ニ一々其物件ヲ明記スルコトヲ要ス

○市町村制第八十九條ニ依ル手數料ハ同制百四條ニ依リ訴願スルヲ得スト雖モ訴願法ニ依リ之ヲ提起スルコトヲ得ヘシ

○戸籍法第二百十七條ニ於ケル手數料ハ市町村ノ徴收ナルカ故ニ戸籍吏ニ於テ徴收スルコトヲ得スシテ當然收入役ニ於テ徴收スヘキモノトス

○本籍住所居所ノ證明其他親權後見生存死亡等ニ關スル證明ハ戸籍法第十三條及第六十六條以外ニ屬スル證明ナルカ故ニ町村條例ノ規定ヲ以テ手數料ヲ徴收スルコトヲ得

第九十四條　財産ノ賣却貸與、工事ノ請負及物件勞力其ノ他ノ供給ハ競爭入札ニ付スヘシ但シ臨時急施ヲ要スルトキ入札ノ價額其ノ費用ニ比シテ得失相償ハサルトキ又ハ町村會ノ同意ヲ得タルトキハ此ノ限ニ在ラス

本條は町村が財産上の關係に付、民事上の取引を爲す一般法則を定めたるなり、凡町村有財産の賣却

貸與を爲し、又は工事を請負に付し、若くは物品を購入し、多數の人夫を傭役するが如き場合は、成るべく費用を少くせんことを務むべきは勿論にして、萬一にも情實請託等により取引を爲すことあらんか、公共の利益を害すること大なるを以て、此情弊を防ぐ爲め、競爭入札に付して低價に落札せしむべべきものとす。

然れども、臨時急施を要するとき、例せば水害に際し、之が防止に必要なる材料を得るに急迫なる場合の如ぎ、又は入札の價格が、其の費用に比して得失相償はざるとき、例せば二三人の大工人夫を傭役する時の如き、一は入札を爲す遑なく、一は入札を爲して却て損失を招くものなるを以て、是等の場合は競爭入札に付せざるも可なり。又事件の性質により競爭入札を爲すを不適當とすることなきに非ず。斯る場合には町村會の同意を得て、競爭入札に依らざることを得るものとす。

《參照》 舊制第八十七條

解疑例

問　町村ノ道路改修及橋梁架設工事ノ請負ハ町村制第八十七條ノ範圍ニ入ラザルモノト解釋シ公入札ニ付セズシテ隨意契約ニ依ルコトヲ得ベキヤ

答　町村制第八十七條ニハ建築工事ノ請負トアリテ一見家屋等ノ建築ヲ爲ス場合ニノミ適用アルガ如ク感ゼラルルモ法ノ精神ハ家屋其他一切ノ築造物ニ關スル工事ノ請負ナリト解スルヲ相當トス

従テ本問道路改修及橋梁架設工事ノ請負ハ等シク同條ノ範圍ニ屬シ其適用ヲ受クベキモノト思考ス

第九十五條　町村ハ其ノ公益上必要アル場合ニ於テハ寄附又ハ補助ヲ爲スコトヲ得

寄附と云ひ、補助と云ふは、金錢物件を寄與して、特定の目的を助成するの行爲にして、場合を異にするによりて、名稱を異にするに過ぎず。

官立縣立の學校が、町村内に設けらるゝ場合に、事情により敷地を寄附するが如きは、其事業が一は町村の繁榮を助け、一は町村民中就學者の便宜大なるべきを以て、之を助成するは公益上必要にして、從て町村は之に對し寄附を爲すことを得べし。又農事試驗場を設け、若は水產養殖試驗を爲し、私立學校を設くる者等に對し、補助金を交付して、其の目的を達せしむるが如き、是亦公益上必要なるべきを以て、之を爲すに妨げなしとす。而して其の公益上必要なるや否や、寄附又は補助を爲すべきや否やは町村會の議決に依るべく、尙第百四十七條の規定により郡長の許可を得て實施すべきものとす。是寄附又は補助を爲すは、直接町村の公共事業に對する費用の支出と趣を異にするが故に、其取扱を愼重にし、輕々に之を實施するなからしめんが爲めなり。

第九十六條　町村ハ其ノ必要ナル費用及從來法令ニ依リ又ハ將來法律勅令ニ依リ町村ノ負擔ニ屬スル費用ヲ支辨スル義務ヲ負フ

町村ハ其ノ財產ヨリ生スル收入、使用料、手數料、過料、過怠金其ノ他法令ニ依リ町村ニ屬スル收入ヲ以テ前項ノ支出ニ充テ仍不足アルトキハ町村稅及夫役現品ヲ賦課徵收スルコトヲ得

本條第一項は殆んど云ふを俟たざる所にして、「其の必要なる費用」とは公共事務の施行に要する費用を云ひ、「從來法令に依り」と云へる法令とは、法律勅令は固より省令其他廣く行政命令を包含す。本條の規定は舊町村制の規定を其儘に襲用したるものにして、舊町村制施行以前には、法令の形式及規定せる事項の區分異なりて、省令其他の命令を以て、町村の負擔を定めたるものあるを以て、從來の分は法律勅令と限定せざりしなり。將來は法律勅令によりてのみ町村の負擔を命じ得べきものとす。郡制により町村が郡費分賦を受くるが如き法令による負擔の一例なり。

第二項　町村が所要の費用を支辨するには、先づ財產より生ずる收入、使用料、手數料、過料、過怠金其他法令に依りて得る所の收入(租稅徵收に關する交付金の如き)を以て之に充て、仍不足なる部分を、町村稅及夫役現品を賦課徵收して、補足すべきものとす。

玆に注意すべきは、本制に於ける法文の配置、用語の選擇は、用意甚至らざるものゝ如く、爲めに疑惑を生ずる場合少しとせず。本章の規定に於ても、第百二條には費用の負擔と云ひ。第百四條には不均一の賦課と云ひ、相對照するときは、一見租税の賦課と然らざるものとの區別あるかを疑はしむ。然れども是等に關する本制の規定を通觀し、第六條第二項の町村住民は本法に從ひ……町村の負擔を分任する義務を負ふと云へる等の規定を參考すれば、左の如く結論するを相當なりとす。

町村住民、三月以上の滯在者、及第九十九條に示せる者は、町村所要の費用を分擔するの義務あり。

費用の分擔に金錢を以てするものは町村税なり。

費用の分擔に現物を以てするものは、夫役現品なり。

故に義務の實質は費用の分擔にして、之を果すの形式は町村税又は夫役現品の納付なり。從て第百二條の費用負擔も、町村税又は夫役現品の分擔に外ならざるものとす。

〔參照〕　舊制第八十八條

行政判決例

○本條ニ依リ町村ニ於テ負擔スル支出ハ町村ニ缺クヘカラサル要費ナラサル可カラス裁判所建築費ノ如キハ專ラ國庫ノ負擔ニ屬スルモノナルヲ以テ其寄附ヲ目的トスル費用ハ之ヲ町村必要ノ支出ト云フヘキモノニアラス（二五、一〇、二〇）

○村長カ村會ノ議決ニ從ヒテ爲シタル職務上ノ行爲ニ基因スル訴訟ノ費用ハ其村ノ負擔ニ歸スヘキモノトス(二六、四、八)

○市町村ノ教育ハ法律勅令ノ規定ニ因リ其行政事務ニ屬スルモノナルヲ以テ之ニ要スル費用モ市税町村税トシテ徴收スヘキハ當然ナリ(二六、六、二七)

○鐵道敷設ニ關シ有志人民ノ爲ス請願ノ費用ヲ補助スル爲メノ支出ハ本條ニ所謂必要ナル支出ニ該當セス(二六、七、六)

○小學校令第三十六條(新小學校令第十四條第一項)ニ市町村ハ府縣知事ノ許可ヲ受ケ高等小學校ヲ設置スルコトヲ得トアリテ他ニ別段ノ規定アラサレハ他村ノ生徒ニ入學ヲ許スモ違法ナリト謂フヲ得ス隨テ之カ爲メ學校費ノ增加ヲ來シタルコトアリトスルモ村民ハ其費用ノ負擔ヲ免ルルヲ得ス(二八、九、三〇)

○市町村ノ爲スヘキ措置ニ屬スル費用ハ市町村ノ負擔トス(二九、二、一七)

○府縣知事ハ法律命令ノ範圍内ニ於テ内部ノ行政事務上必要ナル縣令ヲ發スルヲ得ルハ地方官官制ノ明文ニ基ク所ニシテ而シテ清潔法ノ施行ハ一時ト永久トヲ問ハス傳染病ノ豫防ヲ主眼トスルモノナルヲ以テ其費用ハ二十七年勅令第十四號第一條ノ二職務ニ要スル費用ニ屬シ市町村ニ於テ當然之ヲ負擔セサル可ラス(同前)

○町村カ縣道改修ノ爲メニスル寄附金ハ町村制第二條ニ所謂町村公共ノ事務ニ該當スル必要ノ支出ナリ(二九、五、二六)
○公共ノ事務ニ該當スル必要費用ハ其町民各自ノ承諾ヲ求ムルコト無ク町稅トシテ賦課徵收スルコトヲ得(同前)
○有給吏員ノ旅費ハ本條ニ所謂町村ノ必要ナル支出ニ屬ス(三〇、四、八)
○兵營ノ建築ハ國家ノ防備ニ屬シ自治團體ノ利益ト直接ノ關係ヲ有スルモノニアラス故ニ之カ爲メニ寄附ヲ爲スカ如キハ市制第二條ノ範圍ヲ超越ス依テ市制第二條ノ範圍ヲ超越シタル行爲ノ費用ハ市ノ必要ナル支出ニアラス(三一、一〇、三)
○區裁判所用ニ供スル爲メニ家屋ヲ建築シタル費用ハ町村制第八十八條ニ所謂町村ノ必要ナル支出ニアラス(三二、一、一二)

適用例

○必要ノ支出トハ町村行政上必需ノ費用ニシテ隨意事務(地方稅工事若クハ裁判所建築電信局設置ニ寄附ノ類)ニ要スル費用トハ自ラ別異ナリトス
○若シ市會ニ於テ監獄費國庫支辨ノ建議ヲナスコトヲ議決シ其寫ヲ衆議院議員ニ配付スル爲メ印刷費ヲ請求スルコトアルモ市費ヲ以テ支辨スルノ限リニアラス

○軍隊歡迎ノ爲メ凱旋門又ハ紀念碑ヲ建設シ若クハ軍隊ノ慰勞祝賀ヲ爲スカ如キハ市町村費ヲ以テ支辨スヘキ性質ニアラス尤モ市町村費ヲ以テ設置シタル公園ヲ裝飾スル爲メ該公園ニ凱旋門又ハ凱旋紀念碑ヲ建設シ若クハ市町村事業ノ範圍內ニ於テ凱旋紀念ノ名稱ヲ付シタル物品陳列場其他敎育勸業ノ目的ヲ以テ營造物ヲ設置スルカ如キハ敢テ妨ナシ

○從軍者ノ一般ノ家族ヲ保護スルニアラスシテ右家族中特ニ貧困ナル者ニ對シ町村經濟ノ許ス限リ町村會ノ議決ヲ以テ之ヲ救助スル如キハ敢テ妨ナシ

○個人又ハ團體ノ事業ニ對シ寄附若クハ補助ヲ爲スハ市町村ノ公益ニ關シ寄附補助ヲ爲スノ必要アリ隨テ其町村補助ノ行爲カ市町村ノ公共事務ト認メ得ヘキモノナルニ於テハ本條ニ依リ費用ヲ支出スルコトヲ得ヘシ但經濟上餘裕アルニアラサレハ可成支出セサルヲ要ス

○陸軍現役及補充兵證書ヲ市町村長ヨリ本人ニ送付スル費用ハ市町村費ヨリ支辨ス可キモノトス

○第百二十八條ニ依リ府縣知事郡長ニ於テ徵收シタル町村吏員ノ過怠金モ本條第二項ニ依リ其町村ノ歲入ニ屬ス

解疑例

問 小學校新築金額壹萬圓ヲ以テ工事ヲ請負(競爭入札)ハシメシニ多額ノ損害ヲ生ジタリトテ之ガ增額ヲ町村長ニ出願セリ町村長ハ之ヲ容レテ町村會ニ提出セルモ競爭入札ノ性質トシテ損害ハ請

負ノ常ニシテ該增額ハ之ヲ議スベキモノニアラズシテ之ヲ可決スルガ如キハ違法ト思考ス果シテ如何

答　當初ノ設計ヲ變更シタル爲メ費額ヲ增シタルカ又ハ著シキ事情ノ變更アルニ非ザレバ請負金額ノ增加ヲ承諾スペキニアラズ然レドモ右等相當ノ事由アルニ於テハ增額ヲ承諾スルハ寧ロ當然ナリ

問　町村役場又ハ小學校等ノ建築落成式ノ費用トシテ町村稅ヨリ之ヲ支出スルハ違法ニアラザルカ

答　一般ノ慣習ニ從ヒ相當ノ費用ヲ支出スルハ妨ケナカルベシ

第九十七條　町村稅トシテ賦課スルコトヲ得ヘキモノ左ノ如シ

一　國稅府縣稅ノ附加稅

二　特別稅

直接國稅又ハ直接府縣稅ノ附加稅ハ均一ノ稅率ヲ以テ之ヲ徵收スヘシ但シ第百四十七條ノ規定ニ依リ許可ヲ受ケタル場合ハ此ノ限ニ在ラス

國稅ノ附加稅タル府縣稅ニ對シテハ附加稅ヲ賦課スルコトヲ得ス

特別稅ハ別ニ稅目ヲ起シテ課稅スルノ必要アルトキ賦課徵收スルモノトス

第一項は、町村税の種類を定めたり。即ち（一）國税府縣税の附加税（二）特別税とせり。國税の普通なるものは、地租、所得税、營業税等にして、府縣税の普通なるものは、戸數割、營業税、雜種税等なり。町村が是等の國税、府縣税に比例して、賦課徴收するを、附加税と云ひ、是以外に町村に於て特に税目を設けて賦課するものを特別税と云ふなり。

第二項は、直接國税又は直接府縣税の附加税を徴收する方法の規定にして、均一の税率を以て之を徴收するを原則とす。例へば地租壹圓に付き拾錢の附加税を課するときは、地租五十錢に付ては五錢、地租三圓に付ては參拾錢を徴收するが如し。但し特別の事情ありて、第百四十七條に依り郡長の許可を受くるときは、均一の税率に依らざることを得べし。

間接國税間接府縣税に對しても、法に禁ぜざるものに付ては附加税を賦課することを得べく、此場合には均一の税によるべき一般的規定なく、第百四十六條に依り、內務大臣、大藏大臣の許可を得ば足れりとす。

第三項は、國税の附加税たる府縣税に對しては、町村税を賦課することを得ざるものとし、重複附加を避けたり。

第四項は、特別税の説明なり。

（參照） 舊制第九十條

行政判決例

○漁業税ハ營業税雜種税規則（明治十三年第十七號布告）第二條ニ依リ地方税ニ屬スルモノナルヲ以テ本條ニ依リ之カ附加税トシテ町村税ヲ課スルモ違法ニアラス（二四、三、二）

○市町村ノ教育ハ二十三年法律第八十九號同年勅令第二百十五號ニ依リ其行政事務ニ屬スヘキモノナレハ之ニ屬スル費用モ亦市町村税トシテ徵收スルハ當然ナリ（二六、六、二七）

○特別税ハ費途ノ如何ニ關スルモノニアラス而シテ如何ナル場合ニ特別ノ税目ヲ起シ之ヲ賦課スヘキヤ否ニ付テハ法律中規定アラサルヲ以テ當該町村ニ於テ其必要ヲ認メタル場合ニ相當ノ手續ヲ經テ賦課徵收スルヲ得ルモノトス（二六、一〇、一四）

○町村内ノ一部一區ニ賦課スル費用モ亦町村税ナリトス（二九、五、二二）

○區費タル學校費及土木費ハ卽チ町村税地價割戶別割ニシテ直接町村税ニ屬ス（同前）

○土地收用法ニ依リテ土地ヲ收用シタル私立鐵道會社ニ對シ町村税賦課條例中ニ「土地建物ヲ讓受タル者」ト在ル規定ヲ適用シテ町村税（步一税）ヲ賦課シタルハ不當ニアラス（三〇、六、一〇）

○町村税賦課ノ標準ヲ定ムル爲メ土地收用法ニ依リテ土地ノ價格トシテ其登記ヲ爲セシ金高ヲ以テシタルハ不當ニアラス（同前）

○一市内ニ本店ヲ設ケ市外ニ支店ヲ置キテ營業ヲ爲ス所ノ法人カ本店及ヒ支店ノ營業ニ屬スル國税

營業税ヲ合算シテ同市ニ納付セル場合ニ於テハ同市ハ其市内ノ營業ニ付キ市税ヲ賦課シ得ヘキモ支店ニ於ケル營業ニ付テハ課税權ヲ有セサルモノトス故ニ其營業税金全部ニ對シ市税ヲ賦課シタルハ適法ノ處置ニアラス市制第九十條ハ市税トシテ賦課シ得ヘキ税目ヲ示シタルモノニシテ市外ニ於ケル營業ニ付キ課税シ得ヘキコトヲ規定シタルモノニアラス（三六、一一、二）

○營業者カ市税ヲ納ムルノ義務ハ市内ニ於テ營業ヲ爲スニ因リ生スルモノトス從テ市外ノ營業ニ對シテハ市税ヲ納ムルノ義務ナシ（三七、一、二九）

○所得税附加税ハ本税タル所得税ノ存在ヲ以テ賦課ノ必要條件トス從テ本税ナキニ賦課シタル所得税附加税ハ法律上全ク税タルノ性質ヲ有セサレハ之ヲ以テ選擧資格ノ基礎トナスコトヲ得ス（四〇、六、一九）

○營業税法第十五條第二項後段ハ單ニ營業場數箇所ヲ有スル者ト雖モ資本ヲ區別セサル以上ハ其數箇所ニ對スル營業税ヲ合算シテ賦課スヘキコトヲ規定シタルニ止マリ敢テ其一箇所ニ對シテノミ營業税ヲ賦課シ他ノ營業場ニ對シテハ之ヲ賦課セサルコトヲ規定シタルモノニアラス營業税ノ附加税ハ法律上營業税ヲ賦課スヘキ營業者全部ニ對シテ之ヲ賦課スルヲ原則トス（四一、二、二八）

適用例

○或市町村ニ於ケル土地家屋又ハ營業ヨリ生スル所得ニ對シテハ其市町村ニ住居ヲ構フルト否トヲ問ハス他町村ニ於テ納ムル所得税中右土地家屋又ハ營業ノ所得税ニ對シ附加税ヲ課スルコトヲ得ヘシ

○府縣税戸數割ハ毎戸平等ノ賦課ヲ爲シ村税戸別割ハ貧富ノ等差ヲ設クルカ如キハ全ク賦課ノ方法ヲ異ニスルモノナルヲ以テ附加税ト爲スコトヲ得ス

○府縣税雜種税中ノ一種目ニ限リ市町村税ヲ賦課スルカ如キハ賦課種目ノ範圍ヲ異ニスルモノナルヲ以テ之ヲ附加税トナスコトヲ得ス

○營業税雜種税ノ種目中船車ヲ除キ他ノ營業税雜種税ノ賦課種目ニ對シ賦課スル市町村營業税ハ附加税ニ非ス特別税ニ屬スルモノトス

○國税府縣税ノ税目中其一二ヲ採擇シ市町村税ヲ賦課スルハ法律上別ニ妨ナキモ格段ノ事由アル場合ノ外ハ可成丈一般ノ税目ニ付附加税ヲ賦課スルコトヲ要ス

○均一ノ税率トハ國税若クハ府縣税ノ各税目ヲ通シテ税率ノ均一ナルヲ要スル旨趣ニ非スシテ其本税ノ一税目ニ對シ税率ノ均一ナルヲ要スル旨趣ナリトス

○市町村ニ於テ賦課スル府縣税營業税雜種税ノ附加税ハ共ニ營業割ナル一税目中ニ含ムト雖モ府縣税タル營業税雜種税ハ二者獨立ノ税目ナルカ故ニ其各一税目ニ對スル課率ニ於テ不均一ナラサル

ニ於テハ府縣參事會郡參事會ノ許可ヲ受クルコトヲ要セス
〇國税府縣税トアルハ汎ク直接間接ヲ包含ス
〇土地免租年期中ニ於テハ收利ノ有無ニ拘ラス渾テ特別税ヲ賦課スル如キハ穩當ナラス
〇附加税ハ地方税戸數割ノ賦課ヲ受ケサル滯在者ニハ賦課スルコトヲ得ス
〇官有地貸下地ニ對シ特別税ヲ賦課スルコトヲ得ヘシ
〇町村ニ於テ所得税ニ附加税ヲ課スル場合ニ當リ所得税法第三條第二種中記名債劵ノ所得ニ付テハ三十二年七月内務省令第三十一號第二條ニ依リ町村長ヨリ其町村内ニ於ケル公共團體若クハ組合又ハ銀行會社ニ照會シ所得税法第四十二條ニ依リ徵收シタル所得税額及納税人等ヲ取調ヘ然ルヘシ但便宜町村長ヨリ部内ニ告示シ納税人ヲシテ其納税個所及納税額等ヲ屆出シメタル上本文ノ手續ヲ爲スモ亦一便法ナリトス
〇地價割ハ人夫ニ換テ徵收スルコトヲ得サルモノトス
〇田地價割ハ特別税ニ屬ス可キモノニ付地價割ト合算ス可ラス
〇附加税ノ徵收期ハ可成本税ノ徵收期ト同日ニスルカ又ハ其期日以後ニ之ヲ定ムルヲ便トス
〇娼妓ニ市町村税ヲ課スルヲ得ス
〇歩一税ハ沿革上已ムヲ得サル事情アル乎若クハ普通税源ノ課率高度ニ上リ他ニ適當ノ財源ナキ場

合ノ外ハ之ヲ設ケサルヲ可トス

○山林立木ニ對スル歩一税ハ立木ノ存スル土地ニ對シ課税スルノナルカ故ニ土地ト立木トノ所有者同一ナルトキハ其土地所有者タル賣渡人讓與人又ハ伐採人ヨリ之ヲ徴收ス可キモノトス

○府縣税ノ一税目中ニ於テ附加ノ課率ヲ異ニスルモノハ總テ不均一ノ附加税ナリトス

○地區ニ依リ課率ヲ異ニシ又ハ地區ニ依リ課率ヲ異ニセサルモ各課税物件ニ依リ其課率ヲ異ニスルモノ例ヘハ年税ト月税トノ間ニ課率ヲ異ニスルモノ又ハ府縣税營業税ノ附加税中商業税ト工業税トノ間ニ課率ヲ異ニシ雜種税中俳優税ト料理屋税トノ間ニ課率ヲ異ニスルモノハ何レモ府縣税ノ一税目中ニ付キ課率ヲ異ニスルモノナルカ故ニ是等ハ總テ不均一ノ附加税ナリトス

○地區ニ從ヒ或地區ヲ除キ他ノ區域內ニ於テ又ハ課税物件中或ル物件ノミヲ除キ課税ヲ爲スカ如キハ是レ附加税ニアラスシテ卽チ特別税ナリトス

○國税府縣税ニ對スル附加税タル市町村税ヲ月割徴收セント欲セハ市町村會ノ議決ヲ以テ適宜之ヲ規定スルコトヲ得敢テ町村條例ノ規定ヲ要セサルモノトス

○市町村ニ限リ設クル特別税タル歩一税ハ其性質ハ純然タル間接税ニ屬スルカ故ニ之ヲ直接市町村税ト爲スコトヲ得ス

○數市町村ニ渉リテ營業場ヲ定メ營業ヲ爲シ國税營業税ヲ分別シテ納付セサル者ニ對シテ町村附加

税ヲ賦課スルニハ左ノ如ク取扱フコトヲ要ス

一　本税納付地ノ市町村ニ於テ附加税ヲ賦課セントスルトキハ他市町村ニ在ル店舗其他營業場ニ於ケル營業ハ之ヲ控除スルコト

一　本税納付地外ノ店舗其他營業場ノ存在セル市町村ハ本税ヲ納ムル市町村ト同シク其市町村內ノ店舗其他ノ營業場ニ於ケル營業ニ限リ町村税附加税ヲ賦課スルコト

解疑例

問　國税所得税ヘ町村税ヲ附加スルニ個人ノ所得割ハ百分ノ十二法人所得割ハ百分ノ五十トシ賦課セリ而シテ斯ノ如ク不均一ニ賦課セシ趣旨ハ個人ハ戶別割ヲ負擔スルモ法人ハ之ヲ負擔セサルニ依ルト云フ右ハ違法ノ賦課ニ非ル乎

答　不均一ノ賦課ト雖モ必シモ違法ニ非ズ其筋ノ許可ヲ受クルヲ要スルノミ

問　村會ニ於テ「有價證券又ハ現金ノ貸付額參百圓以上ヲ有スル者ニハ百圓ニ付四圓ノ比例ヲ以テ村税ヲ賦課ス」トノ議決ヲ爲シタリ然ルニ所得税ヲ納ムル者ハ所得税ニ對スル附加税ヲ納メ其他貸金ヲ營業トスルモノハ該營業税ノ附加税ヲモ納メ居レリ然レバ此ノ如キ者ニ對シテ右百圓ニ付キ四圓ノ課税ヲ爲スハ一税ニ對シ二重ノ賦課ヲ爲スモノニテ法律上許容スベカラザルモノニアラズヤ

答　税目ノ當否ハ姑ク措キ特別税トシテ本問ノ如キ賦課ハ必ズシモ違法ニ非ズ然レドモ新ニ斯カル特別税ヲ設クルモノナリセバ町村制第百二十六條ニ依リ内務大藏兩大臣ノ許可ヲ得ベク村會ノ決議ノミニテ直チニ執行ノ效力ヲ有セザルハ勿論ナリ

問　府縣税戶數割ノ賦課ニ關シ訴願訴訟ノ繫屬中ト雖モ町村ハ其附加税トシテ係爭賦課額ヲ標準トシ町村税戶別割ヲ賦課徵收スルコトヲ得ルヤ

答　租税ノ賦課ハ訴願訴訟ノ結果取消變更ヲ受ケザル限リハ其效力ヲ存スルヲ以テ之ニ附加税ヲ附加徵收スルハ違法ニ非ズ但シ異議ノ申立アリテ訴願訴訟トナレバ原税ニ對スル訴願訴訟ノ結果如何ニ左右セラルベシ

問　縣税中雜種税ノ目アリテ其內ニ所得税割ヲ包含シアリ然ルニ或ル村ニ於テ村税中別ニ所得税割アルニ拘ラズ縣税雜種税ニ附加スルハ妨ゲナシトシテ縣税雜種税附加税トシテ村税ヲ賦課シタリ之レ二重税ノ徵收ニアラズヤ

答　縣税雜種税中所得税割ヲ包含セシメアル場合ニ關シテハ左ノ行政裁判所ノ判決例（明治三十七年第九十五號）ニヨリ了解セラルベシ

本件ノ所得税割ハ雜種税ノ一種トシテ特ニ賦課シタルモノナルモ元來國税所得税ヲ基本トシ其十分ノ二ヲ課シタルモノニシテ其性質タルヤ國税所得税ノ附加税ト毫モ異ル所ナク然リ而シテ町村

制第九十條ニ所謂縣稅中ニハ國稅ノ附加稅タル縣稅ノ如キハ包含セザルモノト解釋スベキハ當然ナルヲ以テ本件ノ如キ所得稅割ニ町村ガ附加稅ヲ課スルハ法ノ許ス所ニアラズ云々

問 田畑宅地雜地ノ種類ニ分チ村稅特別稅トシテ反別稅ヲ賦課スルコトヲ得ルヤ

答 法律上ハ特別稅ノ稅目ニ制限ナキガ故ニ本問ノ如ク類別シ反別稅ヲ賦課スルモ差支ナカルベシ唯之ヲ新設シ又ハ增額スルニハ町村制第百二十六條ニヨリ內務大藏兩大臣ノ許可ヲ要スルガ故ニ賦課方法宜シキヲ得ザレバ不許可ノ運命ニ遭遇スルナキヲ保セズ

問 步一稅トハ如何ナル課稅ヲ云フモノナルカ

答 步一稅トハ例へバ土地ノ賣買價格ニ對シ其幾步ヲ徵收スルモノナルガ故ニ町村限リ設定スル特別稅ナリトス

第九十八條　三月以上町村內ニ滯在スル者ハ其ノ滯在ノ初ニ遡リ町村稅ヲ納ムル義務ヲ負フ

町村稅は、必ずしも其地に永住する者にのみ課するにあらず、三ゲ月以上の滯在者に對しては、其の滯在の初に溯つて課額を算出し課稅することを得るなり。例へば一月より滯在して四月に至るときは、一月分より課稅することを得べし。是れ其の地に住居するものは、其の地の公共事務に付、利便を受くること勿論なるが故に、其の費用を負擔する義務を負ふこと當然なればなり。

第九十九條　町村內ニ住所ヲ有セス又ハ三月以上滯在スルコトナシト雖町村內ニ於テ土地家屋物件ヲ所有シ使用シ若ハ占有シ町村內ニ營業所ヲ設ケテ營業ヲ爲シ又ハ町村內ニ於テ特定ノ行爲ヲ爲ス者ハ其ノ土地家屋物件營業若ハ其ノ收入ニ對シ又ハ其ノ行爲ニ對シテ賦課スル町村稅ヲ納ムル義務ヲ負フ

町村內に住所を有するものは、卽町村住民にして町村稅を納むべきことは第六條に規定し、三月以上滯在するものゝ納稅義務は前條に規定せり。尙是等以外の者にても、本條の規定により町村稅を納むべきもの左の如し。

(一)　土地、家屋、物件(鑛區、水車、車輛、船舶等の如きもの)の所有者、使用者、占有者(現に自己の爲め其物を支配する者)。

(二)　營業所を設けて營業する者。

(三)　特定の行爲を爲す者。

特定の行爲を爲すとは、町村に於て課稅すべきことを定めたる或行爲を爲すことにて、例せば、營業として繼續的に多量の石材木材等の重量物を町村管理の里道を通じ、又は特に道路を設けて運搬するが如き、或は後を通過するが如き、場合により之に課税するを相當とすることなきに非ず。斯る場合に町村が特別税或は附加税として、町村稅を賦課することを定めたるとき、之に該當する者は納稅義務者たるべきなり。

右列記の者は、其所有し、使用し、占有する土地、家屋、物件に付、又は其爲せる營業に付、賦課する町村稅、若くは是等より生ずる收入に對し賦課する町村稅、又特定の行爲に付賦課する町村稅を納付するの義務を負ふものとす。

〔參照〕　舊制第九十三條

行政判決例

○他府縣ノ者カ其縣內ニ工事請負業ノ出張所ヲ設ケ事務員ヲ置キタル事實明白ナル以上ハ府縣制第五十九條（現行府縣制第百六條）ニ所謂店舖ヲ定メテ營業ヲ爲シタルモノト認メサルヲ得ス（二一九、二、七）

○甲町村ハ乙町村ニ居住スル者ノ甲町村內ニ有スル土地ヨリ生スル所得ニ對シテ町村稅ヲ賦課スルコトヲ得（三二、一二、二五）

○附加稅ヲ賦課スルハ其主稅納付者居住地ノ町村ニ限ルトノ規定ナシ（同前）

○本條ノ規定ハ一定ノ場所ニ於テ營業ヲ爲スモノ（店舗ヲ定メザル行商人ヲ除ク）ニハ總テ町村稅ヲ賦課シ得ルモノニ

シテ其營業所ハ營業者ノ本據タルト否トヲ區別スルノ必要ナシ故ニ其町村內ニ於テ停車場ヲ設ケ運送業ヲ營ム會社ハ該町村稅ヲ賦課セラルルノ義務アルモノトス（三四、一二、一三）

○本條ニハ單ニ所得トアリテ總收入ヨリ資本費用ヲ控除シタル殘額ヲ指シタルモノト云フヲ得サルヲ以テ停車場總收入ニ對シテ課稅スルモ違法ニアラス（同前）

○一定ノ場所ニ於テ營業ヲ爲ス者即チ行商ニアラサル者ニハ其場所カ營業者ノ本據タルト否トヲ論セス總テ町村稅ヲ賦課スルコトヲ得

町村制第九十三條ニハ單ニ所得トアリ當該村特別稅條例ニ營業所得總額トアル以上ハ私設鐵道停車場ノ總收入ニ對シテ所得割ヲ課スルモ不法ニアラス

停車場ニ於ケル收入ハ其所在町村內ニ於ケル營業ヨリ取得シタルモノトス（三六、四、一）

○市ノ營業者カ其營業ニ付キ市稅ヲ納ムルノ義務ハ市內ニ於テ營業ヲ爲スニ依リ發生スルモノナレハ其以前他ノ市町村ニ於テ爲シタル營業ニ付テハ納稅ノ義務ヲ有セス（三五、一〇、七）

○木材ヲ筏ニ組立テ川下ヲ爲ス一定ノ行爲ニ對シテ課スル府縣稅ハ現行府縣制第百六條ノ明カニ認ムル所ナリ（三四、一一、一府縣制適用）

○市制第九十三條同第九十四條ニ所謂營業トハ現實ノ營業行爲ヲ指稱シ其行爲ノ基ク契約カ何地ニ於テ成立シタルヤ又報償カ何地ニ於テ支拂ハルルヤハ問フ所ニアラス

鐵道運送營業ニ付テハ連帶輸送タルト郵便物運送タルトヲ論セス其營業地ハ普通ノ場合ニ於ケル旅客貨物ノ運輸ト同シク旅客又ハ運送物ヲ引取リタル各停車場ナリトス（四〇、一一、二五）

○株式會社ノ支店ハ反證ナキ限リ本店ト同一ノ業務ヲ取扱フ場所ト認ムルヲ當然トス

本支店間ニ資本ヲ區分セサル法人カ本店所在地ニ於テ納付スル營業税ハ本支店ニ於ケル營業又ハ所得全部ニ對スルモノニ外ナラス從テ支店所在地ノ町村カ此等國税ノ附加税ヲ賦課シ得ヘキハ當然ナリ

本支店間ニ資本ヲ區分セサル法人ハ縱令本店所在地ニ於テ營業税又ハ所得税ノ全部ニ對スル附加税ヲ納付シタル場合ト雖モ之ヲ以テ支店所在地ノ町村ニ於ケル附加税ノ賦課ヲ拒ムノ理由ト爲スヲ得ス（四一、二、二八）

適用例

○本條ニ所謂特定ノ行爲トハ不動産ノ賣買筏流シ遊獵其他百般ノ行爲ヲ指ス（府縣制適用）

○關係市町村ニ於テ其區域内ノ會社ニ對シ所得税附加税ヲ賦課セントスルトキハ會社ヲシテ其市町村ニ於ケル所得ヲ屆出テシメ之ヲ算定シ其部分ニ對シ賦課スルノ外ナシトス

第百條　納税者ノ町村外ニ於テ所有シ使用シ占有スル土地家屋物件若ハ其ノ收入又ハ町村外ニ於テ營業所ヲ設ケタル營業若ハ其ノ收入ニ對シテハ町村

税ヲ賦課スルコトヲ得ス
町村ノ内外ニ於テ營業所ヲ設ケ營業ヲ爲ス者ニシテ其ノ營業又ハ收入ニ對スル本税ヲ分別シテ納メサルモノニ對シ附加税ヲ賦課スル場合及住所滯在町村ノ内外ニ渉ル者ノ收入ニシテ土地家屋物件又ハ營業所ヲ設ケタル營業ヨリ生スル收入ニ非サルモノニ對シ町村税ヲ賦課スル場合ニ付テハ勅令ヲ以テ之ヲ定ム

第一項は、前條に對する反面の規定にして、町村外に存する土地、家屋、物件、營業若くは其收入に對しては、所在町村に於て課税し得るが故に。納税者の住所地又は滯在地の町村と雖、之に課税することを得ざるものとして重複課税を防げり。

第二項は、數町村に渉る營業又は其收入に對する本税を分割して納めざるものに對し、附加税を課せんとする場合、又は甲町村に住所を有し、乙町村に三月以上滯するが如き者の、土地、家屋、物件、營業所を設けたる營業以外の收入、例せは教員。會社員等の勞務に對する報酬の如き收入に付、町村税を賦課する場合に、數町村又は甲乙町村間に如何に區分して課税すべきかに就ては、細密なる規定を要するを以て、之を勅令に讓れり。

（參照）　舊制第九十四條

行政判決例

○納稅者ノ居住町村外ニ於ケル所得ニ對シテハ其居住地ニ於テ町村稅ヲ賦課スルコトヲ得サルモノトス（三二、一二、二五）

○原告ハ某停車場ノ收入ハ其所在町村ノミニ於ケル營業ヨリ生スルモノニアラスト云フモ該停車場ニ於テ其營業ヨリ收入シタルモノハ總テ該町村內ニ於ケル營業ヨリ收入シタルモノト云ハサルヘカラス隨テ收入總額ニ課稅スルモ本條ノ規定ニ背反セス（三四、一二、一三）

○市ハ市外ニ於ケル土地家屋營業若クハ其所得ニ對シテハ課稅權ヲ有セス所得稅ニ關スル市制第九十四條ハ市外ニ於ケル所得ハ之レヲ控除スヘシト云フニアリテ其ノ趣旨ハ同第九十三條ト異ナル所ナシ（三五、一一、二二）

適用例

○一管內ニ係ル戶數割ハ必スシモ本稅ヲ其町村ニ納メタル者ニ非サレハ附加稅ヲ課スルヲ得サルモノト限リタルモノニ非ス故ニ甲町村ニ於テ本稅ヲ納メ後乙町村ニ轉住セル場合ノ如キハ前住町村ニ納付シタル本稅ニ對シ現住町村ニ於テ附加稅ヲ徵スルモ妨ナシ

○銀行會社ノ各地ニ支店營業所ヲ有スルモノニ對シ所得稅附加稅ヲ賦課セントスル場合ハ各支店又

ハ營業所ノ純益高ヲ標準トシ其場所毎ニ所得税額ヲ區分シ之ニ依リテ附加課税スヘシ若シ鐵道會社ノ如キ各營業所ヲ通シテ營業ヲ爲シ各營業所ニ於テ純益ノ標準ヲ知ルコト能ハサルトキハ其會社ヲシテ純益ヲ各營業所毎ニ分別セシムル等適宜ノ方法ニ依リ課説スルノ外ナシ

○第二種ノ所得税（無記名債券ヲ除ク）ニ對シ附加税ヲ課セントスル場合其所得税額ハ三十二年内務省令第三十一號第二條ニ依ルノ外ナシ

○前半期所得税ニ對シ市町税百分ノ五十ヲ賦課セラレタル者他町村ニ轉シ其町村ニ於テモ前半期所得税ニ百分ノ五十ノ市町村税ヲ賦課セラルルトキハ之ヲ通シテ本税百分ノ百ニ相當スル附加税ヲ徵收セラルルモノナリト雖モ市町村ヲ異ニスル以上ハ固ヨリ違法ノ課税ニアラス

第百一條　所得税法第十八條ニ掲クル所得ニ對シテハ町村税ヲ賦課スルコトヲ得ス

神社寺院祠宇佛堂ノ用ニ供スル建物及其ノ境内地竝敎會所說敎所ノ用ニ供スル建物及其ノ構内地ニ對シテハ町村税ヲ賦課スルコトヲ得ス但シ有料ニテ之ヲ使用セシムル者及住宅ヲ以テ敎會所說敎所ノ用ニ充ツル者ニ對シテハ此ノ限ニ在ラス

國府縣市町村其ノ他公共團體ニ於テ公用ニ供スル家屋物件及營造物ニ對シテハ町村稅ヲ賦課スルコトヲ得ス但シ有料ニテ之ヲ使用セシムル者及使用收益者ニ對シテハ此ノ限ニ在ラス

國ノ事業又ハ行爲及國有ノ土地家屋物件ニ對シテハ國ニ町村稅ヲ賦課スルコトヲ得ス

前四項ノ外町村稅ヲ賦課スルコトヲ得サルモノハ別ニ法律勅令ノ定ムル所ニ依ル

本條は、町村稅を賦課することを得ざる物件を規定せり。

第一項　所得稅法第十八條に揭ぐる所得は左の如し。

一　軍人從軍中に係る俸給及手當

二　扶助料及傷痍疾病者の恩給又は退隱料

三　旅費學資金及法定扶養料

四　郵便貯金、產業組合貯金及銀行貯蓄預金の利子

五　營利の事業に屬せざる一時の所得

六　日本の國籍を有せざる者の本法施行地外に於ける資產、營業又は職業に依る所得
七　乘馬を有する義務ある軍人が政府より受くる馬糧、繫畜料及馬匹保續料
右の所得に對しては國稅たる所得稅をも課せざるものなれば、町村稅を賦課するを得ざるものとす。
第二項　宗敎上の禮拜、敎化の用に供するものにして、收益を目的とせざる物件に課稅することを禁せり。故に本項揭記の物件が、一私人の所有なる場合に於ても尙課稅することを得ざるものとす。但し是等物件の所有者が料金を收めて使用せしむるものなるときは、其所有者に於ては收益財產なる故、之に對し其所有者に課稅するは妨げなし。又住宅を以て敎會所說敎所の用に充つるものは、其住宅たる點に於て、租稅を免ずるは不當なるを以て、是亦課稅するに妨げなきものとす。
第三項　國、府縣、市町村其の他の公共團體に於て、公用に供する家屋物件及營造物とは、兵營、砲臺、學校、病院、廳舍、水道等の如きものにして、是等に對しては町村稅を賦課するを得ざるものとす。但し有料にて之を使用せしむる者及使用收益者に對しては、課稅することを妨げず。例へば、自己の所有家屋を、相當の料金を收めて、稅務署又は巡查駐在所等に使用せしむる者あるときは、其の家屋に對する町村稅を其の者に賦課することを得べく、又一般に居住家屋に對し課稅する場合に、官舍に對し居住者に課稅するを得るが如し。玆に疑を生ずるの虞あるは、本項及前項中に「但し有料にて之を使用せしむる者」と云へる中には、社寺敎會に在りては、建物、境內地、構內地を、府縣市町

村其他の公共團體に在りては、公用に供する家屋、物件及營造物を有料にて一人又は數人若くは一般人に使用せしむる場合を包含するや否やの點なり。例せば社寺が賃料を得て茶店の敷地として他人に使用せしむる境内地の一部、又は或公共團體が料金を徵して一般の需要に應ずる爲めに營む電車、電燈事業に付設けたる發電所の土地建物、若くは水道の水源地に於ける土地建物等は、但書に含まれ課税禁止以外のものたるや否やは實際問題として屢現はるゝことあるべし。著者の見る所を以てすれば、右の如き場合は、其料金を收むる範圍に於ては、殆んど收益財產と擇む所なきを以て、其物が公益の目的物の一部たりと雖、尙但書の規定に含まれ、是等所在の町村に於て課税するを妨げざるものとす。

第四項　國の事業、又は行爲に對しては、國に課税することを得ず。例へば國に於て國有林の立木を伐採して製材事業を爲すが如きことあるも、その事業に付國に課税することを得ず。又筏の通過税を課する町村にても、政府の筏通過に對し國に課税するを得ざるが如し。

國有の土地家屋物件に對しても、亦國に課税することを得ず。故に國有の土地家屋を借受けて使用收益を爲す者等に課税するが如きは、本項規定の關する所に非ず。

第五項　町村税を賦課するを得ざる物件は、前四項に規定するところなるが、右以外に課税を禁ずる場合は、法律又は勅令により規定するものとす。

〔參照〕　舊制第九十六條乃至第九十八條

行政判決例

○町村制第九十七條ハ寺院ノ用ニ供スル土地及家屋ハ町村稅ヲ免除スルノ規定ニシテ寺院ノ所有スル土地其他ニ對シ免稅スヘキ規定ニアラス(三六、七、一)

適用例

○社寺ハ民有地第一種ナルモ免稅ス
○直接公用ニ供セサル市町村所有ノ土地營造物及家屋ニシテ他ノ市町村内ニアルモノハ其市町村稅ノ賦課ヲ受クルハ勿論ナレトモ自己町村ノ境域内ニアルモノハ課稅スヘキニアラス
○直接公用ニ供スル爲メ家屋ノ幾部ヲ賃借シタル者ノ如キハ免稅スルノ限リニアラス
○商業會議所ハ公共組合ニ該當スルヲ以テ直接公用ニ供スル土地家屋ニ對シテハ市町村稅ヲ免除ス可シ
○風防水源涵養ノ山林ハ直接公用ニ供スルモノナルヲ以テ免除スヘキモノトス
○本條第一項第二號ニ當ル土地等ハ所有ト借入トノ別ナシ
○町村內大字有ノ火葬地用水敷地ニシテ其大字ノ火葬場若クハ灌漑用ニ供スルモノハ直接公用ニ供スル土地ナルヲ以テ本條ニ依リ市町村稅ヲ免除ス可キモノトス

○本條第一項第三號官有ノ山林トアルハ國有ノ山林ヲ指シタルモノニシテ府縣有山林ヲ包含セス

第百二條　數人ヲ利スル營造物ノ設置維持其ノ他ノ必要ナル費用ハ其ノ關係者ニ負擔セシムルコトヲ得

町村ノ一部ヲ利スル營造物ノ設置維持其ノ他ノ必要ナル費用ハ其ノ部内ニ於テ町村稅ヲ納ムル義務アル者ニ負擔セシムルコトヲ得

前二項ノ場合ニ於テ營造物ヨリ生スル收入アルトキハ先ツ其ノ收入ヲ以テ其ノ費用ニ充ツヘシ前項ノ場合ニ於テ其ノ一部ノ收入アルトキ亦同シ

數人又ハ町村ノ一部ヲ利スル財產ニ付テハ前三項ノ例ニ依ル

第一項　町村の營造物にして。其利益を受くる者數人に止まるときは、設置維持其他の費用は關係者たる數人にのみ、賦課することを得るものとす。例せば數人使用の用水樋の費用を其使用者のみに賦課するが如し、玆に數人と云へるは、人數の多少を問はず、利益が一町村全般、一部全般に涉らずして利益を受くる人が特定せらるゝ場合なり。故に數百數千人たることもあるべきなり。

第二項　町村の一部即一地區を利する營造物に關する用費は、其一部內に於ける納稅義務者に賦課することを得べし。例せば區を設けて小學校を設置し、其費用を區內に於ける納稅義務者に賦課するが如し。
元來町村税は、總ての納税義務者に賦課するを本則とし、前二項の規定は特例なるを以て、第百四十七條第一項第七號に於て、郡長の許可を受くべきものとせり。
第三項　前二項の場合に於て、若し其の營造物より生ずる收入卽右に掲げたる例に於て水料又は授業料等の收入あれば、先づ之を以て其費用に充て、不足分を賦課すべし。若し又第二項の場合に於て營造物より生ずる收入以外に其の一部に於ける收入あるときは、是をも該費用に充て、尙不足なるとき課税に依るべし。
第四項　右三項の規定は營造物に關するものなるが、營造物に非ざる町村の財產にても、數人又は町村の一部のみを利するものなるとき、例せば數人又は一部民の入會なる山林原野の如きものに付ては、其費用に關し前三項同樣の取扱を爲し得るものとす。

〔參照〕　舊制第九十九條

行政判決例

○道路カ全村ノ中央ヲ貫キタル要路ニシテ村全部ノ使用ニ供スルモノタル以上ハ單ニ其通過スル地方ナル大字一部ノ專用ニ屬スルモノト云フヲ得ス旣ニ町村内ノ一部ニ於テ專用スル道路（營造物）ノ費用ニアラストスレハ本條ヲ適用スヘキ限ニアラサルナリ（二五、一二、九）

○本條務二項ニ依リ町村內ノ一部ニ賦課スル區費モ亦町村稅ナリトス何トナレハ第九十條ハ町村稅ノ原則ヲ示シ本條ハ屬別ヲ示シタルモノナレハナリ(二九、五、二二)

○町村內ノ一區ニ於テ古來某堤防ヲ區全體ノ公共營造物ト爲シ修築保存シ敢テ沿岸土地所有者ノ隨意修築ニ一任シタルコトナク村費又ハ區費トシテ該堤防費ヲ賦課シ來リタル事實明瞭ナル以上ハ其區內ニ土地ヲ所有スルモノハ一般該堤防費ノ負擔ニ任スヘキハ勿論ニシテ自己カ特ニ所有地防禦ノ爲メ自ラ其周圍ニ小堤防ヲ設備シタル等ノ如キハ全ク己ノ便宜ニ出テタルモノナレハ之ヲ以テ該堤防ニ付キ利益ノ關係ナシト主張シ本條ノ賦課ヲ拒ムヲ得ス(二九、一二、二八)

○費用賦課ニ付キ慣行アルモ町村制ノ規定ニ對抗スルコトヲ得ス(三二、一二、二七)

○村內某部落ノ沿岸堤塘ノ決潰スルコトアルモ水害他ノ部落ニ及ハサル等ノ事實ナルトキハ其堤塘ハ某部落ニ於テ專ラ使用スル營造物ナリト謂ハサルヲ得ス故ニ其費用ヲ某部落ノミニ對シ賦課スルモ違法ニアラス(三三、一二、二八)

○一村全體カ堤防ノ利益ヲ受クルヤ將タ一部落ノミカ其利益ヲ受クルヤハ其目的トシタル通常ノ分水ニ依テ決定スヘク非常ノ洪水ヲ以テ決定スヘキモノニアラス(同前)

○塘堤ハ水害豫防ノ爲メ人工ヲ以テ築設シタルモノニシテ卽チ町村ノ營造物ナリ(同前)

適用例

○井筋及井堰ニ供シタル官有地ヲ其町村ニ於テ之ヲ借受ケ該營造物ヲ設定シ以テ今日迄持續シ來リタルカ又ハ其町村ニ於テ最初ヨリ之ヲ設定シタルニ非サルモ其後ニ於テ該營造物ヲ其儘繼承シタルカ如キ事實アルニ於テハ町村ノ營造物トシテ取扱フコトヲ得

○本條地方學事通則第二條等ニ依リ市町村ノ一部若クハ一區ニ賦課シタル費用ハ均シク市町村税ト認ム可キモノトス

○第百一條ノ夫役及現品ハ其事業町村ノ一部若クハ數個人ニ係ルトキハ本條ニ因リ其一部若クハ數個人ニ之ヲ賦課スルコトヲ得ルモノトス

○凡河川ナルモノハ航通上其他ノ關係モ有之ニ付漫リニ一市町村ノ獨占ニ屬スヘキモノニアラスシテ廣ク一般公共ノ用ニ供スルヲ以テ常例トナスヘキハ勿論ナレハ假令市町村ニ於テ營造物ノ修築保存其他萬端ノ責ニ任シ他ヨリ之ニ干與スルモノナカリシニモセヨ市町村ニ於テ單ニ其修築保存ノ費用ヲ負擔シ又灌漑上ニ關スル或權能ヲ有スルトノ理由ノミニ依リ直ニ之ヲ以テ其市町村ノ營造物ナリト云フヲ得ス故ニ井堰使用料ヲ徵收スルヲ得サルハ勿論ナリ

○修築保存ノ費用ハ町村税トシテ賦課徵收スヘキモノトス

○汚物掃除法第十一條ニ依リ同法ノ全部又ハ一部ヲ町村内ノ一部ニ準用スルトキハ其施行上必要ナル汚水溜溝渠便所等ノ費用ハ本條第二項ニ依リ其施行地一部ノ負擔タラシムルヲ得ヘク又汚物蒐

集費監督吏員ノ俸給其他施行ニ要スル一切ノ費用ニ關シテハ第百二十七條第七號ニ依リ掃除準用區域ト其他トノ間ニ附加税ニ相當ノ等差ヲ設ケ不均一ノ賦課ヲ爲スカ如キ方法ヲ採ラハ略ホ負擔ノ權衡ヲ保チ得ヘシ

第百三條　町村税及其ノ賦課徴收ニ關シテハ本法其ノ他ノ法律ニ規定アルモノノ外勅令ヲ以テ之ヲ定ムルコトヲ得

町村税に關すること及其の賦課徴收に關しては、本法又は其の他の法律の規定に依るべきこと勿論なれども、規定なきものは勅令を以て定むることを得るものとす。

第百四條　數人又ハ町村ノ一部ニ對シ特ニ利益アル事件ニ關シテハ町村ハ不均一ノ賦課ヲ爲シ又ハ數人若ハ町村ノ一部ニ對シ賦課ヲ爲スコトヲ得

第百二條は、數人又は町村の一部を利する營造物及財産に關する規定にして、本條は、數人又は町村の一部に對し、特に利益ある事件に關する規定なり。斯る事件に關しては、課税の原則たる均一の税率に依らずして、不均一の賦課を爲し、又は數人若は町村の一部に對してのみ賦課することを得るなり。例へば、町村に於て縣道改修工事費に寄附を爲すに當り、町村内の各部に付改修の利便を享くるの度著しき厚薄あるときは、其厚薄の度に應じて、不均一に又は一部のみに賦課し得るの類なり。而して之を實施するには、第百二條と同じく郡長の許可を受くるを要す。

第百五條　夫役又ハ現品ハ直接町村税ヲ準率ト爲シ直接町村税ヲ賦課セサル町村ニ於テハ直接國税ヲ準率ト爲シ且之ヲ金額ニ算出シテ賦課スヘシ但シ第百四十七條ノ規定ニ依リ許可ヲ受ケタル場合ハ此ノ限ニ在ラス

學藝美術及手工ニ關スル勞務ニ付テハ夫役ヲ賦課スルコトヲ得ス

夫役ヲ賦課セラレタル者ハ本人自ラ之ニ當リ又ハ適當ノ代人ヲ出スコトヲ得

夫役又ハ現品ハ金錢ヲ以テ之ニ代フルコトヲ得

第一項及前項ノ規定ハ急迫ノ場合ニ賦課スル夫役ニ付テハ之ヲ適用セス

第九十六條に於て、夫役現品賦課の根本を定めたれば、本條は其の賦課の方法を示せり。第一項は、夫役又は現品の賦課の割合を定む。卽各人の納むる直接町村税の割合に依るべく、若し直接町村税を賦課せざる町村なるときは、直接國税の納額に比例すべきものとす。玆に疑義を生ずるは、「且之を金額に算出して賦課すべし」と云へることなり。卽直接町村税若くは直接國税の納額に比例して、各人に付先づ金額に算出し、之に相當する夫役又は現品を賦課するの義なるか、或は先づ夫役又は現品を算定して金錢代納の場合に對する換算額を定むべきの義なるか、法文不明にして頗る疑なき能はず。若し前者に從はんか、比例を得る爲めには、直接町村税若くは直接國税より直ちに夫役又は現品の數量を算定すること却て便利且正確にして、先づ金錢に算定するの迂路を執るの要を見ざるなり。若し後者を採らんか、何が爲めに本項但書に於て、郡長の許可を得て直接町村税又は直接國税の準率に依らずして賦課する場合に換算金額を定むるを要せざるものとするか。此場合も税額の準率による時と同樣、本條第四項により金錢代納を許せるに非ずや。然るに一は換算金額を示すべく、他は然らずと云ふ理由は、到底成立する能はざる所なり。思ふに本法起草當時の趣旨は、換算金額を示すに在りて、本項但書の規定は、單に郡長の許可を得れば、税額に準ぜざるを得るのみにて、此場合に於ても、尙換算金額を示すを要するの意なりしも、記載の拙なるが爲め、遂に前に論ずるが如く、到底合理的に解釋すべからざるの法文を見るに至りしに非ざるか。從て著者は本項の適用としては、税額に準ずると否とに拘はらず、急迫の場合の外、換算金額を示し、代納に差支なからしむるを適當なりと思考す。

第二項は、夫役を課することを得ざるものを定む。卽學藝美術及手工の如きは、特殊の人の有する特別の技能にして、凡ての人の爲し得べきものにあらず。故に此の如き勞務に付、夫役として之を賦課するは不公平の甚しきものなるを以て之を禁じたり。

第三項は、就役の方法を定む。卽夫役を賦課せられたる者は、本人自ら之に當るか、又は適當の代人を出すことを得るものとす。然れども本人が老幼又は病弱にして全然夫役に堪へざるときは之に堪うべき代人を出すべきは勿論なり。

第四項は、夫役現品は、通則として金錢を以て代納し得べきものとせり。

第五項は、前項通則に對する例外規定にして、水難、火災等の如き一刻を緩うする能はざる急迫の場合に賦課する夫役は、必ず賦課せられたる者に於て、自身又は代人により役務に服するを要し、隨意に金錢代納を許さゞるものとす。現品は急迫の場合と雖、之を購入するの途なきに非ざるべく、且非常變災の場合其遑なきときは、次條の規定により得べきが故に、苟も賦課する現品は常に金錢代納を許すものとす。

《參照》　舊制第百一條

行政判決例

○本條ハ急迫ナル場合若クハ尋常ナラサル場合ノミニ限リテ適用スヘキモノナリト云フヲ得ス　（二五、一二、九）

○夫役ハ金額ニ算出シテ賦課徵收スルモ一般町村稅ト其性質ヲ異ニスルヲ以テ第十三條ノ直接町村稅ノ納額ニ算入スヘキモノニアラス（二九、四、四）

○夫役割ハ卽チ町村税ナルヲ以テ其賦課ヲ不當トスルトキハ第百五條ニ據ルコトヲ得（三〇、二、一九）

適用例

○夫役ヲ課セラレテ之ニ應セス現品ヲ課セラレテ不納シタル時ハ金額ニ算出シテ處分スヘキモノトス但急迫ノ場合ニ於テ賦課シタルトキハ此限ニアラス

○一部若クハ數個人ニ屬スル事業ニ對シテハ第九十九條ニ依リ其一部若クハ數個人ニ夫役現品ヲ賦課スルコトヲ得

○凶荒豫備ノ爲メ基本財産ヲ造成スル場合ハ之ヲ公共ノ事業トシテ現品ヲ賦課スルコトヲ得

○市町村ハ其納税義務者ニ對シ現品ヲ賦課スルヲ得ルモノナルカ故ニ基本財産ヲ蓄積スルカ爲メ必要アルトキハ納税義務者ニ對シ現品ヲ賦課スルモ敢テ妨ケナキモノトス

○夫役現品ハ之ヲ換算シテ賦課スヘキモノナレハ其賦課額ハ市町村税ニ比準セサルヘカラス然ルニ一戸何百本ヲ植付クヘク若シ之ヲ怠ルトキハ何十錢徴收スト云フカ如キハ過怠金ニ類似シ夫役現品ノ性質ヲ害シ甚タ穩當ヲ缺クモノトス

○急迫ノ際賦課シタル夫役現品ヲ定期ニ納メサルトキハ行政執行法ヲ適用スルコトヲ得（郡制ニ依ル適用例）

第百六條　非常災害ノ爲必要アルトキハ町村ハ他人ノ土地ヲ一時使用シ又ハ其ノ土石竹木其ノ他ノ物品ヲ使用シ若ハ收用スルコトヲ得但シ其ノ損失ヲ補償スヘシ

前項ノ場合ニ於テ危險防止ノ爲必要アルトキハ町村長、警察官吏又ハ監督官廳ハ町村内ノ居住者ヲシテ防禦ニ從事セシムルコトヲ得

第一項但書ノ規定ニ依リ補償スヘキ金額ハ協議ニ依リ之ヲ定ム協議調ハサルトキハ鑑定人ノ意見ヲ徵シ府縣知事之ヲ決定ス決定ヲ受ケタル者其ノ決定ニ不服アルトキハ内務大臣ニ訴願スルコトヲ得

前項ノ決定ハ文書ヲ以テ之ヲ爲シ其ノ理由ヲ附シ之ヲ本人ニ交付スヘシ

第一項ノ規定ニ依リ土地ノ一時使用ノ處分ヲ受ケタル者其ノ處分ニ不服アルトキハ郡長ニ訴願シ其ノ裁決ニ不服アルトキハ府縣知事ニ訴願シ其ノ裁決ニ不服アルトキハ内務大臣ニ訴願スルコトヲ得

本條は、水害火災暴風地震等の如き非常の場合に於て、町村が公衆の危害を防止する爲め、他人の土

地物件を使用し、又は勞力物資を得る方法を定めたり。

第一項は、右の如き非常災害に際し、町村は必要に應じ他人の土地を一時使用し、又は其の土石竹木其の他の物品を使用し若は收用することを得るものとす。此場合に於ては固より所有者の承諾を待つの要なく、進んで使用又は收用し得るなり。使用は單に一時用ゆるのみにて、町村が所有權を得るに非ざるも、收用は所有權を得るものにて、原所有者は其所有權を失ふものなり。孰れの場合に於ても、所有者に損失を生ずるは勿論なる故、町村は之を償ふべきものとす。

第二項　又非常災害の場合に於て、危險刻々に迫り、之を防止するに勞力を要するときは、町村長、警察官吏又は監督官廳は、町村內の居住者に命令して防禦に從事せしむることを得るものとす。此場合に町村內の居住者は、進んで之に應ずべきは勿論にして、若し應ぜざるものあるときは、行政執行法の規定により、强制して其勞務に服せしめらるゝことあるべし。

第三項　第一項但書の規定に依りて補償すべき金額は、町村と所有者との協議に依りて定むべきものにして、若し協議調はざるときは、鑑定人を選定して鑑定をなさしめたる上、府縣知事に於て之を決定すべく、若し其の決定に不服あるときは、內務大臣に訴願することを得るものとす。

第四項　右府縣知事に於て爲すべき決定は、文書に認め之に理由を示し、償を受くべき本人に交附すべきものとす。

第五項　第一項の土地使用處分に對して不服ある者に訴願の途を開けり。是苟も其當を失して所有權を侵害することなからしめんが爲なり。

第百七條　町村稅ノ賦課ニ關シ必要アル場合ニ於テハ當該吏員ハ日出ヨリ日沒迄ノ間營業者ニ關シテハ仍其ノ營業時間內家宅若ハ營業所ニ臨檢シ又ハ帳簿物件ノ檢査ヲ爲スコトヲ得
前項ノ場合ニ於テハ當該吏員ハ其ノ身分ヲ證明スヘキ證票ヲ携帶スヘシ

町村稅は家宅の大小廣狹又は營業上の設備又は收入に應じ賦課することあるべし。斯る場合に於て實地調査を要するときは、町村長又は其命を受けたる臨時代理者は、家宅若くは營業所に臨み、建物帳簿其他の物件を檢査するを得るものとす。然れども住居の安全は最尊重すべきものなるを以て、之を行ふは日出より日沒迄晝間に限るべく、若し營業所なるときは、營業時間內は營業の爲め開放せる場所なるを以て、其時間內に限り日出前日沒後にても臨檢し得るものとせり。而して吏員が右臨檢を爲すに當りては其資格を證すべき證票を携帶し、居住者が其提示を求むるときは之に應ぜざるべからず。

第百八條　町村長ハ納稅者中特別ノ事情アル者ニ對シ納稅延期ヲ許スコトヲ得其ノ年度ヲ越ユル場合ハ町村會ノ議決ヲ經ヘシ

町村ハ特別ノ事情アル者ニ限リ町村税ヲ減免スルコトヲ得

町村税は、町村必要の費用を支辨するが爲、賦課徴收するものなれば、定期内に徴收するを趣旨とするは勿論なりと雖、不時の變災に遭遇するか、或は其他避くべからざる事故により、實際納税する能はざるが如き特別の事情あるものに對しては、町村長は納税の延期を許すことを得べし。若し其延期する期限が當該年度內なるときは、町村長の意見により專決すべしと雖、年度を超ゆる延期を許すには、町村會の議決を待たざるべからず。

又町村は水害火災等の難に罹れる者、又は戰時事變に際し出征中家計困難なる者等、特別の事情ある者に限り、町村税を減額し又は免除するを得るものとす。此場合に町村會の議決を經べきは勿論なり。

（參照） 舊制第百二條

行政判決例

○市ノ歲入不足ヲ豫見シ得ヘキ場合ニ於テハ年度經過前豫メ其額ヲ推算シ之ニ對スル收入豫算ヲ編制スヘキモノトス從テ市制第百二條第二項ニ規定セル市會ノ議決前其追加豫算ヲ議定スルハ不法ニアラス（四〇、一〇、二八）

適用例

○市町村税ノ納税義務者ニ對シ年度ヲ超エ納税延期ヲ許ス場合ニ於テハ假令其期限カ決算前ニ屬ス

ル場合ト雖モ市町村會ノ決議ヲ經ヘキモノトス

(一)無資力者ナルニ依リ年度末マテ納税ヲ延期シタルニ其結果遂ニ缺損ニ歸シ爲メニ歳入ニ不足ヲ生シ支拂ヲ爲スヲ得サルニ至リタルモ既ニ年度ヲ經過シ豫算ノ追加ヲ爲ス能ハサル場合ニハ議會ノ議決ヲ取リ次年度ヨリ補充スヘシ

第百九條　使用料手數料及特別税ニ關スル事項ニ付テハ町村條例ヲ以テ之ヲ規定スヘシ其ノ條例中ニハ五圓以下ノ過料ヲ科スル規定ヲ設クルコトヲ得財産又ハ營造物ノ使用ニ關シテハ町村條例ヲ以テ五圓以下ノ過料ヲ科スル規定ヲ設クルコトヲ得

過料ノ處分ヲ受ケタル者其ノ處分ニ不服アルトキハ府縣參事會ニ訴願シ其ノ裁決ニ不服アルトキハ行政裁判所ニ出訴スルコトヲ得

前項ノ裁決ニ付テハ府縣知事又ハ町村長ヨリモ訴訟ヲ提起スルコトヲ得

町村に於て定むる法則に。町村條例と町村規則とあることは、既に說きたり。而して本條第一項にては、使用料、手數料及特別税に關する事項は町村條例を以て規定すべきものとし、其の條例中の或規定に違反するものに對し、五圓以下の範圍內に於て、過料を科する規定を設くることを得るものとす。

第二項に於ては、町村有の財産營造物の使用に關し、町村條例を以て規定を設け、違反者に五圓以下の過料を科する規定を設くることを得べし。
第三項第四項は、町村條例の規定により、過料に處せられたる者が、之に不服なるとき訴願訴訟を爲し得べきこと、並に行政當局者たる町村監督の責ある府縣知事も訴訟を爲し得べきことを定め、其適用に誤なからしめんことを期したり。

第百十條　町村税ノ賦課ヲ受ケタル者其ノ賦課ニ付違法又ハ錯誤アリト認ムルトキハ徵税令書ノ交付ヲ受ケタル日ヨリ三月以内ニ町村長ニ異議ノ申立ヲ爲スコトヲ得
財産又ハ營造物ヲ使用スル權利ニ關シ異議アル者ハ之ヲ町村長ニ申立ツルコトヲ得
前二項ノ異議ハ之ヲ町村會ノ決定ニ付スヘシ決定ヲ受ケタル者其ノ決定ニ不服アルトキハ府縣參事會ニ訴願シ其ノ裁決又ハ第五項ノ裁決ニ不服アルトキハ行政裁判所ニ出訴スルコトヲ得

第一項及前項ノ規定ハ使用料手數料及加入金ノ徴收並夫役現品ノ賦課ニ關シ之ヲ準用ス

前二項ノ規定ニ依ル決定及裁決ニ付テハ町村長ヨリモ訴願又ハ訴訟ヲ提起スルコトヲ得

前三項ノ規定ニ依ル裁決ニ付テハ府縣知事ヨリモ訴訟ヲ提起スルコトヲ得

本條第一項は、違法又は錯誤に因る町村税の不當賦課に對し、異議を申立て得べきことを定む。違法とは法令に違ふを云ひ、錯誤とは誤りに出でたる場合を云ふ。例へば、町村外に所有する土地家屋に課税せられたるときは違法にして、税金額の算出を誤まれる如きは錯誤なり。町村税の賦課を受けたる者が、其の賦課に付違法又は錯誤ありと認むるときは、徴税令書の交付を受けたる日より、三月以内に町村長に申立つべきものとす。若し此の期限を過ぐるときは、實際違法又は錯誤あるも、之を正すに由なきものとす。

第二項　町村有の財産又は營造物を使用する權利に關し異議ある者、例へば、從來或財産を使用する權利を有する者が、不當に其の使用を禁止又は制限せられ、之に不服ある場合は町村長に異議の申立を爲し得べきものとす。

第三項　前二項の異議申立ありたるときは、町村長は之を町村會の決定に付すべきものとす。而して其の決定に不服あるときは、進んで訴願訴訟を爲すことを得べく、又町村會の決定に對する町村長の訴願に付。府縣參事會に於て爲されたる裁決に對しても、訴訟を提起するを得るものとす。

第四項　使用料、手數料及加入金の徵收並に夫役現品の賦課に對して異議あるときは、町村稅に關する本條第一項及前項に準じ各關係者は訴願訴訟を爲し得べきものとす。

第五項及第六項は、關係當局者たる町村長及府縣知事に對し、訴願及訴訟を許したる規定なり。

（參照）　舊制第百四條、第百五條

行政判決例

○町村稅ヲ以テ支出スヘキ警衞費ハ天災事變等非常ノ災害ヲ防禦スルカ爲メ支出スヘキモノトス故ニ選擧競爭ノ當時ニ於テ警衞費ヲ支出シ防禦セサルヘカラサル非常ノ災害ヲ生セントスル事實アリタリト認メ得ヘキ證左ナキニ該費用ヲ以テ村稅トシテ之ヲ賦課徵收シタルハ其當ヲ得タルモノニアラス（二五、一二、一九）

○現品賦課方法ヲ定メタルマテニシテ事實現品ノ賦課ヲ受ケタルモノニアラサル者ハ未タ行政訴訟ヲ提起スルノ權ナシ（三〇、四、二九）

○市町村稅ノ賦課ニ付テハ本條及第百五條ニ依リ訴願訴訟ヲ許サレタリ而シテ同條ニ於テ爭論ノ範

圍ヲ賦課ノ方法形式算數等ノ上ニ限ラサル以上ハ賦課ヲ以テ不當ナリトスル者ハ其不當ノ點カ何レニ在ルヤヲ問ハス皆盡ク之ヲ爭フコトヲ得ルモノトス（三二、一〇、七）

○村税ノ賦課ニ關スル村會ノ議決ヲ取消サンコトヲ請求スルニ付行政訴訟ヲ許スノ法令ナシ（三二、一〇、三〇）

○村税ノ賦課ニ關スル事件ニ就テハ本條ニ定メタル三ケ月ノ期限ヲ經過スルトキハ全ク其訴權ヲ失フモノトス（同前）

○町村税賦課ニ對スル訴權ハ本條ニ因リ町村長ニ申立ツヘキニ之ヲ爲サスシテ直ニ上級行政廳ニ訴願ヲ提起シタルハ其手續ヲ誤リタルモノトス（三四、四、一七）

○夫役割ハ町村税ナルヲ以テ本條ニ依リ出訴スルコトヲ得（三〇、一一、一九）

○町村税ノ賦課ニ關シ縣參事會ニ訴願シタルニ手續違背ノ點ヲ以テ却下ノ裁決ヲ受ケ其裁決ニ對シ縣參事會ヲ對手トシテ出訴シタルハ該町村税賦課ノ處分ヲ爲シタル町村長ヲ相手取リ處分取消ノ行政訴訟ヲ提起スルノ妨トナラス（同前）

○町費ヲ不正ニ支出シタリト主張シ之カ割戻ヲ請求スル件ニ關シ行政訴訟ヲ許スノ法令ナシ（三二、五、一〇）

○訴願書提出ニ經由スヘキ行政廳ヲ誤リタルハ期限中斷ノ理由ト爲ラス（三三、三、一四）

○多人數ノ訴願ハ三名以下ノ總代人ニ因リテ提出スルヲ要ス(三三、六、二七)
○法定ノ期限內ニ提起シタル訴願ニ就キ口頭審論ヲ爲セシ後書面ヲ附シテ訴願ヲ返戾シタルハ卽チ之ヲ却下セルモノニシテ訴願ニ對スル裁決ト認ム可キモノトス(同前)
○村長カ工事豫算額ニ付キ村會ノ認定ヲ受ケ村稅戶別割トシテ之ヲ賦課シタル處分ヲ不法トスル訴願ニ對シ縣參事會ノ與ヘタル裁決ニ付テハ村會ニ行政訴訟ヲ許シタル法令ナシ(三四、五、二三)
○某年度內ニ於テ議決シ且許可ヲ受ケタル町村稅ハ之ヲ其年度經過後ニ至リ賦課スルモ未タ決算結了前ナルトキハ違法ノ賦課ト云フコトヲ得ス(三四、六、六)

適用例

○本條ニ依リ市町村ノ賦課ニ對シ訴願シ得ルハ稅則ニ背キ若クハ稅率ヲ誤リテ賦課スルカ如キ場合ニ限ルモノニシテ稅則ニ關シテハ訴願ヲ爲スコトヲ得サルモノトス

解疑例

問 戶數割ノ賦課等級ハ村會ニ於テ議決決定シタルモノナルガ前年ヨリ異數ノ昇等ヲナシタルハ不當ナリトシテ村長ニ對シ訴願書ヲ提出シタル時ハ村長ハ第百五條ニ依リ裁決スヘキモノナリヤ將タ他ニ依ルベキノ途アリヤ

答 町村會ノ議決ニ因リ決定シタル府縣稅戶數割賦課ノ等級ハ賦課ノ違法又ハ錯誤ニ出デタルモノ

ニアラザル限リハ縦令異數ノ昇等ヲナシタリトテ單ニ此一事ヲ以テ訴願ノ理由ト爲スヲ得ズ

第百十一條　町村税、使用料、手數料、加入金、過料、過怠金其ノ他ノ町村ノ收入ヲ定期内ニ納メサル者アルトキハ町村長ハ期限ヲ指定シテ之ヲ督促スヘシ

夫役現品ノ賦課ヲ受ケタル者定期内ニ其ノ履行ヲ爲サス又ハ夫役現品ニ代フル金錢ヲ納メサルトキハ町村長ハ期限ヲ指定シテ之ヲ督促スヘシ急迫ノ場合ニ賦課シタル夫役ニ付テハ更ニ之ヲ金額ニ算出シ期限ヲ指定シテ其ノ納付ヲ命スヘシ

前二項ノ場合ニ於テハ町村條例ノ定ムル所ニ依リ手數料ヲ徴收スルコトヲ得

滯納者第一項又ハ第二項ノ督促又ハ命令ヲ受ケ其ノ指定ノ期限内ニ之ヲ完納セサルトキハ國税滯納處分ノ例ニ依リ之ヲ處分スヘシ

第一項乃至第三項ノ徴收金ハ府縣ノ徴收金ニ次テ先取特權ヲ有シ其ノ追徴

還付及時效ニ付テハ國稅ノ例ニ依ル
前三項ノ處分ヲ受ケタル者其ノ處分ニ不服アルトキハ府縣參事會ニ訴願シ其ノ裁決ニ不服アルトキハ行政裁判所ニ出訴スルコトヲ得
前項ノ裁決ニ付テハ府縣知事又ハ町村長ヨリモ訴訟ヲ提起スルコトヲ得
第四項ノ處分中差押物件ノ公賣ハ處分ノ確定ニ至ル迄執行ヲ停止ス

本條は町村稅其の他の町村の收入及夫役現品の賦課に對し、不納者ある場合に處する方法を定む。第二項の末段の規定あるは、急迫の場合に於ける夫役の賦課は、賦課せられたる者に於て、隨意に金錢代納を爲す能はざるものにて、從て賦課の當時換算金額を示さゞるものなり。然れども實際義務の不履行を爲したるに、之をして全然義務を免れしむるは不當なるを以て、更に金額に換算して納付を命ずべきものとせるなり。

第三項は、第一、二項の手續に付條例の規定により手數料を徵し得べきものとせり。第二項末段の場合は正確に云へば督促に非ざるも、督促と同視すべき場合なるを以て、此場合に於ける手數料も條例に於て督促手數料の一種として規定するに妨けなかるべし。

第四項は、强制徵收の法を定む。卽第一項又は第二項の督促又は命令を受けたる者が、其の指定の期限内に之を完納せざるときは、國税滯納處分の例に依り之を處分すべきものとす。國税滯納處分は、怠納者の財產を差押へ、之を公賣に付し、其の代金を以て督促手數料、公賣處分費及税金に充つるものにして、若し剩餘あれば之を滯納者に交付するものとす。（差押へたる物件が、債權なるとき、又は質權、抵當權の目的物なるときは、多少其取扱ひを異にす。詳細は國税徵收法を見るべし。）

第五項　前項により滯納處分を執行して町村の收入を徵收する場合に於て、該徵收金は府縣の徵收金に次で他の權利者に對し先取することを得るものとす。而して國税は府縣の徵收金に先ち、又納期より一箇年前の設定に係る質權抵當權を差押物件の上に有することを、公正の證書により證明する者に對しては、其物件の代價に付國税と雖先取せざるが故に。結局滯納處分による町村税の收入は、先づ公賣賣得金より、是等抵當權者、質權者、國税、府縣徵收金に充てたる後に於て爲し得べきものとす。

又追徵、還付及時效に付ては國税の例に依るべきものとす。

追徵とは、納税義務者が納税の原因たる事實を申出でず。又は隱蔽して賦課を免かれたることを後に發見したる場合に、一般の納期經過後に取立つるを云ふ。

還付とは、過納ありたる場合に、其部分を返還するを云ふ。

時效とは、年月の經過を以て納付又は還付の權利關係が消滅するものとするを云ふ。

右等追徵還付時效に關しては、國稅の例に依るべきものとせるは前示の通りなるが、茲に疑を生ずるは、時效に付ては會計法に國稅其他に關する一般的規定卽年度經過後五年を時效期間とせるが故に、之に依るべきは勿論なりと雖、追徵還付に關しては、總ての國稅に通ずる一般的規定なく、各種の稅法に各別の規定を置けるが故に、其孰れに從ふべきやを知る能はざるなり。但國稅に附加して賦課したる町村稅に在りては、其國稅に付設けたる追徵還付の規定に從ふべしと雖、町村特別稅にして、依るべき國稅の規定なきときは如何にすべきや、本項の規定にては解する能はず。從て斯る場合に於ては、町村條例を以て規定するの外なかるべし。

第八項 滯納處分に依り差押へたる物件は、其差押に對し訴願期間內第六項による訴願の提起なきか、又は訴願訴訟の結果裁決確定し又は判決ありて、差押處分確定したる後に非れば公賣するを得ざるものとす。

《參照》 舊制第百二條

行政判決例

○納稅ノ督促手續ニ關シテ異議ヲ主張スル事件ハ二十三年法律第百六號第二ニ所謂租稅滯納處分ニ關スル事件ニ該當セス(二六、五、四)

○町村稅ノ滯納處分ハ町村長タルモノ自ラ差押ノ手續ヲ爲スヲ以テ足ルモノナレハ國稅滯納處分法

第十二條（國稅徵收法第十一條）ニ依リ地方長官ノ命令書ヲ要スルモノニアラス（二六、七、五）

○質入書入財產ヲ差押ヘ公賣ニ付スル場合ニ於テ各債主ニ對スル通知ノ有無ハ負債主ナル被差押者ノ權利ニ何等ノ影響ヲ及スモノニアラス故ニ該通知ヲ爲ササルトノ申立ヲ以テ公賣不當ノ理由トナスヲ得ス（同前）

○買受望人出場遲刻ノ爲メ公賣時刻遷延シタリトテ違法ノ處置ト云フヲ得ス（同前）

○國稅滯納處分法第三十二條（國稅徵收法施行規則第三十三條）ノ所謂收入官吏タル町村長ニ於テ物件ノ價格ヲ豫定スルハ其認定ニ依ルモノナレハ被滯納處分者ニ於テ該豫定價額ヲ不當ナリト主張スルヲ得ス（同前）

○徵稅ノ督促令狀ヲ受ケシノミニシテ未タ滯納處分ヲ受ケサルモノハ二十三年法律第百六號ニ依リ出訴スルヲ得ス（二八、三、五）

○國稅滯納處分ニ依リ財產ノ差押ヲ爲スニハ差押調書ヲ作製スルコトヲ要ス（三〇、一〇、一二）

○差押執行者ハ國稅徵收法第十三條ニ依リ稅金ノ外滯納處分費ニ充ツヘキ金額ヲ見積リ差押ヲ爲スノ責任アルモノナレハ其必要ヲ認メテ爲シタル處分ハ之ヲ違法ト云フコトヲ得ス（三四、四、一二）

○住所トハ生活ノ本據ヲ謂ヒ其本籍地タルト寄留地タルトヲ問フ所ニアラスト雖モ戶籍ハ通常現實ノ住居ニ伴フモノナレハ人ノ住所ヲ認識セントスルニハ他ノ情況ト共ニ戶籍ヲモ觀察スルコトヲ

要ス

納税人カ二箇所ニ戸籍ヲ有スルトキハ其本籍地ニ於テ督促狀ノ送達ヲ遂ケ能ハサル以上ハ更ニ寄留地ニ於テ之カ送達ヲ試ムルコトヲ要ス從テ本籍地ニ不在ナル一事ヲ以テ直ニ公示送達ノ方法ヲ採リタルハ違法ナリ(三九、三、二九)

○國稅徵收法ノ規定中收稅官吏ノ處分ニ立會人ヲ必要トスルハ該官吏カ同法第二十條ニ依リ滯納者ノ家屋倉庫及ヒ筐匣ヲ搜索シ又ハ閉鎖シタル戶扉筐匣ヲ開カシメ若クハ自ラ之ヲ開ク場合ニ限ルモノトス從テ滯納者ノ不動產ヲ差押フル場合ニハ立會人ヲ要セス

國稅徵收法施行規則第十六條ノ規定ハ立會人アル場合ノ差押處分ニ適用スヘキモノニシテ差押處分ハ總テ立會人ヲ要ヌルノ法意ニ非ス(三九、三、三一)

○村長カ村稅滯納處分トシテ滯納者ノ不動產ヲ差押ヘ公賣ニ付シタルヲ不當トシ其公賣處分ノ取消ヲ訴求スルニハ先ツ地方上級行政廳ニ訴願シ其裁決ヲ經サルヘカラス(四一、二、一八)

○町村公民カ町村稅相殺ノ約ヲ以テ稅額以上ノ金圓ヲ町村役場ニ預入レタリトスルモ町村長及收入役ハ公職ノ資格ニ於テ如上ノ契約ヲ爲スヘキ權限ヲ有セサレハ單ニ私人トシテノ約束トスルノ外ナシ故ニ其稅金ニ付キ未タ領收證ヲ交付セス又公簿ニ納入濟ノ記載ヲモ爲ササル以上ハ之ヲ以テ納付義務ヲ履行シタルモノト云フヲ得ス(四一、七、一〇)

解用例

○町村税督促令狀及滯納財産差押ノ命令ハ町村長之ヲ發スヘキモノニシテ收入役ヲシテ發セシムルコトヲ得ス

○督促手數料ハ條例ノ規定ヲ以テ徴收スヘキモノニテ國税徴收法ニ依リ直ニ徴收スルヲ得サルモノトス

○督促ヲナスニハ納税代人アルトキ其人ニ向ツテ之ヲ行ヒ猶完納セサルトキハ本人ノ財産差押ヲナスヘキモノトス

○授業料不納者ニ對シテハ直ニ後見人ノ財産ヲ差押フルヲ得ルモ町村會ノ議決ヲ以テ棄捐若クハ延納セシムルヲ得ルモノナルヲ以テ可成怠納處分ヲ爲サヽルヲ可トス

○督促手數料條例中ニハ納期後幾日ヲ經過シ督促ヲナスモノナルヤ及督促ヲナスモ尙幾日以内ニ完納セサルトキハ國税徴收法ニ依リ處分スルモノナルヤ其日限ヲ掲記スヘキモノトス

○使用權ヲ有スル者其地物件ニ係ル必要ナル費用(第八十五條)過怠金(第五十條第六十條二項五)科料(第九十一條)等ノ納付ヲ怠ル者ハ本條第一項ニ依リ處分スヘキモノトス

○滯納處分ニ關スル不動産及船舶差押ノ登記料又ハ其抹消變更ノ登記料ハ滯納處分ノ爲メ要スル費用ナルカ故ニ滯納者ヨリ之ヲ徴收スルコトヲ得

○條例ニ督促ヲナスノ日限ヲ規定シ置キ誤テ其日限ヲ失シタルモ督促權ヲ失ヒタルモノトシテ義務ヲ免ルヘキモノニアラス但町村會ニ於テ棄捐ノ議決ヲナシタルトキハ格別ナリトス

○督促手數料金額ニ等差ヲ設クルハ允當ナラサルヲ以テ必ス相當ノ金額ニ一定スヘキモノトス

○督促手數料條例ヲ設クルヲ得ルハ全ク手數料ヲ要スル故ナレハ懲罰收入若クハ滯納豫防等ノ目的ヲ以テ之ヲ設ク可キモノニアラス

○國稅徵收法ニヨリ滯納者ノ不動産ヲ差押ヘ之カ登記ヲ受ケタルノ後滯納處分費及ヒ稅金ヲ完納シタルニ依リ其差押ヲ解除シ曩ノ差押登記ヲ抹消スル場合ハ法律ニ規定ナキニヨリ抹消登記ノ囑託ヲナスコトヲ得ス(司法省民刑局長回答)

○滯納處分ニ依リ債權ヲ差押フルモ其差押ニ依リテ直ニ納稅義務ノ終了トナルモノニアラス卽チ納稅義務ノ終了スルハ現ニ稅金ノ收納ニアリトス

解疑例

問 村稅滯納者ニ對シ國稅徵收法第二十三條ノ二ニ依リ不動産ノ差押ヲ爲ス場合ニハ同施行規則第十六條ニヨリ差押調書ヲ作製スルニ當リ立會人ハ所有者ニ非ザルモ成年者二人ナレバ差支ナキヤ而シテ其作成場所ハ役場若クハ滯納者ノ住所何レニ於テスルモ隨意ナルヤ又差押財産ヲ公賣スルニハ國稅徵收法及同施行規則第十九條第二十條ニ依ルノ外別ニ民事訴訟法ノ規定ニ依ルノ必要ナ

キモノナルカ

答　不動産ノ差押調書ヲ作製スルニハ立會人ヲ要セズ而シテ調書作成場所ハ役場若クハ滯納者ノ住所何レニ於テスルモ差支ナシ又差押財産ノ公賣ハ專ラ國稅徵收法ニ據ルベク民事訴訟法ノ規定ニ據ルベキモノニ非ズ（國稅徵收法第二十四條同施行規則第十九條以下參看）

問　町村稅滯納處分ノ期間ハ其滯納者ニ督促令狀ヲ交付スルノ時ヲ開始期トシ公賣終了ノ時ヲ以テ最終期トナスニヤ又ハ其開始期ハ物品差押ノ時ヲ以テスルヤ
村稅滯納者ノ財產ヲ差押ヘ公賣ニ付セシニ尙ホ不足ヲ生ジタルトキハ滯納者殘餘ノ財產ヲ追差押ヘスルコトヲ得ルヤ否ヤハ疑問ナリト思ヒシニ貴社ハ再三之ヲ差押ヘ得ルト容易ニ解釋セラレタリ再三差押フルモ差問ナシトスルハ法文ニ明示スルモノアルカ又ハ判決例ニテモアルニヤ若シ法文判決例トモニナシトスレバ其法理及理由如何

答　町村制ニヨレバ町村稅ノ滯納ニ付テハ國稅滯納處分法ニ依リ徵收スベキモノトシ而シテ町村制制定當時ノ國稅滯納處分法ハ現行法ナル國稅徵收法中ノ滯納處分ノ規定ニ改マレルヲ以テ本問ニ就テハ右滯納處分ノ規定ニヨリテ決セザルベカラズ而シテ問者ノ意見ノ如ク疑ノ餘地ハ甚多シト雖モ記者ハ左ノ見解ヲ抱持スル者ナリ滯納處分ハ何レノ時ニ開始スルヤハ町村制上公民權ノ消長ニ關係アルヲ以テ極メテ重要ノ問題ナリトス國稅徵收法中滯納處分ノ章下ニ納期限ヲ過ギ稅金ヲ

完納セザルモノニハ期限ヲ指定シテ督促スベシトアルガ故ニ督促令狀ヲ發スルハ既ニ滯納處分ニ着手シタルモノニシテ其一部ヲ爲スモノナリトスルモノナキニ非ズ是滯納處分ノ意義ヲ廣ク解スルモノニシテ必ズシモ無理ナラズト雖公民權停止ノ效果ヲ生ズル滯納處分ノ意義トシテハ嚴格ニ之ヲ解釋セザルベカラズ抑滯納處分ノ章下ニ規定シアルガ故ニ督促令狀ヲ發スルコトモ滯納處分ナリト云フハ極メテ機械的ニシテ滯納處分ノ眞意義ニ非ズ滯納處分ノ眞意義ハ强制徵收ナリ納稅義務者ノ任意納付ヲ促スニ非ズ督促令狀ヲ發スルハ强制徵收ニ先ツテ任意ニ納付スベキコトヲ促ガスニアレバ寧ロ納稅告知書ト其趣ヲ同ウシ未ダ之ヲ以テ强制手段トシテ處分ヲ爲シタルモノト云フヲ得ズ從テ滯納處分ノ開始ハ納稅義務者ノ財產ヲ差押フルノ時ニ在リト云フヲ穩當ナリトス又滯納處分ハ何レノ時ニ於テ終了スルヤハ追差押ヲ爲シ得ルヤ否ヤノ問題ト關聯シテ頗ル難問ニ屬シ之ヲ詳說スルハ容易ノ業ニ非ザルヲ以テ單ニ記者ガ見ル所ノ要領ヲ揭グレバ滯納處分ヲ終了スベキ場合ニ三アリ(一)國稅徵收法第十二條ニヨリ滯納處分ノ執行ヲ止メタル時(二)公賣ヲ終リ賣得金ヲ以テ督促手數料滯納處分費及滯納額全部ノ支拂ニ充テタルトキ(三)公賣ヲ終リ其賣得金ヲ以テ督促手數料滯納處分費及滯納額全部ニ充ツルニ足ラザルモ他ニ差押フベキ財產ナキトキ是レナリ(一)ハ國稅徵收法ニ所謂中止ノ場合ニシテ(二)(三)ハ同法ニ所謂結了ノ場合ナリ而シテ中止又ハ結了シタルトキハ同法第三十一條ニヨリ納稅義務及督促手數料滯納處分費納付ノ義務ハ消

滅スルガ故ニ更ニ同一滯納稅ニ付テ滯納處分ヲ行フコトヲ得ザルモノトス只玆ニ異論ヲ生ズベキハ國稅徵收法ニ所謂滯納處分ノ結了トハ一回ノ財產差押及其公賣ヲ爲シタルトキハ假令其賣得金カ滯納金及費用ヲ償フニ足ラザルモ公賣ヲ終ルト同時ニ結了セリトスルモノナリヤ否ヤノ點ニ在リ然レドモ滯納處分ニ於ケル財產差押ハ必ズ同時ニ爲サヾルベカラザルノ規定ナク場合ニヨリテハ今日動產ヲ差押ヘ明日不動產ヲ差押ヘ更ニ數日ヲ經テ債權ヲ差押フルコトアルベシ又之ヲ公賣スルニ當リテモ必ズシモ同時ニ爲スヲ要セズ然レバ既ニ差押ヘタル財產ヲ公賣シ其賣得金ガ督促手數料滯納處分費及滯納金額ヲ支拂フニ足ラズシテ他ニ差押フベキ財產存スルトキハ尙ホ之ヲ差押ヘ公賣スルモ同一滯納金ニ付テノ滯納處分ノ續行ニシテ別箇ノ滯納處分ニ非ルガ故ニ差押フベキ財產ノ存スル限リハ納付義務額ニ充ツル迄處分ヲ續行スルハ毫モ違法ニ非ズ記者ハ此點ニ關スル判例アルヤ否ヲ知ラズト雖モ法ノ解釋上右ノ斷定ヲ相當ナリト信ズ但假令納付義務額ニ充タズシテ尙差押フベキ財產アルトキト雖モ一旦滯納者ニ計算書ヲ交付シテ其處分ヲ終結シタル以上ハ再度處分ヲ爲ス能ハザルハ前ニ陳ベタル所ニシテ留意スベキ點ナリトス

第百十二條　町村ハ其ノ負債ヲ償還スル爲、町村ノ永久ノ利益ト爲ルヘキ支出ヲ爲ス爲又ハ天災事變等ノ爲必要アル場合ニ限リ町村債ヲ起スコトヲ得

町村債ヲ起スニ付町村會ノ議決ヲ經ルトキハ併セテ起債ノ方法、利息ノ定

率及償還ノ方法ニ付議決ヲ經ヘシ
町村ハ豫算内ノ支出ヲ爲ス爲一時ノ借入金ヲ爲スコトヲ得
前項ノ借入金ハ其ノ會計年度内ノ收入ヲ以テ償還スヘシ

本條は、町村に於ける公債の募集、長期の借入金並一時の借入金に關する町村の權能を規定せり。

第一項　公債を募集し、又は當該年度の收入を以て償還せざる長期の借入金を爲し得るは、左の場合に限るものとす。

一　負債を償還する爲必要なるとき、是低利の借換に、便宜を與へたるなり。
二　町村の永久の利益と爲るべき支出を爲すとき。例へば、港灣を修築し、水道を設くるが如き事業を爲すに多額の費用を要する場合の如し。
三　天災事變等の爲必要なるとき、例へば、水害を受け、堤防修築に巨額の費用を要するが如き場合なり。

町村債を起すは町村の經濟上重大なる事項なるを以て、右三つの場合の外は起債するを得ざるものとす。

第二項　町村債を起すに付、町村會の議決を經る時は是と同時に起債の方法（公債を募集するか、或人又は銀行より借入るゝか、若し公債なるときは、一般に募集するか又は或銀行に引受けしむるか、及發行價格を幾何とするか等）利息の定率（年五歩とするか又は四分とするかの類）償還の方法（幾年据置きにて幾分宛を幾年間に償還すると云ふが如く、又は通常の歳入にて償還するか、特殊の收入例へば港灣修築に關するときは入港料、水道の新設なるときは、其の使用料にて償還するといふ如き類なり）に付、議決を經ざるべからず。

第三項　町村が豫算內の支出を爲すに付、收入との時期の關係上必要なるときは、一時の借入金を爲すことを得べし。例へば年度の始期に際し支出を要するも、未だ徵收金あらずして支拂に支障ある場合に、一時の借入を爲すが如き是なり。

第四項　前項に規定せる一時の借入金は、會計年度內の收入を以て償還すべきものとす。

（參照）　舊制第百六條

行政判決例

○內務大藏兩大臣ノ許可ヲ得タル町村ノ償還年次ヲ擅ニ繰下ケタルハ兩大臣許下ノ精神ニ背キタルモノニシテ違法ノ處置ナリ（三〇、一二、二五）

○町村ニ於テ公債ヲ募集スルニハ歲計豫算ノ外特ニ起債ニ關スル決議ヲ要ス從テ町村會カ起債ニ付キ町村長ノ發案ニ依ラス豫算ニ於テ之ヲ議決シタル處置ハ發案權ヲ侵害シタルモノトス（三三、一一、一九）

適用例

○市町村債ノ募集及借入ニ關スル認可ヲ得タルトキハ其借入竝償還ヲナシタル都度之カ年月日及金額ヲ郡長ニ郡長ハ知事ニ知事ハ大藏大臣ニ報告スルヲ要ス但市長ハ直ニ知事ニ報告スヘシ

○市町村ニ於テ償還年次表ヲ添ヘ起債ノ許可ヲ受ケタル後年次表通リノ金額ヲ償還スルコト能ハサル場合ニ於テハ償還方法ノ變更ヲ議決シ更ニ內務大臣大藏大臣ニ稟請シ其許可ヲ經ルコトヲ要ス

○市町村制第百六條ノ一時借入金ナルモノハ同條ニ規定セルカ如ク定額豫算內ノ支出ヲ爲スカ爲一時借入ルルモノニシテ所要ノ費用ハ既ニ歲入出豫算ニ編入セラルルモノナルカ故ニ一時借入金トシテ更ニ之ヲ豫算ニ登載スルハ重複ニ渉ルモノナルノミナラス一時借入金ノ性質上其年度ノ歲入トシテ豫算ニ登載スヘキモノニアラス

第二款　歲入出豫算及決算

第百十三條　町村長ハ每會計年度歲入出豫算ヲ調製シ遲クトモ年度開始ノ一月前ニ町村會ノ議決ヲ經ヘシ

町村ノ會計年度ハ政府ノ會計年度ニ依ル

豫算ヲ町村會ニ提出スルトキハ町村長ハ併セテ事務報告書及財產表ヲ提出

スヘシ

會計年度とは、會計上の整理を爲す爲め區分する一年間にして、普通の暦による年にては、不便なることあるを以て、適宜に定むるものなりと雖。一旦定めたる以上は永く一定するに非ざれば、不便少からざるを以て、從來政府の會計年度を、毎年四月一日に始まり翌年三月三十一日に終るものとし、府縣郡市町村等も、是と同樣の會計年度を用ゆることゝしたり。本法に於ても其主義により本條第二項の規定を爲せり。

歳入出豫算とは、前にも述べたる如く、會計年度に依る一ヶ年間の收入支出の見積りなり。町村長は、毎年次の會計年度に於ける歳入歳出豫算を調製して、其年度の始まる一ヶ月前即二月末迄に町村會の議決を經ざるべからず。而して豫算を町村會に付議する際には、町村長は同時に事務報告書即現會計年度の始めより當時迄事務施行の狀況を記載せる書面と、町村の財產表とを提出して、豫算の當否を審査するの參考に供すべきものとす。

（參照）　舊制第百七條

行政判決例

〇收入役缺員中監督官廳ノ許可ヲ受ケ一時助役ヲシテ之ヲ兼掌セシメタル場合ハ何時專任收入役ヲ置クモ知ルヘカラサルヲ以テ豫算中ニ收入役ノ給料ヲ設ケ置クハ必要ノ豫算科目ニシテ不當ノ歳

出ト云フヘカラス(二八、九、三〇)
○會計法ハ政府ノ會計ニ關スル法規ニシテ町村行政ニ關スル場合ニ適用ス可キモノニアラス(同前)

適用例

○教員恩給基金ハ其歳入出豫算表ニ編入シ教育費雜給ノ項中ヘ教員恩給基金ノ目ヲ設クヘキモノトス
○國稅徵收法ニ依リ國庫ヨリ交付セラルル金額ヲ市町村ニ於テ歳入豫算ニ編入スルトキハ明治二十三年內務省令第二號市町村歳入出豫算表式記載例第十一ニ準シ前年度繰越金ノ次(補助金寄付金アルトキハ其款ノ下)ニ國庫交付金ノ一款ヲ設クヘキモノトス
○前年度繰越金ノ款ニハ前年度殘餘ノ慥ナルモノヲ編入シ慥ナルモノナキトキハ空位ヲ存シ置クヘシ
○基本財產造成ノ爲メ地價戶別等ニ賦課徵收スル場合ハ之ヲ歳入出豫算表ニ組入ルヘシ
○豫算表ヘハ本年度ニ不要ノ科目ト雖モ前年度ニアリタル科目ハ悉ク記載シテ而シテ本年度ノ豫算科目ノ欄ハ空位ヲ存シ置クヘシ
○棄兒迷兒ノ町村養育ニ係ル費用ニシテ國庫及地方補助ヲ以テスルモノノ收入ヲ町村ノ豫算ニ編入スル場合ニ在テハ官給米代ノ收入ハ雜收入ノ款中棄兒養育費下渡金ノ項ヲ設ケ府縣稅補給金ノ收

入ハ同上府縣税補給金ノ項ヲ設ケ養育費ニ係ル支出ハ救助費ノ款中棄兒迷兒養育費ノ項ヲ設ケ整理スヘキ順序ナリトス

○市町村ニ於テ府縣土木工事ノ請負ヲ爲ス場合ニ於テハ市町村自體ニ屬スル土木工事ト見做シ該工事ニ關スル請負金其他之ニ附帶スル一切ノ費用ヲ普通ノ收支豫算ニ編入シ市町村會ヲシテ議決セシムヘシ

○基本財産ニ關シテハ別ニ支出ノ一科目ヲ設ケ整理ス可キモノトス

○戸籍役場ノ經費ハ第一款役場費ヨリ支出シ別ニ款項ヲ設クルニ及ハス

○過年度ニ於ケル過誤納下戻金ハ相當ノ支出費目ヲ設ケ支出スルコトヲ要スルハ勿論ナリト雖モ當該年度ニ於ケル過誤納下戻金ハ當該科目ヨリ直ニ支拂フコトヲ要ス

○市町村歳入出決算結了前ト雖モ年度經過後ニ至リ前年度ノ歳入出追加豫算議案又ハ前年度ノ歳入出更正豫算議案ヲ發スルコトヲ得ス

○府縣會又ハ郡會カ豫算ノ議決ヲナスニ當リ假令項目ノ金額ヲ增加スト雖モ豫算ニ指定シタル事件外ニ渉ラサルニ於テハ發案權ヲ侵シタルモノトイフコトヲ得ス(府縣制郡制適用)

第百十四條　町村長ハ町村會ノ議決ヲ經テ既定豫算ノ追加又ハ更正ヲ爲スコトヲ得

豫算を議定したるときは、是に依りて收入支出を爲すは勿論なりと雖、場合により豫算を追加し又は變更するを要することあり。例へば豫算議決後風水害の爲め豫測せざる臨時多額の費用を要するに至りたるときの如き、新たに支出の增加を要し從て收入も增加せざるべからざる如きことあらば、追加豫算として町村會の議決を經べく、若し又新たに收入を得るの途なく、而して新に支出を要するものは捨置べからざるが如き場合に、豫算に計上したる他の事業を繰延べて之に充つる等、旣に議決を經たる豫算の內部に變更を加ふるは卽豫算の更正にして、是亦町村會の議決を經べきものとす。

第百十五條　町村費ヲ以テ支辨スル事件ニシテ數年ヲ期シテ其ノ費用ヲ支出スヘキモノハ町村會ノ議決ヲ經テ其ノ年期間各年度ノ支出額ヲ定メ繼續費ト爲スコトヲ得

繼續費とは、或一定の年度を期して、或事業を完成せんとする場合に、豫め各年度の事業の豫定と之に應ずべき每年度の支出額とを決定し置き、此の決定に基きて或一定の年度間繼續して支出すべき費用を云ふなり。例へば、堤防を修築せんとするに當り、一年度內に之を完成せんとすれば、費用の負擔に堪へざるのみならず、工事も亦數年を期するを利ありとする場合なるときは、三年なり五年なりの繼續事業とし、之に要する每年度の支出額を議決し置き、此の議決に從つて事業を繼續施行するが如し。

是までとても、實際に於ては繼續事業を施行することなきにあらざりしも、法に明文を缺き、之が施行上多少の不便なきにあらざりしを以て、特に本條の規定を設けたり。

〔參照〕　郡制第九十八條、府縣制第百二十條

適用例

○府縣費若ハ郡費ヲ以テ支辨スル事件ニシテ數年ヲ期シテ施行スヘキモノ又ハ數年ヲ期シテ費用ヲ支出スヘキモノハ府縣會若ハ郡會ノ議決ヲ經テ繼續費トナスヘキモノトス

○然レトモ數年ヲ期シテ償還スヘキ府縣債又ハ郡債償還金ノ如キハ既ニ償還方法ノ定マリタルモノナレハ特ニ繼續費トナスノ必要ナキニヨリ繼續費トナササルヲ穩當トス

第百十六條　町村ハ豫算外ノ支出又ハ豫算超過ノ支出ニ充ツル爲豫備費ヲ設クヘシ

特別會計ニハ豫備費ヲ設ケサルコトヲ得

豫備費ハ町村會ノ否決シタル費途ニ充ツルコトヲ得ス

豫算は見積りに過ぎざるを以て實際に臨みては、種々思ひ設けざりし必要の支出を爲さゞるべからざることあるべし。斯る場合多額の費用を要するものにありては、第百十四條により、豫算の追加更正

の途によるべしと雖、瑣細のものに付一々町村會を開きて之を付議するは、到底其の煩に堪ふべきにあらず。故に本條に於て、豫備費を設けて、其費額内に於て町村長は豫算外の支出、又は豫算超過の支出を爲し得べきものとせり。然れども該年度に付町村會が否決したる費途に支出するが如きは、町村會の意思を重んせざることゝなり、甚不當なるを以て玆に之を禁じたり。豫備費は斯の如く必ず之を設くべきものなれども、特別會計に限りては之を設けざるも妨なき場合あるべきを以て、第二項に之が規定を設けたるなり。

第百十七條　豫算ハ議決ヲ經タル後直ニ之ヲ郡長ニ報告シ且其ノ要領ヲ告示スヘシ

第百十八條　町村ハ特別會計ヲ設クルコトヲ得

特別會計とは、一般の歳入歳出と區別し別個獨立の收支計算を爲すものにして、例へば、町村に於て、水道、又は病院の如きものを經營するに當り、其事業の成績を明かにし、且其完全なる發達を遂げしむるに、別經濟とするを適當と認めらるゝ如き場合に、採用さるべき方法なり。

第百十九條　町村會ニ於テ豫算ヲ議決シタルトキハ町村長ヨリ其ノ謄本ヲ收入役ニ交付スヘシ

収入役ハ町村長又ハ監督官廳ノ命令アルニ非サレハ支拂ヲ爲スコトヲ得ス命令ヲ受クルモ支出ノ豫算ナク且豫備費支出、費目流用其ノ他財務ニ關スル規定ニ依リ支出ヲ爲スコトヲ得サルトキ亦同シ

前二項ノ規定ハ収入役ノ事務ヲ兼掌シタル町村長又ハ助役ニ之ヲ準用ス

第一項　町村會に於て、豫算を議決したるときは、其の寫しを収入役に交付すべきものとす。是収入役の支拂は一に之に遵據せざるべからざればなり。

第二項　収入役は、町村長又は監督官廳の命令に依るに非ざれば、支拂を爲すことを得ざるものとす。又町村長又は監督官廳の命令ありとも、支出すべき豫算なく、又備費支出の規定、費目流用の規定等財務に關する規定に依りて支出し得べきものに非ざる以上は、命令に應じて支出を爲すを得ざるものとす。而して右財務に關する規定と云ふは、第百十六條第百二十條等の如く本法に規定するものあり、又費目流用等省令を以て定めらるべきものあり。或は町村條例を以て規定するものもあるべし。是等は収入役に於て嚴に遵守すべく、町村長又は監督官廳の命ありと雖違ふことを許さゞるなり。

第三項　収入役の事務を兼掌したる町村長又は町村助役が、収入役の事務執行に付ては、前二項の規定を準用せらるべきものとす。

第百二十條　町村ノ支拂金ニ關スル時效ニ付テハ政府ノ支拂金ノ例ニ依ル

政府の支拂金の時效に關しては、會計法第十八條に「政府の負債にして其の仕拂ふべき年度經過後滿五ヶ年內に債主より支出の請求若は支拂の請求を爲さゞるものは期滿免除として政府は其の義務を免るゝものとす但特別の法律を以て期滿免除の期限を定めたるものは各々其の定むる所に依ると規定せり。町村の支拂金に付ても、本條により此規定を用ゆべきが故に、年度經過後滿五ヶ年間支拂を受くべき權利者より請求せざるときは、町村は支拂義務を免るべきも、若し右期間內請求あれば、更に其時より五年間は義務消滅せざるものとす。

第百二十一條　町村ノ出納ハ每月例日ヲ定メテ之ヲ檢査シ且每會計年度少クトモ二回臨時檢査ヲ爲スヘシ

檢査ハ町村長之ヲ爲シ臨時檢査ニハ町村會ニ於テ選擧シタル議員二人以上ノ立會ヲ要ス

出納會計の事務は最も正確ならざるべからず。從て收入役か全責任を以て之に當ると雖、尙其監督を忽にすべからず。故に本條に於て定期及臨時に檢査を爲すべきことを定め、定期檢査は一定の日に每月町村長に於て檢査すべく、臨時檢査は一會計年度間少くとも二回以上町村會に於て選擧したる議員二人以上の立會を以て、町村長が臨時に檢査を執行すべきものとす。

第百二十二條　町村ノ出納ハ翌年度六月三十日ヲ以テ閉鎖ス

決算ハ出納閉鎖後一月以內ニ證書類ヲ併セテ收入役ヨリ之ヲ町村長ニ提出スヘシ町村長ハ之ヲ審査シ意見ヲ付シテ次ノ通常豫算ヲ議スル會議迄ニ之ヲ町村會ノ認定ニ付スヘシ

第六十七條第八項ノ場合ニ於テハ前項ノ例ニ依ル但シ町村長ニ於テ兼掌シタルトキハ直ニ町村會ノ認定ニ付スヘシ

決算ハ其ノ認定ニ關スル町村會ノ議決ト共ニ之ヲ郡長ニ報告シ且其ノ要領ヲ告示スヘシ

決算ノ認定ニ關スル會議ニ於テハ町村長及助役共ニ議長ノ職務ヲ行フコトヲ得ス

第一項　會計年度は每年三月三十一日に終るを以て、其會計年度に於ける收入支出は同日を以て結了すべきが如しと雖も、實際に於ては、同日迄施行したる事件に伴ふ收入支出を當日に終ることは、頗る難事にして行はるべからざるを以て、年度終了後三ヶ月の餘裕を存し、六月三十日迄は前年度の出納事務を繼續し、同日に至り全く閉鎖すべきものとす。

第二項　六月三十日に前年度の出納を閉鎖したる後收入役は一ヶ月以內に卽七月三十一日迄に、其年度に於ける一切の收入支出の決算を爲し、證書類と共に之を町村長に提出すべきものとす。町村長は之を審査したる上、意見を付して、次の通常豫算を議する會議までに、町村會の認定に付すべきものとす。

町村會の認定とは、町村會が正當なり又は不當なりと議決するを云ふ。又場合により町村會は或部分を不當とし他を正當なりと決議することもあるべし。孰れの場合に於ても、町村會が不當なりと認定するときは、其不當なる點を指摘すべきは勿論にして、事輕微なれば單に議決に止め、重大なれば監督官廳に意見書を提出することあるべし。又監督官廳は意見書の提出あると否とに拘はらず、町村會が不當なりと認定したる點は、之を審査して監督の責を盡すべきなり。

決算報告に關しては、舊町村制理由書に左の如く說明せり。借りて說明を補ふ。

「抑決算報告の目的は、會計上の審査と行政上の審査との二者にして、其會計上の審査は、出納計算の當否と實際の出納其收支命令に適合するや否を審査するに在り。故に會計審査は會計主任者に對し、又行政審査は、町村理事者に對し、町村會之を行ふものなり云々」

第三項　第六十七條第八項の場合は、特別の事情ある町村に於て、町村長又は助役に於て收入役の事務を兼掌する場合なり。若し助役に於て收入役の事務を兼掌する場合なるときは、前項の例に依り、決算及其の他の書類を町村長に提出し、町村長は之を審査したる上、意見を付して町村會の認定に付すべく、町村長に於て收入役の事務を兼掌する場合なるときは、直に町村會の認定に付すべきものとす。

第四項　決算は町村會の認定に關する議決即當否の議決と共に、之を郡長に報告し、且其の要領を一般に告示すべきものとす。郡長に報告するは監督に必要なるが爲め、一般に告示するは住民をして財政の狀況を知らしめ且公正を期する爲めなり。

第五項　町村長は、出納を命令し且之を監督するの職責あり。助役は町村長の職務を代理する場合多し。故に孰れも町村財政上の責任者なれば、決算認定の會議に於ては、議長の職を執る能はざるものとせり。

〔參照〕　舊制第百十三條

適　用　例

○決算表記載例ハ豫算表ニ準シ調製スヘキモノトス

○甲年度市町村ノ支出ニ對シ乙年度府縣稅ヨリ補助シタル場合ニ於テ其レカ其甲年度ノ出納閉鎖前

ニ收入シタルトキハ甲年度ノ收入トスヘシ

第百二十三條　豫算調製ノ式、費目流用其ノ他財務ニ關シ必要ナル規定ハ内務大臣之ヲ定ム

町村の財務に關しては、本法に規定する所の外、尚豫算調製の樣式、費目流用其の他に關し規定を設くるの必要あるべし。是等は本條に於て内務大臣の定むるところに委したり。

第六章　町村ノ一部ノ事務

本章は、町村內の一部が、財産を有し、營造物を設けたるものあるとき、之に關する事務處辨の方法を定む。

第百二十四條　町村ノ一部ニシテ財産ヲ有シ又ハ營造物ヲ設ケタルモノアルトキハ其ノ財産又ハ營造物ノ管理及處分ニ付テハ本法中町村ノ財産又ハ營造物ニ關スル規定ニ依ル但シ法律勅令中別段ノ規定アル場合ハ此ノ限ニ在ラス

前項ノ財産又ハ營造物ニ關シ特ニ要スル費用ハ其ノ財産又ハ營造物ノ屬ス

ル町村ノ一部ノ負擔トス

前二項ノ場合ニ於テハ町村ノ一部ハ其ノ會計ヲ分別スヘシ

第一項　町村の一部卽一部落、一大字等にして、財産を有し又は營造物を設けたるものあるときは、之が管理及處分に付ては、本法中に設くる町村の財産又は營造物に關する規定に依るべきものとす。但し本法以外の法律又は勅令中別に規定あるものに付ては、各其法律勅令に依るべきものとす。例せば地方學事通則による學區に於ける學校基本財産又は積立金穀の管理處分の如し。

第二項　前項町村の一部に於て所有する財産又は營造物に關し、特に要する費用は、其の一部に於て負擔するものとす。例へば、町村の一部が山林を所有する場合に、山番を置き又は植林を爲すの費用は、之を一部の負擔とし、又一部に於て小學校を設置するときは、其の校費は、之を一部の負擔とするが如し。

第三項　前二項の如く、町村の一部が財産營造物を有し、之が費用を特に其一部に於て負擔する場合は、其一部に於ける會計を、町村の一般會計と區別すべきものとす。

〔參照〕　舊制第百十四條、第百十五條

行政判決例

○町村内ノ一部ニシテ特別ニ財産ヲ所有スル場合ハ本條ノ規定ニ依リ其町村長ニ於テ之カ管理ヲ爲

スヘキモノトス(二九、七、四)

○町村長ノ管理ニ屬スル財産ニ關シ人民總代ノ名義ヲ以テ爲シタル出願ハ無效也(三一、四、一二)

○法律上區總代ナル資格ヲ認メス(三二、三、二九)

適用例

○區會又ハ區總會ノ設ケナキトキ一部ノ所有ニ屬スル不動産ノ處分ハ無論町村會ノ議決ニ依リ町村長之ヲ處理スヘキモノトス

○部落有土地ノ貸付ヲ町村基本財産ノ處分ニ準シテ取扱フハ穩當ナラス

○町村內ノ一部ニシテ何々組ト稱スル小字ニ於テ所有スル不動産ノ權利ニ關スル登記ニ付テハ町村制第百十四條ニ依リ條例ヲ設ケ區會又ハ區總會ノ設ケアル場合ニ於テハ不動産登記法第三十條ニ依リ町村長ヨリ登記囑託ヲ爲スコトヲ得(司法省民刑局長回答)

解疑例

問 甲區所有原野ニ乙丙區ガ入會ヲ爲スニハ約定締結ノ必要ヲ生ズベシ其約定ハ區會ノ決議ニ依ルベキヤ又ハ他ノ方法ニ依ルベキヤ

答 區會アレバ區會區會ナキトキハ町村會ノ議決ヲ經ルヲ要ス

問 町村內一部一區ノ所有財産ニ關スル民事上ノ訴訟ヲ提起スルニ當リ區會又ハ區總會ノ設ケナキ

場合ハ町村會ガ代議シ得ルハ行政上一般ノ認ムル所ナルニ司法裁判ハ之ヲ認メズ必ズ區會若クハ區總會ノ議決ヲ要ストノ判例ナリトハ屢々之ヲ聞知スル所ナリ然ルニ昨年中トカ記臆スルカ大審院ニ於テハ從來ノ判決例ヲ改メ町村會ノ代議ヲ認メタルヤニ承知セリ果シテ然ルヤ

答　然リ從來ノ判決ヲ飜シ區會ノ設ケナキ場合ニハ町村會ノ決議ヲ以テ有效ト認メタリ（明治三十四年(オ)第四百四十五號同三十五年四月三十日判決）

第百二十五條　前條ノ財產又ハ營造物ニ關シ必要アリト認ムルトキハ郡長ハ町村會ノ意見ヲ徵シテ町村條例ヲ設定シ區會又ハ區總會ヲ設ケテ町村會ノ議決スヘキ事項ヲ議決セシムルコトヲ得

町村の一部にして、財產を有し又は營造物を設けたるものあるときは、町村有の財產又は營造物に關する規定により、之を管理し處分すべきことは、前條規定の如しと雖、若し町村の利害と町村の一部の利害と相反するが如き場合あるときは、町村會に於ける多數議員の勢力により、町村の一部の權利利益を害することなしとせず。故に郡長に於て必要と認むるときは、參考の爲め町村會の意見を徵したる上、町村條例を設定し、其規定に於て區會又は區總會を設け、其の財產又は營造物に付、町村會の議決すべき事項を議決せしむることを得るものとす。

〔參照〕 舊制第百十四條

行政判決例

○本條ハ區會條例發行ノ權ヲ特ニ郡參事會ニ付シタルマテニシテ該條例ハ卽チ其町村ノ區會條例ナレハ町村條例中ノ一種ニ屬ス故ニ第百二十五條ニ依リ內務大臣ノ許可ヲ受ケサルヲ得ス（二五、二、二六）

○區會ハ區有財產及營造物ニ關スル事務ノ爲メ設クルモノニシテ他ニ議決ノ權アルモノニアラサレハ區會ニ於テ御還幸奉迎費及犒軍費ニ關シ議決セシハ權限ヲ越エタルモノト云ハサルヲ得ス（二八、一〇、五）

○本條ハ町村內ノ一區ニ於テ特別ニ財產ヲ有シ營造物ヲ設クル場合ニ於テ區會ノ設置ヲ許シタル迄ニシテ之ヲ以テ區ハ町村ノ外ニ獨立シテ町村ト併立スル法人ナリト規定シタルモノニアラス（二九、五、二二）

○區會カ其區全體ノ利害ニ關スル堤防ノ修築費ヲ議決シ之ヲ同區內土地所有者ニ賦課シタルハ違法ニアラス（二九、一二、二八）

○小學校令第三十條（新小學校令第十一條）ノ區ノ意見ヲ聞クトノ規定ハ其區ニ區會ノ設ケナキ場合ニハ之ヲ適用セス（三三、七、一〇）

適用例

○區會設會ニ關スル注意

市町村ノ行政ハ可成統一スルヲ要ス故ニ其一部落ニ屬スル事務ト雖モ之カ爲別ニ機關ヲ設ケス總テ市町村會ニ委任スルハ固ヨリ妨ケナキノミナラス還テ之ヲ希望スル所ナリ而シテ市町村内ノ一部若シクハ町村制實施ノ際ニ於テ合併シタル町村即大字ニ在リテ現ニ特別ノ財産等ヲ所有スルトキハ其財産ニ對シテ其權利ヲ傷害ス可カラス又舊來ノ慣行ヲ慕フノ民情ニ背馳スルノ得策ナラサルハ論ヲ俟タス是レ市制第百十三條町村制第百十四條ノ規定アル所以ナリ故ニ實際ニ於テ特別ニ部落財産等ヲ處理スルノ必要アルトキハ區會ヲ設置スルハ法律ノ精神ニ適合スヘシ然レトモ其適合ハ府縣參事會郡參事會ノ權限ヲ以テ宜ク區別スヘキニ付監督上最モ注意セサル可カラス往々地方ニ依リテハ區會ヲ設クルノ條例ヲ稟請スルモノ實ニ多キニ過クルノ感アリ右ハ畢竟法律ノ禁スル所ニアラサルモ徒ラニ事務ノ煩雜ト負擔ノ增加ヲ來ス弊ナシトセス加之間接ニ全町村ノ自治力ヲ薄弱ナラシムルノ結果ナキヲ保シ難シ依テ實際ニ就キ篤ト利害得失ヲ究メ全市町村ト其各部落トノ利害互ニ相牴觸シ全市町村會ニ委任スルヲ得サル財産等ニ限リ區會ヲ設クルモノトシ現ニ之ヲ避ケ得ヘキ限リハ之ヲ避ケ既ニ區會ヲ設ケタル向ト雖モ全市町村ノ統一ヲ維持スル樣厚ク注意ヲ要ス

○區有財産處分ニ關シ區會若クハ區總會ノ設ケナキ場合ニ於テハ町村會ノ議決ヲ經處分スヘキハ當然ノ義トス

○小學校令ニ依レハ市町村ハ其區ヲシテ幼稚園ヲ設置セシムルヲ得レトモ區ハ自ラ議決ヲ爲スヲ得ス市町村會ニ於テ區ニ幼稚園設置ノ議決ヲ爲シ府縣知事ノ許可ヲ得サルヘカラス尤モ豫メ其區有財産ヲ以テ之カ費用ニ充ツルノ議決ヲ爲スハ財産處分ニ屬スルヲ以テ其權限內ニ屬スルハ勿論ナリ而シテ幼稚園設置ノ許可ヲ得ルモ直ニ區會ヲシテ其事務ヲ議セシムルヲ得サルカ故ニ區會條例中更ニ其權限ヲ追加セサルヘカラス

○一部所有ノ財産ニ係ル訴訟和解ヲ區會町村會ノ議決ニ依リ町村長之ヲ執行スルニ當リ其費用並吏員ノ旅費日當及實費辨償ハ別途支出トシテ其部落ノ負擔ニ屬スルモノトス

○區會區總會ハ其區ニ於ケル戸數割賦課ノ等級ヲ定ムルカ如キ目的外ノ事項ヲ議セシムルコトヲ得ス

○合併セシ舊町村ニシテ負債償却ニ至ラサルモノアリ町村會ニ於テ議決スルヲ得サルトキハ本條ニ依リ區會ヲ設クルモノトス

○區會議員ノ選擧ハ條例ノ規定ニ依リ等級ヲ別タサルコトヲ得

○區會ノ議決ヲ以テ賦課スル區費ハ町村税トシテ賦課徵收スヘキモノトス

○市制第百十三條町村制第百十四條ニ依リ設クル區會ノ議長ハ市制第三十七條町村制第三十九條ノ例ニ準シ市ニ於テハ毎暦年ノ初一週年ヲ限リ區會之ヲ互選シ町村ニ於テハ町村長之ニ任スヘキモノトス

○條例ニ規定セラルヘキ事項ニ就テハ市町村ノ意見ヲ徴スヘキモノトス

○區會ノ設ケアル區有ノ土地物件ニ對シ使用料加入金徴收ニ關スル條例ハ區會ニ於テ議決セシムルヲ可トス

○若シ區會設置ノ必要アリト認ムル時ハ毎區ニ屬スル營造物及財産明細書等ヲ差出サセ而シテ該財産明細書中學校敷地ノ目等記載アル場合ニ於テハ學區ニ屬スルモノニアラサルカノ點取調ヲ要ス

○又共有財産アルトキハ如何ナル目的ヲ以テ區ニ屬スルヤ或ハ殖利ノ目的ニ出ツルトスルモ其利子ハ何等ノ費途ニ供スルモノナルヤヲ取調尙財産ノ管理ニツキ從來ノ慣行アラハ是又詳細取調ヲナサヽル可カラス

○區ハ其所有財産ヨリ所屬市町村ノ役場又ハ役場ノ費用若クハ其區ノ公益ニ關スル府縣ノ土木費ニ向テ寄附ヲ爲スコトヲ得

○區會又ハ區總會ノ設置ナキ場合ニ於テ一部所有ニ屬スル不動産ノ處分ハ無論町村會ノ議決ニ依リ町村長之ヲ處理ス可キモノトス

○元來區會ナルモノハ町村內ノ部落有財產營造物ニ關スル事務ニ付設置スルモノニシテ起債ニ關シテハ市町村制中何等ノ明文ナキヲ以テ區ハ起債ノ權能ヲ有セス從テ區會ハ起債事項ヲ議決スルコトヲ得ス

○區ノ事業ニ關シ起債ヲ必要ト爲ス場合ハ市町村會ノ議決ニ依リ市町村債トシテ之ヲ起シ其償還ハ該區ヲシテ負擔セシムルコトヲ得

○區ハ一時借入金ヲ爲スノ機能ヲモ有セス然レトモ町村ニ於テ借入レ之ヲ區ノ歲入ニ移スハ差支ナシ又之ヲ移ス豫算上ノ手續ハ町村ノ歲出ハ雜支出中ニ於テ「何區費ヘ支出」區ノ歲入ハ雜收入中ニ於テ「村費ヨリ受入」ト云フカ如キ科目ヲ設ケ附記ニ其目的タル事業ヲ記載整理スヘキモノトス

○地方學事通則第三條ハ區ニ對シ起債又ハ一時借入金ヲ爲スノ權能ヲ附與シタル規定ニアラス

○小學校敎育事務ノ爲メ設置シタル區會ニ於テ實業補習學校設置ニ關スル事項ヲ議決スルコトヲ得ス但實業學校令第五條及市町村制第九十九條第二項ニ依リ市町村會ノ議決ヲ經市町村ニ於テ實業補習學校ヲ設置シ之ヲ市町村內一部ノ專用ニ供スルハ差支ナシ

○町カ市ト爲リタル場合ニ於テハ區會ニ關スル條例ハ消滅セス故ニ區會議員ハ其儘繼續ス可キモノトス

○市町村內ノ區又ハ部落ニシテ特別ニ財產ヲ所有シ又ハ營造物ニ關スル事務アルトキハ若シ是等ノ

區ヲ公法人視スルトキハ其區又ハ部落限リニテ書記又ハ雇員ヲ置キ諸般ノ事務ヲ取扱ハシムルモ一見或ハ可ナルカ如シト雖モ固ト是等ノ事務ハ畢竟市町村ノ行政事務ナルカ故ニ市町村ノ吏員ニ於テ當然之ヲ取扱ハサルヘカラス

解疑例

問　町村ノ一部落ノ財產ヲ借受ケ使用セントスルニ區會ノ設置ナキニヨリ其區民トノ契約ヲ以テ借入ルヽコトヲ得ルヤ又ハ區有財產ハ町村長ノ管理ニ屬スルモノナルヲ以テ區會ノ設置ナキ限リハ村會ノ決議ニ依リテ借受ケ契約ヲ爲サヾルモ有效ナリヤ

答　部落民ノ共有財產ニ非ラズシテ全ク區有財產ナルトキハ區會ノ決議ニ依リ之ヲ借受クルコトヲ得ベシト雖モ區會ノ設置ナキ場合ハ町村會ハ當然區會ニ代リ之ヲ決議スルコトヲ得ルカ故ニ其決議ニ依リ之ヲ借受クルコトヲ得

問　町村制第百十四條ニヨリ設置スル區會ヲ召集スルハ村長ニシテ議長ハ村長ト信ズレドモ或論者ハ第六十四條ノ區長ニテ召集シ且議長トナリテ差支ナキ旨論スル者アリ孰レヲ正當トスベキヤ

答　區長ハ町村長管掌事務ノ一部ヲ補助スル所謂補助機關タルニ過ギザルヲ以テ區會ヲ召集シ且之レカ議長タルベキモノハ當然町村長ナリトス

問　某町甲部落ガ其附近ニ在ル山林及原野ヲ明治十一年乙某ヨリ買受ケ之ヲ該部落民ノ共有トシテ

總代人ヲ立テ地租及諸稅ヲ負擔シ且ツ山林ニハ松苗ヲ植付ケ原野ニハ柴秣等ヲ生ゼシメテ每年之ヲ入札拂ト爲シ其代價ヲ山林原野ノ維持費ニ充テ持續シ來リタルモノアリ然ルニ明治三十六年其町會ニ於テ右山林及原野ヲ凡テ町有財產ニ編入スベキ旨ノ議決ヲ爲シタリ因テ該部落民ハ共同シテ郡參事會ニ對シ町會ノ議決取消ノ訴願ヲ爲シタリ然ルニ郡參事會ハ訴願ヲ許サレザルモノトシ之ヲ却下セリ右町會ノ議決及郡參事會ノ訴願却下ハ正當ナリヤ

答　本問ノ土地ガ町ノ一部タル部落ノ所有ナルヤ將タ部落ニ住スル各個人ノ共有ナルヤハ事實上ノ問題ニシテ本案ヲ解決スルニ重要ナル關係アルモノトス若シ町ノ一部タル部落所有ナリトセバ其部落ハ所有財產ニ關シテハ一個人ト同樣權利義務ヲ有スルモノナルガ故ニ町ト利害相反スル本問ノ如キ場合ニハ先ヅ區會ヲ設ケ然ル後區會ノ決議ニヨリ町ニ對シ所有權確認ノ訴ヲ司法裁判所ニ提起スベク若シ又住民各個人ノ共有ナリトセバ其共有者ヨリ町ヲ相手トシ民事訟訴ヲ提起スルコトヲ得ベシ

又本問町會ノ議決ニ對シテハ其當否ニ拘ハラズ郡參事會ニ對シテ訴願ヲ爲シ得ルモノニアラズ

問　部落ノ不動產ヲ賣買登記セントスルニ登記官吏ハ登記法ノ命ズル所部落區總會決定書ノ添付ヲ要求スルモ本村ニ於テハ區會ノ設置ナキヲ以テ區會ニ代ルニ町村會ヲ以テスルモ差支ナシト云ヘリ町村制ノ上ヨリ觀察セバ區會ノ設置ナキヲ理由トシ町村會カ代ハルベキ明文ナシト思考ス如何

答　區有財產ノ處分ニ關シ其意思ヲ表示スベキ區會ノ設置ナキ場合ハ町村會ノ議決ヲ以テ其ノ意思ヲ表示スベキモノトス是レ町村制第百十五條ノ趣旨ヨリ推測スルヲ得ベキナリ但シ區ト町村ト利害相反スル場合ハ此限ニアラズ

第百二十六條　區會議員ハ町村ノ名譽職トス其ノ定數、任期、選擧權及被選擧權ニ關スル事項ハ前條ノ町村條例中ニ之ヲ規定スヘシ區總會ノ組織ニ關スル事項ニ付亦同シ

區會議員ノ選擧ニ付テハ町村會議員ニ關スル規定ヲ準用ス但シ選擧人名簿又ハ選擧若ハ當選ノ效力ニ關スル異議ノ決定及被選擧權ノ有無ノ決定ハ町村會ニ於テ之ヲ爲スヘシ

區會又ハ區總會ニ關シテハ町村會ニ關スル規定ヲ準用ス

第一項　區會議員は、町村會議員と等しく町村の名譽職とす。其の定數、任期、選擧權及被選擧權に關する事項は、前條により設くる町村條例中に規定すべきものとす。故に選擧權被選擧權の如きも、町村會議員選擧の例に依るを要せず。實際の事情に照し適宜に定むることを得るものとす。區總會の組織に關しても、同樣右の町村條例を以て規定すべきものとす。

茲に注意すべきは、區會議員は本項の規定により町村の名譽職なりと雖、其選擧權被選擧權は、郡長の定むる町村條例によるべく、從て公民に非ずして區會議員の被選擧權を有し、當選する場合なしとせず。斯る場合に區會議員たることを拒辭するものあらば如何。之に第八條の制裁を加ふる餘地なきは勿論、條例中制裁を設くることも、本法に於て認許するの規定なきを以て、爲し得べからざる所にして、結局何等制裁を加ふる能はざるものと云はざるべからず。之に反し若し其拒辭者が町村公民なるときは、第八條の適用を爲し得べく、等しく區會議員の被選擧權を有する當選者にして、一は公民たるが故に拒辭に對する制裁を受け、一は公民たらざるが故に拒辭に付自由なりと云ふは、聊奇異の感なきに非ずと雖、解釋上洵に已むを得ざるなり。

第二項　區會議員の選擧の手續に付ては、町村會議員の選擧に關する規定を準用すべきものとす。但し選擧人名簿又は選擧若は當選の效力に關する異議の決定及被選擧權の有無の決定は、町村會に於て之を爲すべきものとす。此但書を置けるは、本項準用の結果右等決定も區會に於て爲すべきものと解せらるゝ虞あるを以て特に規定して之を明かにせるなり。

第三項　區會又は區總會の招集、會議、議決の方法等は凡て町村會の例によるべきものとす。

第百二十七條　第百二十四條ノ場合ニ於テ町村ノ一部郡長ノ處分ニ不服アルトキハ府縣知事ニ訴願スルコトヲ得

第百二十四條の場合に於ける郡長の處分とは、同條規定の結果、一部有財産、營造物管理處分に付、郡長の許可を求めたる時、之に對する郡長の處分を云ふものなるべし。此處分に對し町村の其一部が不服なるときは、府縣知事に訴願するを得るものとす。而して其訴願の裁決に對し更に訴願を爲し得べきの規定なきを以て、此場合に於ては府縣知事は最終の決定權を有するものと云はざるべからず。然るに、町村有の財産營造物の管理處分に付ての許可申請に對する郡長の處分に關しては、第百三十八條により、內務大臣に最終の決定權を與へ、茲に一部有の財産營造物と町村有の財産營造物との間に輕重の區別を設けたるは、偏に外形に拘はり其實質の如何を省みざるものに非ざるか。

第百二十八條　第百二十四條ノ町村ノ一部ノ事務ニ關シテハ本法ニ規定スルモノノ外勅令ヲ以テ之ヲ定ム

町村の一部所有の財産營造物に關する事務に付ては、本法に於て其の大體を規定し、其他は勅令を以て規定すべきものとせり。

第七章　町村組合

町村の地形により或公共事務を他市町村と共同して處理するを著しく便宜とすることあるは勿論、時としては、共同處理するに非ざれば、充分目的を達する能はざるが如き場合なしとせず。例せば水利事務、水害豫防事務の如し。又町村の財政其他の情況により、事務の或部分、時としては其全部を共同處理するを以て便利にして且必要なりとすることあり。是等の情況に適合する仕組は卽市町村の組合なりとす。本章は卽町村のみの組合に付て規定し、市と町村との組合に付ては、市制中に規定せり。是固より適用上妨げなしと雖、本法中に町村と市との組合に付、市制の規定に依るべき旨の引用規定すら存せざるは、法文の體を得たるものと云ふべからざるなり。

第百二十九條　町村ハ其ノ事務ノ一部ヲ共同處理スル爲其ノ協議ニ依リ府縣知事ノ許可ヲ得テ町村組合ヲ設クルコトヲ得此ノ場合ニ於テ組合內各町村ノ町村會又ハ町村吏員ノ職務ニ屬スル事項ナキニ至リタルトキハ其ノ町村會又ハ町村吏員ハ組合成立ト同時ニ消滅ス

町村ハ特別ノ必要アル場合ニ於テハ其ノ協議ニ依リ府縣知事ノ許可ヲ得テ其ノ事務ノ全部ヲ共同處理スル爲町村組合ヲ設クルコトヲ得此ノ場合ニ於テハ組合內各町村ノ町村會及町村吏員ハ組合成立ト同時ニ消滅ス

公益上必要アル場合ニ於テハ府縣知事ハ關係アル町村會ノ意見ヲ徵シ府縣

参事會ノ議決ヲ經內務大臣ノ許可ヲ得テ前二項ノ町村組合ヲ設クルコトヲ得

町村組合ハ法人トス

町村組合には、其の事務の一部を共同處理する爲に設くるものと、其の事務の全部を共同處理する爲に設くるものとの二種あり。

第一項　町村は、其の事務の一部を共同處理するを便宜とするときは、其の協議に依り府縣知事の許可を得て町村組合を設くることを得るものとす。例へば衛生事務の爲にする組合を設け、又は敎育事務の爲めにする組合を設くるが如し。此の場合に於て町村吏員の職務に屬する事項なきに至りたるとき、例へば衛生事務に關し町村組合を設けて、組合內各町村の衛生委員の職務なきに至りたる場合の如きは、衛生委員の職務は、組合成立と同時に消滅するものとす。又町村會の職務なきに至りたるときは、その町村會も、組合成立と同時に消滅するものとす。一部事務の爲にする組合成立して、町村會の職務なきに至るは、稀有の場合なるべしと雖も、町村事務の大部分を共同處理するが爲め、町村會の職務なきに至ることも、固より想像し得べき所なり。

第二項　町村は特別の必要ある場合に於ては、其の協議に依り、府縣知事の許可を得て、其の事務の全部を共同處理する爲、町村組合を設くることを得るものとす。此の場合に於ては、組合內各町村の町村會及町村吏員は共に組合成立と同時に消滅するものとせり。

茲に注意すべきは組合內の町村にして、財産營造物を所有し之に關する事務を其町村に保留するときは、其町村に於ては全部事務の組合に非ずして一部事務の組合たるに止まること是なり。

又組合は一部事務の爲めにすると全部事務の爲めにするとを問はず、協議を以てするを普通とすること、前項及本項の規定により明かなるが、其協議の方法は如何にすべきやと云ふに、通常先づ組合を組織せんとする各町村會に於て、協議を爲すべきことを議決し、之を町村長に一任するか、又は協議委員を設くべし。而して是等委託を受けたるもの相會合協商して、組合規約其他附隨の事項を協議決定し、更に之を各町村會の議に附し、各町村會に於て全部可決するに至りて、協議全く成立するものとす。

●第三項● 前二項は町村の協議により組合を設くる場合なるも、時としては組合を設くることが公益上必要なるに拘はらず、町村間の協議を以て成立せざることあり。斯る場合に於て、府縣知事は、關係ある町村會の意見を徴し、府縣參事會の議決を經、內務大臣の許可を得て、前二項の町村組合卽一部又は全部の事務の爲めの町村組合を設くることを得るものとす。

●第四項● 第四項は町村組合の人格を認む法人の何たるやに付ては第一條を見るべし。

尙町村組合は數郡數府縣に跨がることを得べきや否や、本法中何等の制限を設けざるのみならず實際上所屬を異にする町村が、組合を設くるの必要を見るは稀ならざるべきを以て、斯る組合を設くるを得べきものと解するを相當とす。

《參照》　舊制第百十六條

行政判決例

○町村組合ノ事務モ町村ト等シク必ス公共ノ事務ナラサルヘカラス（二八、六、二八）

○用水事業ヲ共同處辨スル爲メ町村ヲ基礎トシテ設立セラレタル町村組合ハ其規定ニ依リ組合會ノ決議ヲ以テ灌漑反別ヲ增加シ得ルモノトス（三七、七、九）

適用例

○町村組合ニシテ組合會ヲ設ケ其町村一切ノ事務ヲ共同處理スル者ハ一町村ト見做スヘキ者トス

○本條ノ協議ハ町村會ノ議決ヲ經ルコトヲ要スルモノニシテ協議委員又ハ町村長ニ之カ全權ヲ委任スルコトヲ得ス

○各町村一部事務ノ爲メ其全部町村ヲ以テ組合ヲ設クルハ妨ケナキモ各其一部ヲ以テ組合ヲ設クルハ然ルヘカラス

○一部事務ノ爲メ町村全部ノ組合ヲ設クル場合ニ於テ議員ノ選出及費用ノ賦課ハ其關係區域ニ止ム

ルカ如キ組合ノ協議ヲ以テ之ヲ規定スルハ妨ケナシ

○本條第二項ニ據ル組合ト雖其事務ノ管理方法等ハ關係町村ノ協議ヲ以テ定ムヘキモノナレハ組合ニハ一ノ町村長ヲ置クニ止マラス組合ノ便宜ニ依リ別ニ組合内ノ各町村ニ町村長ヲ置クモ差支ナキハ勿論ナルモ組合事務管理上必要ナキニモ拘ラス各町村ニ町村長其他ノ吏員ヲ置クカ如キハ制度ノ精神ニ非ス

○郡ノ廢置アルモ組合ハ依然存續ス

○土木及敎育事務ヲ共同處辨スル爲メ組合ヲ設クルハ妨ケナキモ其敎育事務ニシテ高等小學校設置ノ目的ナルトキハ小學校令規定ノ手續ヲ履行スルヲ要ス

○舊慣ニ依ル漁業事務ノ爲メ組合ヲ設クルハ妨ナシ

○町村組合ヲ設クルニ方リ甲村長ヲ組合長トシ乙村長ヲ組合助役トシ及甲村ノ收入役ヲ組合ノ收入役トスルモ組合規定ノ定ムルモノトス

解疑例

問 數村組合ヲ以テ高等小學校ヲ設置シタルニ村稅未納ヲ口實トシテ其負擔費ヲ送付セス管理者ハ實際支出ニ差支ヲ生セル場合ニハ監督官廳ニ其事由ヲ具申シ指揮ヲ請フベキヤ又ハ民事裁判ヘ出訴スベキヤ

答　學校組合ハ公法上ノ規定ニ依リテ成立セルモノニシテ私法上ノ組合ニアラズ故ニ其組合費ノ送付ヲ爲サザルモ之ヲ民事上ノ訴訟トシテ請求スベキ者ニ非ズ若シ數度督促スルモ之ニ應ゼザルトキハ監督官廳ニ具申シテ之ガ監督ノ作用ニ訴フベシ

問　公衆衞生ノ爲メ數町村ノ協議ヲ遂ゲ則チ町村制第百十六條同第百十七條ニヨリ郡長ノ認可ヲ得組合會議ノ組織事務ノ管理並ニ費用支辨ノ方法ハ勿論關係町村ノ分擔方法等必要ノ事項ヲ規定シテ一ノ病院ヲ設立セリ而シテ組合會議員ハ關係各町村會議員ノ互選ヲ以テ選出ス又聯合町村長管理者トナリ院務ヲ處辨シツツアルモ左ノ件ニ付キ疑團ヲ生ゼリ

一　前掲ノ如ク組織シタル病院ハ關係町村ニ於テ衞生事務ヲ共同處理スルタメ設ケタル公共團體ナルヲ以テ其名稱ノ如何ニ拘ラス公法人ト見做シ病院又ハ管理者ノ名義ノ下ニ行動スルモ法律上一個人ト均シク權利ヲ有シ義務ヲ負フコトヲ得ベキヤ

二　假令數町村ノ協議ニヨリ成立シタルモノトスルモ水利土工及敎育事務トハ其趣ヲ異ニシ單ニ衞生ノ一部ニ屬スルモノナレバ町村行政事務トハ同一視スベカラズ然レバ民法上ニ於テ登記ヲ經ルニアラザレバ法人ト公認シ難ク隨テ病院名義ハ勿論管理者ト雖院ヲ代表シ爲シタル行爲ニシテ權利義務ニ關スル事件ハ法律上何等效力ヲ有セザルモノナルヤ

答　衞生行政ノ目的ヲ達スル爲メ町村制ノ規定ニ基キ數町村ノ協議ヲ以テ組織シタル町村組合ハ公

共同體ニシテ權利義務ノ主體ナリ然レドモ之ニ屬スル病院ハ組合ノ營造物タルニ止マリ人格ヲ有スルモノニアラズ

第百三十條　前條第一項ノ町村組合ニシテ其ノ組合町村ノ數ヲ增減シ又ハ共同事務ノ變更ヲ爲サムトスルトキハ關係町村ノ協議ニ依リ府縣知事ノ許可ヲ受クヘシ

前條第二項ノ町村組合ニシテ其ノ組合町村ノ數ヲ減少セムトスルトキハ組合會ノ議決ニ依リ其ノ組合町村ノ數ヲ增加セムトスルトキハ其ノ町村組合ト新ニ加ハラムトスル町村トノ協議ニ依リ府縣知事ノ許可ヲ受クヘシ

公益上必要アル場合ニ於テハ府縣知事ハ關係アル町村會又ハ組合會ノ意見ヲ徵シ府縣參事會ノ議決ヲ經内務大臣ノ許可ヲ得テ組合町村ノ數ヲ增減シ又ハ一部事務ノ爲設クル組合ノ共同事務ノ變更ヲ爲スコトヲ得

本條は、組合町村數を增減し又は一部事務の組合に於ける共同事務を變更する方法を規定せり。全部事務の組合を變じて一部事務の組合とし、又は一部事務の組合を變じて全部事務の組合とする方法に付ては、本條は何等規定する所あらざるなり。

第百三十一條　町村組合ヲ設クルトキハ關係町村ノ協議ニ依リ組合規約ヲ定メ府縣知事ノ許可ヲ受クヘシ

組合規約ヲ變更セムトスルトキハ一部事務ノ爲ニ設クル組合ニ在リテハ關係町村ノ協議ニ依リ全部事務ノ爲ニ設クル組合ニ在リテハ組合會ノ議決ヲ經府縣知事ノ許可ヲ受クヘシ

公益上必要アル場合ニ於テハ府縣知事ハ關係アル町村會又ハ組合會ノ意見ヲ徴シ府縣參事會ノ議決ヲ經內務大臣ノ許可ヲ得テ組合規約ヲ定メ又ハ變更スルコトヲ得

第一項は組合規約を設くる方法を定めたるものなるが、組合を設くるは規約を定むるによりて爲すべきものたるは云ふを竢たざるを以て、第百二十九條と共に規定せずして、恰も第百二十九條により協議の上府縣知事の許可を得て組合を設け、尙其上に本條により組合規約を設け、別に府縣知事の許可を受くるものヽ如く規定せるは、頗る重複亂雜にして、偶々人をして解釋に惑はしむるものなり。

第二項に規定する組合規約の變更も、結局共同事務の變更となるべきを以て、第百三十條第一項と合併規定せらるべかりしなり。只後段の全部事務の組合に於て組合會の決議により規約を變更すると云ふは、他の條文に見ざる所なるが、結局此規約の變更により、全部事務の組合を變じて一部事務の組合とし、一部事務の組合を變じて全部事務の組合と爲し得べきや、法文上頗る疑はしと雖、何等之を禁ずべき理由なきを以て、斯る變更をも爲し得べきものと解するを穩當なりと信ず。

又一部事務の組合に於ける規約變更を關係町村の協議に依ることゝせるが、組合町村中第百二十九條第一項により町村會消滅して存在せざるものあるときは如何にすべきや、此規約變更と云ふ臨時の事件の爲め、町村會組織の手續を爲さざるべからざることとなるべし、若し亦斯る臨時の事務をも、當初より町村會の事務として存すと云はゞ、第百二十九條第一項により町村會消滅すべき場合なかるべし。是等は到底解釋を以て補ふ能はざる法の陷缺なりと云はざるべからず。

第百三十二條　組合規約ニハ組合ノ名稱、組合ヲ組織スル町村、組合ノ共同事務及組合役場ノ位置ヲ定ムヘシ

一部事務ノ爲ニ設クル組合ノ組合規約ニハ前項ノ外組合會ノ組織及組合會議員ノ選擧、組合吏員ノ組織及選任並組合費用ノ支辨方法ニ付規定ヲ設クヘシ

本條は、組合規約に規定すべき必要事項を示せり。而して第二項に於ては特に一部事務の組合に於てのみ規定すべき事項を示せるは、全部事務の組合に於ては町村に關する規定を準用するの趣旨なればなり。(第百三十六條參照)

《參照》　舊制第百十七條

適　用　例

○組合規約トハ二個以上ノ町村カ或ル事務ヲ共同處理スル爲メ其協議ヲ以テ規定ス可キモノヲ云フ

○組合ニ一町村長ヲ置キタルトキハ其名稱ハ町村長ノ上ニ組合ノ二字ヲ冠スヘキモノトス

○常設委員ノ職務權限有給吏員ノ退隱料等ニ關シ組合條例ヲ設クルヲ得

○町村組合ノ設置ハ町村長限リノ協議ヲ以テ之ヲ設定スヘキモノニ非ス必ス町村會ノ決議ヲ經テ其設定ヲ協議スヘキモノトス

第百三十三條　町村組合ヲ解カムトスルトキハ一部事務ノ爲ニ設クル組合ニ於テハ關係町村ノ協議ニ依リ全部事務ノ爲ニ設クル組合ニ於テハ組合會ノ議決ニ依リ府縣知事ノ許可ヲ受クヘシ

公益上必要アル場合ニ於テハ府縣知事ハ關係アル町村會又ハ組合會ノ意見

ヲ徴シ府縣參事會ノ議決ヲ經內務大臣ノ許可ヲ得テ町村組合ヲ解クコトヲ得

本條は、町村組合を解く方法を定む。

第二項の適用は、組合の成立が、協議によりたると知事の職權に出でたると又全部事務の組合なると一部事務の組合たるとを問はざるなり。但府縣知事は一部事務の組合なるときは關係各町村會全部事務の組合なるときは組合會の意見を徵すべきなり。

第百三十四條　第百三十條第一項第二項及前條第一項ノ場合ニ於テ財產ノ處分ニ關スル事項ハ關係町村ノ協議、關係町村ト組合トノ協議又ハ組合會ノ議決ニ依リ府縣知事ノ許可ヲ受クヘシ

第百三十條第三項及前條第二項ノ場合ニ於テ財產ノ處分ニ關スル事項ハ關係アル町村會又ハ組合會ノ意見ヲ徵シ府縣參事會ノ議決ヲ經內務大臣ノ許可ヲ得テ府縣知事之ヲ定ム

第一項　第百三十條第一項は、一部事務の爲に設けたる組合に於て、組合町村の數を增減し、又は共同事務の變更を爲す場合なり。此の場合に於ける財產の處分に關する事項は、關係町村の協議に依り、

府縣知事の許可を受くべきものとす。

第百三十條第二項は、全部事務の爲に設けたる場合に於て、其の組合町村の數を增減する場合なり。此の場合に於ける財產の處分に關する事項は、增加の場合には、新加入町村と組合との協議に依り、減少の場合には組合と脫退町村との協議により府縣知事の許可を受くべきものとす。又前條第一項は町村組合を解かんとする場合にして、此の場合に於ける財產の處分は、一部事務の組合なるときは關係町村の協議、全部事務の組合なるときは組合會の議決に依り、府縣知事の許可を受くべきものとす。第二項　第百三十條第三項は、府縣知事の職權に依り組合町村の數を增減し、又は一部事務の爲設くる組合の共同事務を變更するの場合にして、前條第二項は、府縣知事の職權に依り組合を解く規定なり。此の場合に於ける財產の處分に關する事項は、府縣知事に於て、組合を解く手續と同樣、關係町村會又は組合會の意見を徵し、府縣參事會の議決を經內務大臣の許可を受けて定むべきものとす。

第百三十五條　第百二十九條第一項及第二項第百三十條第一項及第二項第百三十一條第一項及第二項第百三十三條第一項竝前條第一項ノ規定ニ依ル府縣知事ノ處分ニ不服アル町村又ハ町村組合ハ內務大臣ニ訴願スルコトヲ得

組合費ノ分賦ニ關シ違法又ハ錯誤アリト認ムル町村ハ其ノ告知アリタル日

ヨリ三月以內ニ組合ノ管理者ニ異議ノ申立ヲ爲スコトヲ得

前項ノ異議ハ之ヲ組合會ノ決定ニ付スヘシ其ノ決定ニ不服アル町村ハ府縣參事會ニ訴願シ其ノ裁決又ハ第四項ノ裁決ニ不服アルトキハ行政裁判所ニ出訴スルコトヲ得

前項ノ決定及裁決ニ付テハ組合ノ管理者ヨリモ訴願又ハ訴訟ヲ提起スルコトヲ得

前二項ノ裁決ニ付テハ府縣知事ヨリモ訴訟ヲ提起スルコトヲ得

本條は、町村組合に關する知事の處分、組合費の分賦に對し訴願訴訟の途を開けり。第二項は一部事務の組合に於ける場合なり。全部事務の組合なるときは組合町村費は直接に各個人より取立て、町村に分賦することなく、且其執行機關の首長たるものは、普通に組合町村長と稱し、一部事務の組合に於ける如く管理者と云はざるなり。

第百三十六條　町村組合ニ關シテハ法律勅令中別段ノ規定アル場合ヲ除クノ外町村ニ關スル規定ヲ準用ス

町村組合に關しては。前數條に規定する所にして、其の他法律勅令中に於て、別段の規定あるは格別、規定なき部分に付ては、凡て町村に關する規定を準用すべきものとす。故に全部事務の組合の如き、殆んど一町村と同一の觀を呈すべきなり。

附　記

市と町村との組合に關しては、市制第八章の規定に依るべきを以て、左に其條文を掲ぐ。

市制第八章　市町村組合

第百四十九條　市町村ハ其ノ事務ノ一部ヲ共同處理スル爲其ノ協議ニ依リ府縣知事ノ許可ヲ得テ市町村組合ヲ設クルコトヲ得

公益上必要アル場合ニ於テハ府縣知事ハ關係アル市町村會ノ意見ヲ徵シ府縣參事會ノ議決ヲ經內務大臣ノ許可ヲ得テ前項ノ市町村組合ヲ設クルコトヲ得

市町村組合ハ法人トス

第百五十條　市町村組合ニシテ其ノ組合ノ數ヲ增減シ又ハ共同事務ノ變更ヲ爲サムトスルトキハ關係市町村ノ協議ニ依リ府縣知事ノ許可ヲ受クヘシ

公益上必要アル場合ニ於テハ府縣知事ハ關係アル市町村ノ意見ヲ徵シ府縣參事會ノ議決ヲ經內務大臣ノ許可ヲ得テ組合市町村ノ數ヲ增減シ又ハ共同事務ノ變更ヲ爲スコトヲ得

第百五十一條　市町村組合ヲ設クルトキハ關係市町村ノ協議ニ依リ組合規約ヲ定メ府縣知事ノ許可

ヲ受クヘシ組合規約ヲ變更セントスルトキ亦同シ
公益上必要アル場合ニ於テハ府縣知事ハ關係アル市町村會ノ意見ヲ徵シ府縣參事會ノ議決ヲ經內務大臣ノ許可ヲ得テ組合規約ヲ定メ又ハ變更スルコトヲ得

第百五十二條　組合規約ニハ組合ノ名稱、組合ヲ組織スル市町村、組合ノ共同事務、組合役場ノ位置、組合會ノ組織及組合會議員ノ選擧、組合吏員ノ組織及選任並組合費用ノ支辨方法ニ付規定ヲ設クヘシ

第百五十三條　市町村組合ヲ解カムトスルトキハ關係市町村ノ協議ニ依リ府縣知事ノ許可ヲ受クヘシ
公益上必要アル場合ニ於テハ府縣知事ハ關係アル市町村會ノ意見ヲ徵シ府縣參事會ノ議決ヲ經內務大臣ノ許可ヲ得テ市町村組合ヲ解クコトヲ得

第百五十四條　第百五十條第一項及前條第一項ノ場合ニ於テ財產ノ處分ニ關スル事項ハ關係市町村ノ協議ニ依リ府縣知事ノ許可ヲ受クヘシ

第百五十條第二項及前條第二項ノ場合ニ於テ財產ノ處分ニ關スル事項ハ關係アル市町村ノ意見ヲ徵シ府縣參事會ノ議決ヲ經內務大臣ノ許可ヲ得テ府縣知事之ヲ定ム

第百五十五條　第百四十九條第一項第百五十條第一項第百五十一條第一項第百五十三條第一項及前條第一項ノ規定ニ依ル府縣知事ノ處分ニ不服アル市町村又ハ市町村組合ハ內務大臣ニ訴願スルコル

トヲ得

組合費ノ分賦ニ關シ違法又ハ錯誤アリト認ムル市町村ハ其ノ告知アリタル日ヨリ三月以内ニ組合ノ管理者ニ異議ノ申立ヲ爲スコトヲ得

前項ノ異議ハ之ヲ組合會ノ決定ニ付スヘシ其ノ決定ニ不服アル市町村ハ府縣參事會ニ訴願シ其ノ裁決又ハ第四項ノ裁決ニ不服アルトキハ行政裁判所ニ出訴スルコトヲ得

前項ノ決定及裁決ニ付テハ組合ノ管理者ヨリモ訴願又ハ訴訟ヲ提起スルヨトヲ得

前二項ノ裁決ニ付テハ府縣知事ヨリモ訴訟ヲ提起スルコトヲ得

第百五十六條　市町村組合ニ關シテハ法律勅令中別段ノ規定アル場合ヲ除クノ外市ニ關スル規定ヲ準用ス

第八章　町村ノ監督

町村の行政も、國の行政の一部に外ならざるのみならず、其振否は直接に人民の福利國家の發達に關する所至大なるを以て、國家は一定の順序方法によりて之を監督し、以て自治制に依り期待する效果を收めざるべからず。從て上來規定する所に於ても、特定の場合に於ける監督方法を示すもの少からず、本章は尙一般的に規定を設けて、監督の方法と其手續とに於て遺漏なきを期せり。

抑監督の事たる周到なる用意を以て適當にするを要す。若し其度を超ゆれば干渉となり、及ばざれば粗漫に陷る。共に其實績を擧ぐる所以に非ず。職に監督の任に在る者、深く其權限の在る所を辨へ、其措置を愆らざるを期せざるべからず。

第百三十七條　町村ハ第一次ニ於テ郡長之ヲ監督シ第二次ニ於テ府縣知事之ヲ監督シ第三次ニ於テ内務大臣之ヲ監督ス

本條は監督權を行使する機關を定む。卽直接監督者は郡長、其次を府縣知事、其次を内務大臣とす。

第百三十八條　本法中別段ノ規定アル場合ヲ除クノ外町村ノ監督ニ關スル郡長ノ處分ニ不服アル町村ハ府縣知事ニ訴願シ其ノ裁決ニ不服アルトキハ内務大臣ニ訴願スルコトヲ得

町村の監督に關する郡長の處分とは、第百四十七條の許可申請に對する處分等其他監督官廳として郡長が爲す凡ての處分を包含す。

第百三十九條　本法中行政裁判所ニ出訴スルコトヲ得ヘキ場合ニ於テハ内務大臣ニ訴願スルコトヲ得ス

本法中行政裁判所に出訴するを許したる事件は、特に明文を以て示したり。卽第四條、第八條、第十八條、第三十三條、第三十五條、第七十四條、第七十五條、第七十六條、第八十七條、第百九條、第百十條、第百十一條、第百三十五條、第百四十三條に規定せるもの丶如し。行政裁判所に出訴を許したる事件は、法の適用に關し權利の爭に屬するものにして、此の場合に於ては、內務大臣に訴願するを得ざるものとす。

第百四十條　異議ノ申立又ハ訴願ノ提起ハ處分決定又ハ裁決アリタル日ヨリ二十一日以內ニ之ヲ爲スヘシ但シ本法中別ニ期間ヲ定メタルモノハ此ノ限ニ在ラス

行政訴訟ノ提起ハ處分決定裁定又ハ裁決アリタル日ヨリ三十日以內ニ之ヲ爲スヘシ

異議ノ申立ニ關スル期間ノ計算ニ付テハ訴願法ノ規定ニ依ル

異議ノ申立ハ期間經過後ニ於テモ宥恕スヘキ事由アリト認ムルトキハ仍之ヲ受理スルコトヲ得

異議ノ決定ハ文書ヲ以テ之ヲ爲シ其ノ理由ヲ附シ之ヲ申立人ニ交付スヘシ

異議ノ申立アルモ處分ノ執行ハ之ヲ停止セス但シ行政廳ハ其ノ職權ニ依リ

又ハ關係者ノ請求ニ依リ必要ト認ムルトキハ之ヲ停止スルコトヲ得

第一項は、異議の申立又は訴願の提起に關する期間の通則を定む。即異議の申立又は訴願の提起は、本法中別に期間を定めたるものゝ外は、處分、決定又は裁決ありたる日より二十一日以内とす。處分、決定又は裁決ありたる日とは、當事者に對する處分の知告又は處分書、決定書、裁決書の交付ありたる日を云ふ。

第二項は、府縣知事の處分、府縣參事會の決定、裁定、裁決に對し本法中行政訴訟を許せるものの訴訟提起の期間なり。

第三項は、異議申立に關する期間の計算を、訴願法の規定に依るべきことゝ定む。例せば、訴願書は、郵便を以て差出すことを得べく、其の郵便送達の日數は、訴願期間内に算入せざるが如し。

第四項　本條其他本法中所定の期間經過後の異議申立は、事情已を得ずして、申立期間を經過したるものなりと認めらるゝときは、決定權ある者に於て之を受理するを得べきものとす。

第五項は、異議決定の形式を定む。即理由を付したる文書を用ひ、之を申立人に交付すべきものとす。

第六項は、或處分に對し異議の申立あるも、之が爲めに其處分の執行を停止せざるものとす。例へば不當に課税せられたりとして異議の申立あるも、其徵收を見合はすことなし。然れども、其異議を受理したる行政廳に於て必要と認むるときは、行政廳自己の發意により、又は異議申立人其他關係者の請求により、執行を停止することを得べきものとす。

〔參照〕　舊制第百二十條

行政判決例

○本條第三項ノ出訴期限ハ行政裁判法第二十二條ニ依リ民事訴訟法（第百六十七條）ヲ適用シ裁決書ノ交付ヲ受ケタル翌日ヨリ起算シ里程ニ對スル伸張日數（陸路八里毎ニ一日ヲ伸張ス）ヲ加算スヘキモノトス（二三、一二、九）

○期限經過後ニ提出シタル訴願ヲ受理スヘキ有恕ノ事由アリヤ否ヤヲ定ムルハ該行政廳ノ職權ニ屬ス（二六、一一、四）

○出訴期限ハ一定不變ノモノニシテ之ヲ經過シタル以上ハ出訴ヲ爲スヲ得ス（二七、二、二四）

○日ヲ以テスル期限ノ計算ハ初日ヲ算入セサルヲ一般ノ通則トスルモノナレハ訴願期限ニ付テモ此通則ニ依ルヲ相當トス（二九、五、二六）

○町村制ノ規定ニ基ク訴願ニハ總テ本條第二項ノ訴願期限ヲ適用スヘキモノニシテ訴願法第八條ノ期限ニ依ルヘキモノニアラス（三二、六、二一）

○村稅ノ賦課ニ關スル縣參事會ノ裁決ニ不服アルトキハ町村制第百二十條第三項ニ定メタル二十一日ノ期間內ニ行政訴訟ヲ提起スルコトヲ要ス（三五、一〇、一五）

○自己ノ權利ニ消長ヲ來スコトナキ裁決ニ對シ行政訴訟ヲ提起スルコトヲ得ス(二六、二、一七)
○行政訴訟ハ行政上ノ處分ニ對シ之カ救正ヲ求ムル爲メ提起シ得ヘキモノナルヲ以テ處分又ハ裁決ヲ爲シタル行政廳ヲ對手トセスシテ一個人ヲ對手トシ行政訴訟ヲ提起スルハ訴訟ノ對手ヲ誤リタルモノトス(二六、三、一三)
○行政裁判所ハ行政廳ニ於テ訴願ヲ却下シタルニ止マリ未タ本案ノ裁決ヲ爲サヽル事件ト雖モ訴願ノ順序ヲ履ミテ提起シタル以上ハ直ニ本案ノ判決ヲ爲スコトヲ得(二八、一一、一九)
○行政裁判法第三十一條ハ主參加ト從參加トヲ區別セス汎ク訴訟ニ付キ利害關係ヲ有スル者ニハ參加ヲ許ス規定ナリ(二九、二、四)
○縣參事會ニ訴願ノ場合ニ主張セサリシ理由ト雖モ其請求ノ目的ヲ達セシカ爲メ更ニ行政裁判所ニ於テ追加主張スルコトヲ得故ニ訴願訴訟ノ目的ヲ達セン爲メ新ナル理由ヲ增加スルモ其相手方ハ未タ訴願ヲ經サルノ故ヲ以テ答辯ヲ拒ムヲ得ス(二九、六、一三)
○行政訴訟ハ裁決者處分者何レヲ對手ト爲スモ原告ノ選擇ニ任スルモノトス(二九、九、二四)
○訴願ノ却下ハ訴願ニ對スル裁決ナリ(二五、七、七)
○裁決ハ訴願期限ノ經過ニ依リテ確定ス(二六、二、一七)
○適法ニ裁決書ヲ交付セス又ハ其告知ヲ爲サヽレハ裁決ノ效果ヲ生セス(二六、四、二九)

○訴願書提出ニ付經由スヘキ行政廳ヲ誤リタルハ訴願期限中斷ノ理由ト爲ラス(三〇、一、二六)
○訴願法第九條第二項ニ依リ還付セラレタル訴願書ヲ再ヒ提出スルニハ同法第二條ニ定メタル手續ニ據ルコトヲ要ス(三〇、一一、一九)
○適法ノ手續ヲ了シテ提出シタル訴願書ヲ還付セラレ再ヒ提出スルニ當リ年月日ヲ改ムルモ當初ノ手續ニ影響ヲ及ホササルヲ以テ此一事ヲ以テ新ナル訴願ト認ムルヲ得ス(同前)
○訴願書ニ其據ルヘキ法條ノ引用ヲ誤リタルカ爲メ其訴願カ無效トナルコトナシ(三三、五、二九)
○訴願人ハ裁決前ニ在リテハ何時ニテモ訴願ノ理由ノ追加ヲ爲スコトヲ得(三三、一二、一二)
○裁決中ニ援用シタル法條ニ誤記アルヲ以テ其裁決ハ無效ナリト云フヲ得ス(同前)
○適法ニ訴願ヲ經由セサル行政訴訟ハ受理セス(三三、三、一四)
○訴願法第九條第二項ニ依リ指定スル期限ハ日ヲ以テ定ムルモ時ヲ以テ定ムルモ一ニ行政廳ノ便宜ニ從フヘキモノトス(三三、五、九)
○懲戒處分ニ對スル行政訴訟ハ本條第三項ノ期限內ニ提起スルヲ要ス(三四、一、二八)
○訴願ノ主タル目的選擧若クハ當選ノ效力ニ關スルモノナルトキハ訴願期限ヲ經過シタルヤ否ヤノ爭ノ如キハ前裁決ヲ打破スル爲メニ主張スル一ノ理由ト認ムルヲ相當トス(三六、二、二〇)

適用例

○處分書裁決書ノ交付又ハ告知ハ本人ノ受領ノ日ヨリ起算ス
○期日ヲ算スルニハ休日祭日ヲ控除セス
○訴願ハ期限內ニ其訴願ノ裁決ヲ爲スヘキ行政廳ニ差出ストキハ訴願ノ權ヲ失セス
○經由スヘキ行政廳ヲ經スシテ却下セラレシモノハ再ヒ之ヲ提起スルコトヲ得而シテ其日限ノ起算ハ最初處分ヲ受ケタル日ヨリスヘキモノトス
○訴願法第八條第三項第十條第二項ハ本制ニ依ル訴願ニモ適用スルコトヲ得
○懲戒裁判ヲ爲サントスルニ當リ本人召喚ニ應セス缺席ノ儘解職ノ處分ヲ爲シ懲戒書ヲ送付シタルニ本人之ヲ拒ミ返付スルモ本人カ解職ノ裁決アリタルコトヲ知ルニ足ルヘキ適當ノ手續例ヘハ裁決書ヲ封緘セスシテ送達シ若シ受取ルヲ拒マハ其家ニ差置クカ如キ手續ヲ爲スニ於テハ本人カ後ニ之ヲ返付スルモ裁決書ヲ交付シタルモノト見做シ差支ナカルヘシ
○市町村吏員ノ處分ニ對シ訴願ヲ許スハ市町村制ニ明文アル場合ニ限ル
○訴願ハ代人ヲ以テ提起スルコトヲ得
○一個人ハ町村行政ニ關スル處分ニ付利益ヲ害セラレタル場合ニ於テハ其處分ヲ受ケタル者ニアラサルモ尙ホ訴願ヲ提起スル事ヲ得

第百四十一條　監督官廳ハ町村ノ監督上必要アル場合ニ於テハ事務ノ報告ヲ

爲サシメ書類帳簿ヲ徵シ及實地ニ就キ事務ヲ視察シ又ハ出納ヲ檢閲スルコトヲ得

監督官廳ハ町村ノ監督上必要ナル命令ヲ發シ又ハ處分ヲ爲スコトヲ得

上級監督官廳ハ下級監督官廳ノ町村ノ監督ニ關シテ爲シタル命令又ハ處分ヲ停止シ又ハ取消スコトヲ得

第一項　監督官廳が其監督權を實行するには、事務の狀況を調査するの必要あり。本項は其方法を與ふるものなり。

第二項　監督官廳は町村の監督上必要なる命令を發するを得。例せば定時に或事務の狀況を報告すべきことを命じ、或は町村吏員は旅行に際し必ず屆出づべきことを命ずるが如し。又監督上必要なる處分を爲すことを得べし。例せば調査の爲め一時進行中の事務を停止せしむるが如し。而して玆に所謂監督上必要なる命令又は處分は、町村事務の實體を左右するが如きものに非ずして、唯監督手續上の必要を充たすに止まるものと解するを穩當とす。何となれば町村事務の實體に關する監督上の匡正方法は各事務に特定せらるゝ所にして、本項の如き概括的規定を以て、自治權限の消長に關する命令又は處分を許すの謂れなければなり。

第三項は、町村に對する各監督官廳卽內務大臣、府縣知事、郡長の監督權の優劣を定め、上級廳の監督權により下級廳の監督の不當を匡正し得るものとせるなり。

第百四十二條　內務大臣ハ町村會ノ解散ヲ命スルコトヲ得

町村會解散ノ場合ニ於テハ三月以內ニ議員ヲ選擧スヘシ

町村會の解散とは、町村會の成立を失はしむることにて、解散の命令あれば、各議員の職務消滅するものとす。故に重大なる理由あるときに限り、最高の監督官廳たる內務大臣に於てのみ、之を行ふことを得べきものとす。而して町村の意思機關は永く缺如すべからざるを以て、三ヶ月以內に更に議員選擧を行ふべきものとす。

第百四十三條　町村ニ於テ法令ニ依リ負擔シ又ハ當該官廳ノ職權ニ依リ命スル費用ヲ豫算ニ載セサルトキハ郡長ハ理由ヲ示シテ其ノ費用ヲ豫算ニ加フルコトヲ得

町村長其ノ他ノ吏員其ノ執行スヘキ事件ヲ執行セサルトキハ郡長又ハ其ノ委任ヲ受ケタル官吏吏員之ヲ執行スルコトヲ得但シ其ノ費用ハ町村ノ負擔トス

前二項ノ處分ニ不服アル町村又ハ町村長其ノ他ノ吏員ハ府縣知事ニ訴願シ其ノ裁決ニ不服アルトキハ行政裁判所ニ出訴スルコトヲ得

第一項　法令に依り負擔する費用とは、分賦せらるゝ郡費、小學敎員の俸給等の如し。當該官廳の職權に依り命ずる費用とは、本條第二項又は第百四十四條第一項但書並に第二項に規定する費用の如き、又は裁判により命ぜられたる。支拂金訴訟費用等の如し。斯の如き法令上又は當該官廳の職權上命ずる費用は、絶對に町村が拒むことを得ざる負擔なるを以て、若し之を豫算に計上せざるときは、郡長は理由を示して豫算に加へしむることを得るものとす。

第二項　町村長其他の吏員其の執行すべき事件を執行せざるときは、種々の場合あるべし。例せば傳染病豫防法第十六條第十七條により、知事が町村に鼠族の驅除を命じ、又は消毒所を設くることを命じたるとき、町村長が其執行を怠る場合の如き、若くは監督官廳が、收入役に對し或支拂を命じたるに其支出を爲さゞるときの如し。斯る場合に於ては、郡長は町村の費用を以て自ら其事務を執行するか、又は部下の官吏若くは郡吏員、時としては町村の他の吏員に命じて、其事務を執行せしむることを得るものとす。

第三項　前二項に對する訴願訴訟の途を開けるものなるが、第一項の場合は町村、第二項の場合は自ら執行せざりし町村長又は吏員に於て、訴願訴訟を爲し得べきなり。

（參照）舊制第百二十二條

行政判決例

○地方稅亡失金ハ村ノ怠慢ニ基キタルニアラサル場合ト雖モ二十三年法律第八十八號府縣稅徵收法第八條第二項ノ手續ヲ了ヘサル以上ハ府縣稅納付ノ義務ハ猶存スルモノナルヲ以テ郡長ヨリ該亡失金支出ニ付强制豫算ノ命令ヲ發スルモ不當ニアラス（二七、一、二四）

○村會カ法律勅令ニ依リ負擔スヘキ支出ヲ拒ムトキハ之カ監督官廳ハ本條ノ規定ニ從ヒ强制豫算ヲ命スヘク第六十八條ヲ適用シ再議ニ付スヘキモノニアラス（二九、六、五）

○監督官廳カ町村制第六十一條ヲ適用シ其職權ヲ以テ選任シタル村長代理者ノ給料及ヒ費用ハ本條ニ所謂該當官廳ノ職權ニ依テ命令スル所ノ支出ニ該當スルモノナルニ依リ村會カ之ヲ否決シタル場合ニ當リ郡長カ强制命令ヲ發シタルハ正當ナリ（二九、七、九）

適用例

○本條第一項ニ依リ郡長ヨリ理由ヲ示シテ其支出額ヲ定額豫算表ニ加ヘタル場合ニ於テ其收入ハ更ニ町村會ノ決議ニ付スヘキモノトス

○町村ハ小學校令第九條ニ依リ尋常小學校ノ校數位置ヲ指定セラレタルトキハ同第五十一條ノ負擔ヲ免カルヽコトヲ得ス若シ町村會ニ於テ之ヲ否決シタルトキハ本條ニ依リ處分スルヲ得ルハ勿論ナ

リト雖モ右第五十一條ノ支出ヲ拒ムニ非スシテ小學校令第三十一條ニ依リ府縣知事ノ定メタル設備規則ノ命スル相當ノ施設ヲ爲サヽル場合ニ於テ郡長ヨリ之ニ適合ス可キ改築又ハ變更ノ命令ヲ發シタルニ拘ラス町村會カ其費用ヲ否決シ若クハ不當ノ削減ヲ加ヘタルトキハ仍ホ本條ヲ適用スルコトヲ得

○町村ヲシテ道路ヲ新設セシメントスルトキハ町村長ニ訓令シ發案セシメ若シ町村會ニ於テ之ヲ否決シタルトキハ第六十八條ノ公益云々ニ依リ再議ヲ命スルコトヲ得ルモ直チニ本條ニ依リ强制豫算ヲ命スルコトヲ得ス

○裁判上ニ於テ確定シタル債務ヲ町村ニ於テ履行セサルトキハ監督官廳ハ之ヲ町村ノ必要ナル支出ト認メ其町村ニ對シテ該費額ヲ定額豫算ニ登載スルカ又ハ臨時承認ス可キコトヲ命令シ若シ町村ニ於テ其命令ヲ遵行セサルトキハ本條ニ依リ處分ス可キモノトス

解疑例

問　郡長ハ町村吏員ノ給料旅費支給額ノ標準ヲ定メ訓令ヲ發シタリ此場合町村會ノ決議ガ右標準ヨリ寡額ナルトキハ町村制第百二十二條ニ依リ强制支出ヲ命ゼラルヽモノナルカ

答　郡長ニ於テ町村吏員ノ給料其他支給額ノ標準ヲ定メタルハ單ニ監督上ノ注意タルニ止マリ絕對的ノ命令ニ非ザルベシ是等ノ事項ハ町村制上町村會ノ權能ニ屬スルモノニシテ定メタル標準ニ違

フノ故ヲ以テ郡長ハ强制支出ヲ命ズルコトヲ得ズ

第百四十四條　町村長、助役、收入役又ハ副收入役ニ故障アルトキハ監督官廳ハ臨時代理者ヲ選任シ又ハ官吏ヲ派遣シ其ノ職務ヲ管掌セシムルコトヲ得但シ官吏ヲ派遣シタル場合ニ於テハ其ノ旅費ハ町村費ヲ以テ辨償セシムヘシ

臨時代理者ハ有給ノ町村吏員トシ其ノ給料額旅費額等ハ監督官廳之ヲ定ム

本條は、町村長、助役、收入役、副收入役に故障ありて、事務を執行する能はざる場合に關する規定にして、之を以て事務の曠廢を防ぐなり。

官吏は、俸給を受くるを以て、町村に派遣して其の事務を管掌せしむる場合にも、別に町村より俸給を支出することを要せず。町村をして單に旅費を負擔せしむるに止まるも、臨時代理者は特に官吏に非ざるものより選任するものなるを以て、給料を給するものとす。

《參照》　舊制第六十一條

行政判決例

○監督官廳カ本條ヲ適用シ其職權ヲ以テ選任シタル村長代理者ノ給料及費用ハ第百二十二條ニ所謂

當該官廳ノ職權ニ依テ命令スル所ノ支出ニ該當スルモノトス(二九、七、九)
○町村制第六十一條第二項ハ町村ノ事務ヲ曠廢セシメサル爲メ監督官廳ニ臨時ノ處置ヲ命シタル規定ナレハ村長助役共ニ其職ヲ辭シテ不在ナル場合ノ如キモ尙ホ之ヲ準用シ得ルモノトス故ニ此場合ニ於テ監督官廳ヨリ派遣シタル郡書記ノ往復車馬賃宿泊料等ハ當然村費ヲ以テ支辨スヘキモノナリ(三七、三、四)

適用例

○町村事務管掌ノ爲メ派遣シタル官吏ハ官吏タル資格ヲ以テ一時村ノ事務ヲ管掌スルモノニ過キサルヲ以テ本官相當ノ旅費日當ヲ其町村ヨリ支給セシムヘキモノトス
○町村長助役以下町村會議員ニ至ルマテ總辭職ヲ爲シタル場合ニ於テハ行政上臨機ノ處分ヲ以テ臨時代理者ヲ選任シ其職ヲ管掌セシム可ク猶ホ收入役モ亦同樣ナリトス
○町村長助役收入役等作病ヲ構ヘ出勤セスシテ町村事務ヲ澁滯セシムルトキハ臨機ノ處分トシテ本條第二項ニ依ルコトヲ得
○町村ニ於テ議員ヲ選擧セス又ハ議員ノ選擧ヲ爲セシモ當選者其選ヲ辭シ再三選擧セシムルモ亦如此ナルトキ及ヒ議員ハ就任セシモ町村長ヲ選擧セサルトキハ監督官廳ハ第六十一條及第百二十三條ニ準シ處分スヘキモノトス

○派遣官吏ハ可成普通ノ官吏ナルヲ可トス警吏ヲ以テ之ニ充ツルハ允當ナラス
○派遣官吏ハ二個以上ノ村長ノ職務ヲ兼掌セシメサルヲ可トス

第百四十五條　左ニ掲クル事件ハ内務大臣ノ許可ヲ受クヘシ

一　町村條例ヲ設ケ又ハ改廢スル事

二　學藝美術又ハ歴史上貴重ナル物件ヲ處分シ又ハ之ニ大ナル變更ヲ加フル事

物件の處分とは、其物を毀滅し又は賣買讓與し若くは之に質權抵當權等を設定するを云ふ。大なる變更を加ふるとは、舊態を存せざるが如き變更を爲すことなり。故に舊形を存する修理を加ふるが如きは之に該當せず。

第百四十六條　左ニ掲クル事件ハ内務大臣及大藏大臣ノ許可ヲ受クヘシ

一　町村債ヲ起シ竝起債ノ方法利息ノ定率及償還ノ方法ヲ定メ又ハ之ヲ變更スル事但シ第百十二條第三項ノ借入金ハ此ノ限ニ在ラス

二　特別税ヲ新設シ增額シ又ハ變更スル事

三　間接國税ノ附加税ヲ賦課スル事

四　使用料、手數料及加入金ヲ新設シ增額シ又ハ變更スル事

本條記載の事項に付ては、之に關する各法條の下に說明したれば、玆に之を略す。

第百四十七條　左ニ揭クル事件ハ郡長ノ許可ヲ受クヘシ

一　基本財產ノ管理及處分ニ關スル事

二　特別基本財產及積立金穀等ノ管理及處分ニ關スル事

三　第九十條ノ規定ニ依リ舊慣ヲ變更又ハ廢止スル事

四　寄附又ハ補助ヲ爲ス事

五　不動產ノ管理及處分ニ關スル事

六　均一ノ稅率ニ依ラスシテ國稅又ハ府縣稅ノ附加稅ヲ賦課スル事

七　第百二條第一項第二項及第四項ノ規定ニ依リ數人又ハ町村ノ一部ニ費用ヲ負擔セシムル事

八　第百四條ノ規定ニ依リ不均一ノ賦課ヲ爲シ又ハ數人若ハ町村ノ一部ニ對シ賦課ヲ爲ス事

九　第百五條ノ準率ニ依ラスシテ夫役現品ヲ賦課スル事但シ急迫ノ場合ニ賦課スル夫役ニ付テハ此ノ限ニ在ラス

十　繼續費ヲ定メ又ハ變更スル事

本條の各事項に付ては、之に關する各法條の下に説明したれば、玆には之を略す。

第百四十八條　監督官廳ノ許可ヲ要スル事件ニ付テハ監督官廳ハ許可申請ノ趣旨ニ反セスト認ムル範圍內ニ於テ更正シテ許可ヲ與フルコトヲ得

本條は監督官廳に許可事項修正の權を與へて、事務の進行に便したり。但し其修正は許可申請の趣旨に反せずと認めらるゝ範圍に於て爲すべく、若し其範圍內にて許可すべからずと認むるときは當然却下すべきのみ。申請の趣旨を達せざる程度の變更を加へて許可するが如きは、申請の前提として、町村に於て決したる所と別異のものとなるを以て、法律上許可自體が無效なりと云はざるべからず。故に申請の趣旨に反せざる限り、例せば二十錢の手數料を新設せんとする申請に對し、十五錢の許可を與へ、公債の償還年限二十年とせるを、十五年とし、又は利息の定率七分なるを六分とするが如き相當なる變更にして、實行し得べしと認めらるゝ範圍の更正を爲して許可するは、本條に依る監督官廳の職權なりとす。

第百四十九條　監督官廳ノ許可ヲ要スル事件ニ付テハ勅令ノ定ムル所ニ依リ其ノ許可ノ職權ヲ下級監督官廳ニ委任シ又ハ輕易ナル事件ニ限リ許可ヲ受ケシメサルコトヲ得

本條は町村事務監督の簡捷を圖りたる規定なり。之に關しては勅令を以て規定せらるべし。

第百五十條　府縣知事又ハ郡長ハ町村長、助役、收入役、副收入役、區長、區長代理者、委員其ノ他ノ町村吏員ニ對シ懲戒ヲ行フコトヲ得其ノ懲戒處分ハ譴責、二十五圓以下ノ過怠金及解職トス但シ町村長、助役、收入役及副收入役ニ對スル解職ハ懲戒審査會ノ議決ヲ經テ府縣知事之ヲ行フ

懲戒審査會ハ内務大臣ノ命シタル府縣高等官三人及府縣名譽職參事會員ニ於テ互選シタル者三人ヲ以テ其ノ會員トシ府縣知事ヲ以テ會長トス知事故障アル時ハ其ノ代理者會長ノ職務ヲ行フ

府縣名譽職參事會員ノ互選スヘキ會員ノ選擧補闕及任期竝懲戒審査會ノ招集及會議ニ付テハ府縣制中名譽職參事會員及府縣參事會ニ關スル規定ヲ準

用ス但シ補充員ハ之ヲ設クルノ限ニ在ラス
解職ノ處分ヲ受ケタル者其ノ處分ニ不服アルトキハ郡長ノ處分ニ付テハ府縣知事ニ訴願シ其ノ裁決ニ不服アルトキ又ハ府縣知事ノ處分ニ付テハ內務大臣ニ訴願スルコトヲ得
府縣知事ハ町村長、助役、收入役及副收入役ノ解職ヲ行ハムトスル前其ノ停職ヲ命スルコトヲ得此場合ニ於テハ其ノ停職期間報酬又ハ給料ヲ支給スルコトヲ得ス
懲戒ニ依リ解職セラレタル者ハ二年間市町村ノ公職ニ選擧セラレ又ハ任命セラルルコトヲ得ス

第一項 監督官廳たる府縣知事又は郡長は、町村長以下の町村吏員に對し、懲戒處分を行ふことを得べし。其の懲戒處分は、譴責、二十五圓以下の過怠金及解職の三種なり。

懲戒處分中に於て、解職は最重きものなるを以て、町村長、助役、收入役及副收入役の如き重要の職に在る者を、解職に處する場合には、懲戒審査會の議決を經て府縣知事之を行ふものとす。是れ其の處分を愼重にし、苟も不當の處分なからしめんことを期するなり。區長、委員、書記等に對しては郡

長限りにて解職處分を爲し得べきものとす。

第二項は懲戒審査會の組織を定め、第三項は、府縣名譽職參事會員の互選すべき懲戒審査會員の選擧竝審査會の招集及會議に關する事項を定む。

第四項は、解職の處分を受けたる者に對し、訴願の途を開きたる規定なり。

第五項　府縣知事は、町村長、助役、收入役及副收入役の解職を行はんとする前、其の停職を命ずることを得るものとす。是懲戒に付するものをして職務に當らしむるを適當とせざることあるべければなり。而して停職を命ぜられたるものは、其停職期間、報酬又は給料を受くるを得ざるものとす。

第六項　懲戒に依り解職せられたる者は、二年間市町村の公職に選擧せられ又は任命せらるゝことを得ず。斯の如くならざれば、解職後直ちに選擧又は任命せられ、平然たる者ありて、懲戒の威嚴を損し、從て其效果を空うすることあるべければなり。

（參照）　舊制第百二十八條

行政判決例

○町村制實施ニ當リ舊事務結了セサル際ニ就職シタル村長ハ其職務ヲ整理セサル可ラス然ルニ之ヲ等閑ニ付シ屢々郡長ノ諭示ヲ受クルモ尙ホ其事務ヲ處理セサルトキハ懲戒處分ヲ免カレス（二四、一一、一〇）

○村會ノ際議員ノ一人ヲ招集セス選擧人名簿調製ヲ緩慢ニ付シ自己ノ意見ヲ以テ徴收金ヲ郡長ニ送納セス及決算報告ニ當リ略表ヲ提出シ正式ノ報告ヲ爲サスシテ第百十二條ノ規定ニ違ヒシ村長ノ懲戒處分ハ正當ナリ(二五、二、一八)

○郡書記カ知事又ハ郡長ノ命令ヲ受ケ衆議院議員選擧投票所ニ臨監シタルニ投票所ノ管理者タル村長カ法律ノ解釋ヲ異ニスルトシ其入場ヲ拒ミ尚ホ立會ノ巡査ヲシテ强制退場セシメタル所爲ハ違法ニシテ其情狀重キモノタルニ依リ郡長ニ於テ之ヲ解職セシハ不當ニアラス(二六、五、五)

○町村吏員カ常例ノ手續ヲ盡シテ其事務ヲ行ヒタル以上ハ職務上爲スヘキ注意ヲ缺キタルモノニアラス故ニ之ヲ懲戒處分ス可キモノニアラス(二七、二、二四)

(本件ハ收入役カ金庫ニ錠ヲ施シ退場セシニ金庫ヲ開キ金員ヲ盜取セラレタル場合ノ判例ナリ)

○町村長ハ會計及出納ヲ監視スヘキ職責ヲ有スルヲ以テ吏員(收入役ノ代務ヲ爲セシモノ)カ委託金ヲ費消セシニ心付サル如キハ其義務ヲ盡シタルモノニ非ス故ニ懲戒處分ヲ免カルルコトヲ得サルモノトス(二八、五、一四)

○特ニ事務ノ報告ヲ爲スヘシトノ命令訓示等ナキカ故ニ其報告ヲ爲サス及適法ノ招集手續ヲ盡シタルモ出席議員ナキカ爲メニ村會ヲ開會スルニ至ラサル村長ノ所爲ハ職務ノ怠慢ニアラス(三〇、五、二)

○官許ヲ得タル町費ノ償還年次ヲ擅ニ繰下ケタルハ町長ノ職務ニ違ヒタルモノトス又前任町長ノ不都合ハ後任町長ニ於テ之ヲ改ムルノ職責アルカ故ニ前任町長ノ失錯ナリトテ其責ヲ免カルヽコトヲ得サルヲ以テ知事カ之ヲ譴責セシハ不當ニアラス(三〇、一二、二五)

○町村長ハ町村役場ノ事務多忙ノ故ヲ以テ其職務怠慢ノ責ヲ免カルヽコトヲ得ス(三一、二、一九)

○町村役場ノ處務規程ニ學事ニ關スル事務ハ助役ノ管理スヘキコトヲ定ムルモ之ヲ以テ該事務ニ關シテ町村長ニ其責任ナシト云フヲ得ス(同前)

○適法ニ其職務ヲ解除セラレタル町村長助役ニ對シ郡長カ在職者ト認メテ懲戒處分ヲ行ヒタルハ不當ナリ(三一、四、二三)

第百五十一條　町村吏員ノ服務紀律、賠償責任、身元保證及事務引繼ニ關スル規定ハ命令ヲ以テ之ヲ定ム

前項ノ命令ニハ事務引繼ヲ拒ミタル者ニ對シ二十五圓以下ノ過料ヲ科スル規定ヲ設クルコトヲ得

服務紀律とは、服務に關する規定なり。

賠償責任とは、職務の懈怠過失等に因りて、町村に損害を蒙らしめたるとき、其の賠償の責任に關す

ることを云ふ。

身元保證とは、損害を賠償すべき事由發生したる場合に、其賠償を擔保する爲め提供するものなり。通常は金錢有價證券を預け置くか、保證人を立つる如き方法を用ゆ。

事務引繼とは、前任者より現任者に事務を引繼ぐを云ふ。

右に關する規定は命令を以て定むべきものとす。命令とは勅令、省令、府縣令等の總稱なるが、此場合は省令を以て定めらるべし。而して其の命令には、事務引繼を拒みたる者に對し、二十五圓以下の過料を科する規定を設くることを得るものとす。

第九章　雜則

第百五十二條　郡長ノ職權ニ屬スル事件ニシテ數郡ニ渉ルモノアルトキハ府縣知事ハ關係郡長ノ具狀ニ依リ其ノ事件ヲ管理スヘキ郡長ヲ指定スヘシ其ノ數府縣ニ渉ルモノアルトキハ内務大臣ハ關係府縣知事ノ具狀ニ依リ其ノ事件ヲ管理スヘキ郡長ヲ指定スヘシ
本條の規定を適用せらるゝは、例せば町村組合にして數郡又は數府縣に渉るものあるが如き場合なり。

第百五十三條　府縣知事又ハ府縣參事會ノ職權ニ屬スル事件ニシテ數府縣ニ涉ルモノアルトキハ内務大臣ハ關係府縣知事ノ具狀ニ依リ其ノ事件ヲ管理スヘキ府縣知事又ハ府縣參事會ヲ指定スヘシ

本條も亦前條と同じく、數府縣に涉る町村組合等ありて、監督其他訴願等の場合に、何れの府縣にて處理すべきやを定むる方法なり。

第百五十三條ノ二　島司ヲ置ク地ニ於テハ本法中郡長ニ關スル規定ハ島司ニ郡ノ官吏ニ關スル規定ハ島廳ノ官吏ニ、郡ニ關スル規定ハ島廳管轄區域ニ關シ之ヲ適用ス

第百五十四條　第十一條ノ人口ハ内務大臣ノ定ムル所ニ依ル

第百五十五條　本法ニ於ケル直接稅及間接稅ノ種類ハ内務大臣及大藏大臣之ヲ定ム

直接稅、間接稅の區別を判明ならしむるは、本法施行の上に重大なる關係を有す。例へば、公民の資格要件として、直接町村稅を納むるを要する規定あり。又町村が附加稅を賦課せんとする場合に於て、

直接國稅又は直接府縣稅なるときは、其の賦課に付許可を要せざれども、間接國稅等に附加稅を賦課せんとするときは、內務大藏兩大臣の許可を受けて實施すべきが如し。故に直接稅間接稅の種類は、內務大臣大藏大臣の定むる所に依ることゝせり

第百五十六條　町村又ハ町村組合ノ廢置分合又ハ境界變更アリタル場合ニ於テ町村ノ事務ニ付必要ナル事項ハ本法ニ規定スルモノノ外勅令ヲ以テ之ヲ定ム

第百五十七條　本法ハ北海道其ノ他勅令ヲ以テ指定スル島嶼ニ之ヲ施行セス

前項ノ地域ニ付テハ勅令ヲ以テ別ニ本法ニ代ハルヘキ制ヲ定ムルコトヲ得

法律は國內全般に施行せらるゝを原則とすれども、民度未だ本制を施行するに適せざる地方なきにあらず。それ等の地方には、本法を施行せずして勅令を以て本法に代はるべき制を定むるものとす。

附　則

第百五十八條　本法施行ノ期日ハ勅令ヲ以テ之ヲ定ム

第百五十九條　本法施行ノ際現ニ町村會議員區會議員又ハ全部事務ノ爲ニ設

クル町村組合會議員ノ職ニ在ル者ハ從前ノ規定ニ依ル最近ノ定期改選期ニ於テ其ノ職ヲ失フ

第百六十條　舊刑法ノ重罪ノ刑ニ處セラレタル者ハ本法ノ適用ニ付テハ六年ノ懲役又ハ禁錮以上ノ刑ニ處セラレタル者ト看做ス但シ復權ヲ得タル者ハ此ノ限ニ在ラス

舊刑法ノ禁錮以上ノ刑ハ本法ノ適用ニ付テハ禁錮以上ノ刑ト看做ス

第百六十一條　本法施行ノ際必要ナル規定ハ命令ヲ以テ之ヲ定ム

附　則（大正十年四月法律第五十九號附則）

本法中公民權及選擧ニ關スル規定ハ次ノ總選擧ヨリ之ヲ施行シ其ノ他ノ規定ノ施行ノ期日ハ勅令ヲ以テ之ヲ定ム

大正十年五月勅令第八十九號を以て大正十年五月二十日より施行せらる。

増補訂正 町村制詳解 終

増補

（此ノ増補ハ明治四十四年ノ改正ニ係ル市制町村制ノ適用ニ關スルモノニシテ大正九年迄ノ分ナリ）

第二條

適用例

○市町村會議長ヨリ請願ヲ爲スコトヲ得ス又町村ハ其ノ目的ノ範圍内ニ於テ請願ヲ爲スコトヲ得ルモ町村會ノ議決ニ依ラシテ町村長ヨリ請願ヲ爲スコトヲ得ス

第三條

適用例

○村ヲ廢シ市ノ境界ヲ變更スル場合村ノ歳入出決算殘金ノ處分方法ヲ町村制第三條第二項ニ依リ財産ノ處分トシテ縣參事會ノ議決ニ付スルハ適當ナラス、明治四十四年勅令第二百四十八號ニ依リ處分スヘキモノナリ卽チ町村制ニハ歳計ニ屬スル現金ノ如キモノハ財産ト言ハス、財産ト爲リタル動産不動産ハ町村長ノ管理ニ屬スルモノナルニ歳入出決算殘金ハ收入役ノ保管ニ屬シ制度ニ所謂財産以外ノモノナレハナリ

第六條

行政判決例

○町村制ニ所謂住所トハ民法ノ住所ヲ謂ヒ各人ノ生活ノ本據ヲ指スモノトス
寄留屆ハ生活ノ本據ヲ移ササル者ト雖モ一定期間以上ノ滯在者ハ必ス之ヲ爲スヘキモノナレハ單ニ寄留簿ノ記載ニ依リ町村住民タルヤ否ヲ決定スヘキモノニアラス（大正二、一〇、二）

第七條

行政判決例

○他人ト同居同炊スルモ自己ノ資力ニ依リ其家計ヲ支持スル者ハ町村制第七條第一項ニ所謂獨立ノ生計ヲ營ム者トス（大正二、五、二二）

○前戸主所有ノ土地カ其隱居ニ因リ家督相續人ノ所有ニ歸シタル場合ト雖モ未タ所有權移轉登記ヲ經ス從テ未タ土地臺帳ノ記載ニ異動ナキ以上家督相續人ハ未タ其土地ニ付キ納税ノ義務ヲ有セルモノト云フコトヲ得ス從テ隱居者名義ノ納税金ハ町村制第十三條ノ適用上家督相續人ノ納税額中ニ算入スヘキモノニ非ス（大正二、七、一五）

（備考）本判例ハ後ニ變更セラル

○自己及ヒ其妻子ノ生計ヲ維持スルニ足ル財産ヲ有スル者ハ反證ナキ以上自己ノ經濟ニ於テ生計ヲ維持スル者ト認ムヘキモノトス
同居同炊ノ事實ハ以テ經濟ノ獨立ナルヤ否ヲ別ツノ標準ト爲スニ足ラス（大正三、四、三〇）

○死亡者名義ノ財產ニ付キ家督相續人カ納付シタル稅金ヲ家督相續人ノ納稅ト認ムルハ公簿ノ記載ニ異ナル所有者ヲ公認スルモノニアラサレハ之ヲ以テ隱居ニ依ル家督相續人ノ場合ヲ律スルコトヲ得ス（大正三、五、二）

○市制第九條ノ適用上ニ於テハ當該官廳ノ決定以前ト雖モ當該年分法定ノ所得金額ナキコト明カナル者ハ縱令前年分法定ノ所得稅額ヲ納メタル者ト雖當該年分ノ所得稅ヲ納ムル者ニアラス而シテ前年分法定ノ所得稅ヲ納メタル者ニシテ事實上當該年分モ法定ノ所得額ヲ納ムヘキ者ハ之ヲ當該年分ノ所得稅ヲ納ムル者ニアラスト謂フヲ得ス（大正三、一〇、二七）

○隱居者カ土地臺帳名義書換ノ手續未了ノ爲メ地租ヲ納付シタリトスルモ之ヲ以テ町村公民資格ノ要件タル地租額ニ算入スルヲ得ス（大正五、七、二八）

○被相續人ノ爲シタル縣稅戶數割附加稅ノ納稅ハ町村制第七條第三項ニ所謂其財產ニ付キ被相續人ノ爲シタル納稅ニアラス（大正六、一一、二七）

○町村會議員ノ選擧資格要件タル納稅額ヲ定ムル場合ニ遺產相續ニ依リ財產ヲ取得シタル者ニ付テハ其財產ニ付キ被相續人ノ爲シタル納稅額ヲ其者ノ納稅額トシテ算入スヘキモノニアラス（大正七、五、二四）

○前戶主所有ノ土地カ隱居ニ因リ家督相續人ノ所有ニ歸シタル場合ニ於テ土地臺帳ノ所有名義カ變

更セラレサル爲メ地租條例ニ依リ隱居者ノ名義ヲ以テ納税スルモ公民資格ノ要件ニ關シテハ之ヲ相續人ノ納税ト看做スヘキモノトス（大正八、一一、二四）

適用例

○風水害ノ爲罹災救助基金ヲ以テ救助シタルモノハ臨時應急ノ一時的救助ナレハ市制第九條第一項但書ノ貧困ノ爲公費ノ救助ヲ受ケタル者ニ該當セス從テ公民權ヲ失フコトナシ

第八條

行政判決例

○町村會議員辭職ノ意思表示ハ町村會議長又ハ町村長ノ何レニ對シテ之ヲ爲スモ妨ナキモノトス（大正二、一一、八）

○町村會議員ニシテ一旦辭職屆ヲ提出シタル以上假令後日ニ至リテ之ヲ撤回シ又町村長ニ於テ其者ニ對シ町村會招集通知ヲ發シタル事實アレハトテ之カ爲メニ辭職ノ效果ヲ消滅セシムヘキモノニアラス（大正二、一一、八）

○町村會議員ノ辭職カ正當ノ理由アルモノナルヤ否ヤハ假令本人ヨリ其理由ノ申出ナキモ町村會ニ於テ之ヲ認定スルコトヲ得（大正二、一一、八）

○町會ニ於テ選擧セル町營公園ノ委員ニ不法ノ行爲アリ且町長助役ニモ義務上ノ怠慢アリ從テ町會

議員ニモ責ヲ分タサルヘカラス依テ其不明ヲ町民ニ謝スル爲辭職スルト云フカ如キハ正當ノ理由アルモノト謂フヲ得ス(大正二、一一、八)

○公民權停止ノ處分ニシテ告知手續ニ欠缺アル違法ノモノナルトキハ其實質ノ當否如何ヲ問ハス違法ニシテ取消ヲ免レサルモノトス(大正四、三、二〇)

○公民權停止ノ理由ニ於テ町村會ノ見ル所ト府縣參事會ノ見ル所ト同一ナラサルモ結局公民權ヲ停止スヘキモノナル場合ニ於テハ府縣參事會カ町村會ノ公民權停止ヲ是認シ被處分者ノ訴願ヲ排斥スルモ違法ニアラス(大正七、二、八)

○疾病ニ因リ適法ニ町村名譽職ノ當選ヲ辭スル爲ニハ疾病以外公務ニ堪ヘサルコトノ事實アルコトヲ必要トス(大正八、四、七)

第九條

行政判決例

○町村制第九條第二項ニ「禁錮以上ノ刑ノ宣告ヲ受ケタルトキ」トアルハ刑ノ言渡ヲ受ケタルトキヲ指スモノトス(大正二、一、三〇)

○町村制第九條第二項ノ規定ハ住所地以外ノ町村ニ於テ納付スヘキ租税ニ付キ滯納處分ヲ受ケタル者ニモ處分中公民權ヲ停止スルノ法意ナリトス(大正二、一一、六)

○町村役場書記カ收入役ノ命ニ依リ補助トシテ税金ヲ受領シタルトキハ直接收入役ニ納付シタルト法律上ノ效力ニ於テ何等異ナル所ナシ（大正四、三、六）

○税金督促手數料等ヲ完納シタル以上ハ滯納ノ事實ハ既ニ消滅セルモノナルヲ以テ縦令未タ差押解除ノ手續ヲ爲ササレハトテ町村制第九條第二項ニ所謂滯納處分中ノ者ト謂フヲ得ス（大正四、三、六）

○町村條例ニ於テ定メタル督促狀ニ定ムヘキ期限ヲ短縮シテ督促狀ヲ發シ其期限經過後直ニ爲シタル滯納處分ハ不適法ニシテ町村制第九條第二項ニ所謂租税滯納處分ニ該當セサルヲ以テ之ニ因リ公民權ヲ停止セラルルモノニアラス

違法ナル滯納處分ニ對シ法定ノ期間内ニ訴願ヲ提起セス其處分確定スルモ適法ノ處分トナルモノニアラサルヲ以テ該處分ハ町村制第九條第二項ニ所謂租税滯納處分ニ該當セス從テ村會議員ノ被擧權ノ有無ニ關スル訴願ニ對シテハ尚ホ其滯納處分ノ適法ナルヤ否ヤヲ審理裁決スヘキモノトス（大正四、一〇、一四）

適用例

○禁錮以上ノ宣告ヲ受ケタル者ハ町村制第九條ニ依リ當然ニ公民權ヲ停止セラルル結果同法第十二條第一項及ヒ第十五條ニ依リ刑ノ宣告ヲ受ケタル時ヨリ村會議員ノ被選擧權ヲ有セサルモノトス

第十五條

行政判決例

○電氣ノ一定ノ數量ニ對シ一定ノ代價ヲ以テ之ヲ市ニ供給スル法人ハ市制第十八條第三項ニ所謂市ニ對シ請負ヲ爲ス法人ト謂フヲ得ス

市制第十八條第三項ニ所謂主トシテ市ニ對シ請負ヲ爲ス法人トハ市ニ對スル請負ヲ以テ其業務ノ主要ナル部分トスル法人ヲ指稱セルモノナリ(大正二、一一、二九)

○町村制第十五條第四項ハ父子兄弟タル緣故アル者同時ニ町村會議員ニ選擧セラレタルトキハ同級ニ在リテハ得票數多キ者一人ヲ當選者トシ其他ノ者ハ當選者トセサルノ法意ナリ

右ノ場合ニ於テハ選擧會ハ法定得票者中ヨリ之ヲ補フヘキ當選者ヲ定ムヘキモノニシテ町村制第三十四條第三項ヲ適用シテ更ニ選擧ヲ行フヘキモノニアラス(大正三、一、二九)

○市カ汚物運搬ヲ他人ニ取扱ハシムルニ當リ出願ニ對スル許可ノ形式ヲ用ヒタリトスルモ其關係タル私法上ノ契約ニ外ナラス

市カ他人ヲシテ汚物塵埃棄場ニ運搬スルコトヲ引受ケシメ之ニ對シテ報酬ヲ支拂フ以上假令其報酬額カ市ノ意思ニ依リ定マルモノトスルモ又其報酬支拂ノ時期カ運搬完了前ナルト否トヲ問ハス該契約ハ市制第十八條第三項ニ所謂請負ニ外ナラス(大正三、四、七)

○町村制第十五條第三項ニ所謂町村ニ對シ請負ヲ爲ス者トハ町村ニ對シ請負契約ニ現ニ該契約ノ目的トスル行爲ヲ爲スヘキ義務ヲ負擔スル者ヲ指シタルモノニシテ單ニ代金請求ノ權利及ヒ瑕疵擔保ノ義務ヲ負フニ過キサル者若クハ單ニ町村ノ工事ヲ請負フヘキ事實上ノ關係ヲ有スルニ過キサル者ヲ包含セス（大正七、六、一四）

○單ニ町醫トシテ種痘ノ醫務ニ從事シ若クハ小學校醫トシテ生徒ノ健康診斷ニ從事シ報酬ヲ受クル者ノ如キハ町村制第十五條第三項ニ所謂請負ヲ爲ス者ト謂フヲ得ス（大正七、六、一四）

○町村ノ有給吏員ナリヤ否ヤハ之カ採用ノ形式ニ依ルヘキモノニシテ囑託セラレタル者ハ町村ノ有給吏員ニアラス（大正八、四、九）

○縣知事ヨリ生產米檢查員トシテ任命セラレ手當ノ給與ヲ受クル者ハ其縣ノ有給吏員ニシテ町村制第十五條第二項ニ依リ村會議員ノ被選擧權ヲ有セサルモノトス（大正八、四、二二）

○新聞紙經營者ト市トノ間ニ單ニ市ノ申込ニ應シ廣告ヲ揭載シタル場合廣告料ニ付キ一定ノ割引ヲ爲スヘキ旨契約アルノミニテハ市制第十八條第三項ニ所謂請負ヲ爲ス者ト謂フヲ得ス（大正八、六、二七）

第十八條

行政判決例

○法定ノ縱覽期間關係者ノ縱覽ニ供セサリシ選擧人名簿ハ適法ノ確定名簿ト謂フヲ得ス從テ之ニ基キテ執行シタル町村會議員選擧ハ全部無效タルヘキモノトス（大正二、七、一五）
○選擧人名簿調製期日ニ於テ町稅滯納處分中ニ在リ公民權ノ停止セラレ居リタル者ハ後日ニ至リ稅金ヲ完納スルモ人名簿調製期日ニ於テ選擧權ヲ有シタルモノト云フコトヲ得ス從テ人名簿ニ登錄スヘキモノニアラス（大正二、七、二四）
○行政訴訟ノ相手方ト爲スヘキ者ニ付テハ法律上何等ノ規定ナキニ依リ町村會議員選擧人名簿調製者又ハ訴願裁決者ノ何レヲ相手方ト爲スモ違法ニアラス（大正二、一〇、四）
○町村制ニ於テハ選擧ノ效力ニ關スル訴願ト選擧人名簿ノ效力ニ關スル訴願トハ之ヲ區別セリ從テ選擧ノ效力ニ關スル訴願ニ對シ府縣參事會カ與ヘタル裁決中選擧人名薄ヲ無效トスル部分ハ違法ナリ（大正三、二、一九）
○選擧人名簿ハ單ニ選擧權ノ行使ヲ制限スルノ效力ヲ有スルニ止マリ被選擧權トハ何等ノ關係ナシ（大正五、一、二八）
○明治四十四年九月內務省令第十號市町村會議員選擧人名簿及ヒ選擧錄書式備考第四號第二項ノ事項ハ選擧人名簿ノ法定記載要件ニアラス
町村制第十八條第六項ニ所謂修正ハ選擧人名簿ノ法定記載要件ノ修正ヲ指稱スルモノトス（大正

七、二、八）

○選擧期日前六十日ニ於テ選擧權ヲ有セサル者ハ假令其後ニ至リ家督相續ニ因リ選擧權ヲ有スルニ至リタリトスルモ選擧人名簿ニ登載スヘキモノニアラス（大正七、三、二二）

○選擧人名簿縱覽期間ハ名簿ノ記載カ其調製ノ標準期日ノ現在事實ニ照シ錯誤アル場合ニ之カ修正申立ヲ爲サシムル爲メニ認メラレタル期間ニシテ其期間ノ終迄ニ生シタル異動ヲ登載セシムル爲メニ認メラレタル期間ニアラス（大正七、三、二二）

○選擧人名簿ハ其調製ヨリ確定ニ至ル迄ノ手續ニ違法アル場合ハ格別單ニ其内容ニ錯誤アルノ故ヲ以テ無效タルヘキモノニアラス（大正七、一一、一八）

第二十二條

行政判決例

○町村制第二十二條第五項但書ニ所謂選擧スヘキ議員數トハ每選擧ニ於テ選擧スヘキ議員ノ實數ヲ指シタルモノニシテ議員ノ定數ヲ指シタルモノニアラス（大正二、一、二八）

第二十五條

行政判決例

○被選擧人ノ肩書ヲ塗抹シ若クハ氏名ヲ半ニシテ之ヲ塗抹シ片假名ヲ以テ記載シタルカ如キ投票ハ

町村制第二十五條第一項第六號ニ所謂他事ヲ記入シタルモノト云フヲ得ス（大正二、六、一九）
○氏ノミヲ記載シテ名ノ記載ヲ缺キ若クハ氏名ノ記載ニ多少ノ誤アルカ如キハ自ラ被選擧人ノ氏名ヲ書スル能ハサル者ノ投票ト云フヲ得ス（大正二、六、一九）
○同一被選擧人ノ氏名ヲ連記シタル投票ハ町村制第二十五條第一項第三號ニ所謂一投票中二人以上ノ被選擧人名ヲ記載シタルモノニ該當セス（大正二、一〇、四）
○型ヲ置キ之ヲ塗布シタルモノナルト型ヲ辿リテ筆記シタルモノナルトヲ問ハス型ヲ用ヒ之ニ依リタルモノナル以上其投票ハ町村制第二十二條第六項ニ所謂自ラ被選擧人ノ氏名ヲ書スルコト能ハサル者ノ投票ニシテ無效タルヲ免レス（大正二、一〇、二三）
○同村ニ同氏名ヲ稱フル者甲乙二人アルモ甲ハ選擧ニ於テ候補者ニ立チタル事實他ニ得票アル事實乙ハ選擧權被選擧權ナキ事實ヨリ見レハ單ニ該氏名ノミヲ記シタル投票ハ甲ヲ指シタルモノト認ムルヲ相當トス（大正三、二、二八）
○町村會議員ノ選擧ニ於テ町村長所定ノ用紙ヲ用キタル投票ハ選擧人カ投函ニ際シ糊貼封緘ヲ爲シタルノ故ヲ以テ之ヲ無效トスヘキモノニアラス（大正五、二、九）
○市會議員ノ選擧ニ於テ投票ノ記載ノ何人ヲ選擧シタルモノナリヤハ諸般ノ事情ヲ參酌シテ之ヲ決スルヲ妨ケス（大正六、一一、二七）

○投票ニ被選擧人ノ氏名ヲ明確ニ記載シアル以上其餘ノ記載明確ナラサルモ之ヲ以テ被選擧人ノ氏名ヲ自書スルコト能ハサル者ノ爲シタル投票ト云フヘカラス（大正六、一一、二七）
○投票ニ一旦記載シタル被選擧人ノ氏名ガ判明ヲ缺ク爲之ヲ抹消スル旨趣ニテ黑點ヲ附シタルモノハ市制第二十八條第一項第六號ニ所謂他事ヲ記入シタルモノニ該當セス（大正六、一一、二七）

第三十二條

行政判決例

○無記名投票ノ下ニ在リテモ選擧權ナキ者ノ爲シタル投票カ何人ノ得票ニ歸シタルカヲ調査スルハ妨ナシ從テ該投票ハ被選擧人ニシテ判明セル場合ニ於テハ之ヲ該被選擧人ノ得票數ヨリ控除スルヲ以テ足リ他ノ被選擧人ノ得票數ヨリ控除スヘキ限ニ在ラス（大正三、四、一六）
○選擧會場ノ障壁不完全ナル爲外部ヨリ其模樣ヲ窺フコトヲ得且選擧權ヲ有セサル者多數侵入シ爲メニ會場ノ喧騷ヲ來シタル事實アリトスルモ選擧權ノ行使ヲ妨ケ投票ヲ爲サヽラシメス又ハ選擧權ヲ有セサル者カ投票ヲ爲シタル事實ナキ以上選擧取消ノ理由ト爲ラス（大正三、六、三〇）
○投票用紙粗薄ノ爲被選擧人ノ氏名ヲ透見シ得トスルモ町村長ニ於テ之ヲ用紙ト定メタル以上町村制第二十五條第一項第一號ニ該當スルモノト謂フコトヲ得ス（大正三、六、三〇）
○町村制第三十二條ノ規定ハ選擧規定違反ノ爲メ選擧ノ結果ノ全部ニ異動ヲ生スルノ虞アル場合ハ

選擧ノ全部ヲ無效トシ選擧ノ結果ノ一部ニ異動ヲ生スルノ虞アル場合ハ選擧ノ一部ヲ無效トスルノ旨趣ナリ(大正三、七、一二)

○當選ノ效力ニ關スル訴願ノ審理ニ依リ選擧ノ無效ナルコトヲ認メタル場合ニ於テ裁決官廳カ其選擧ノ效力ニ付キ裁決スルハ違法ニアラス(大正三、一一、二六)

○選擧當日選擧執行ノ場所ニ不在ナリシコト明カナル者カ投票ヲ爲シタル姿ト爲リ居リ何人ニ投票シタルヤ不明ニシテ選擧ノ結果ニ異動ヲ生スルノ虞アルトキハ其選擧ノ全部又ハ一部ハ無效ナリ(大正三、一一、二六)

○町村制第三十二條ハ選擧ノ規定ニ違反スル事實アリ其選擧ノ結果ニ及ホス異動カ一部ニ止マル場合ニ於テハ其異動ヲ生スヘキ部分ノミヲ無效トスヘキ法意ナリトス(大正三、一一、二六)

○市制第三十五條ニ所謂選擧ノ一部トハ某選擧區ニ於ケル選擧、選擧本會若クハ選擧分會ニ於ケル選擧又ハ某級選擧ノ如ク理論上分割シ得ヘキ一部ヲ指シタルモノニ外ナラスシテ何某ノ當選ニ關スル部分ノ如キ理論上分割シ得ヘカラサルモノヲ包含セス從テ選擧區又ハ選擧分會ノ設ナキ場合ニ於テハ某級選擧ノ全部ヲ指スモノトス(大正四、三、一三)

○選擧權ナキ者カ選擧ニ參與シ投票ヲ爲シタル場合ト雖モ其ノ得票者明確ナルトキハ該得票者ノ得票數ヨリ一票ヲ控除スルヲ以テ足リ其ノ他ノ選擧者ノ得票數ヨリ假ニ一票ヲ控除シ次點者ノ得票

數ト對比スヘキ限ニアラス（大正七、一、二一）

適用例

○府縣會議員選擧又ハ市町村會議員選擧ニ於テ選擧權ナキ者カ投票ヲ爲シタル場合其筆蹟等ニ因リ明確ニ得票者判明セルトキハ其得票者ノ得票總數ヨリ之ヲ控除シ落選者ノ得票數ト對照シテ選擧ノ結果ニ異動ヲ生スルノ虞アルヤ否ヤヲ決定シ然ルヘキモノトス

第三十三條

行政判決例

○町村會議員選擧ノ效力ニ關スル訴願又ハ異議申立ニ於テ訴願人又ハ異議申立人ハ裁決前又ハ決定前ニ在リテハ選擧效力ニ關係アル一切ノ理由ヲ追加スルコトヲ得ルモノナルニ依リ追加シタル理由カ前ノ理由ト其ノ性質ヲ異ニスレハトテ別箇ノ案件ヲ成スモノト謂フコトヲ得ス（大正二、五、一〇）

○町會議員當選ノ效力ニ關スル町會ノ決定ニ對スル訴願ハ訴願法第二條第一項ニ依リ町會ヲ經由シテ之ヲ提起スヘキモノトス

右訴願ニシテ町會ヲ經由セスシテ提起セラレタルトキハ訴願法第九條第一項ニ依リ却下セラルヘキモノトス（大正二、一二、一三）

○町村制第三十三條第一項ニ告示ノ日ヨリトアルハ單ニ異議申立ノ期間ヲ定ムル爲メ必要ナル起算點ヲ示シタルニ止マリ苟モ選擧會ニ於テ當選決定ノ處分ヲ爲シタル上ハ告示以前ト雖モ異議申立ヲ許スノ法意ト解スヘキモノトス(大正三、三、一〇)

○現ニ當選者タル地位ニ在ル者若クハ選擧人等ハ其者ノ當選ノ效力ニ關シテ他人ヨリ行政訴訟ノ提起アリタル場合ニ於テ其當選ヲ維持センカ爲メ該訴訟ニ參加スルハ格別其ノ提起ナキニ自ラ進テ行政訴訟ヲ提起シ其者ヲ當選者ト定ムルコトヲ請求スルヲ得サルモノトス

單ニ當選者ノ得票數ヲ增加センコトヲ求ムル訴願ハ町村制ニ所謂當選ノ效力ニ關スル訴願ト謂フヲ得ス從テ法律勅令ニ依リ認許セラレタル訴願ニアラス(大正三、三、一二)

○選擧ノ效力ニ關スル訴願アリタルトキハ假令投票ノ效力ニ付訴願人ノ申立ナキ場合ト雖選擧ノ結果ニ影響スヘキモノナル以上之ヲ判斷シ其結果ニ基キテ裁決ヲ爲シ得ヘキモノトス(大正三、三、三一)

○村會議員選擧ニ於ケル當選ノ效力ニ關スル訴願ノ審理ニ付テハ投票全部ニ付キ其效力ヲ審査シ其結果ニ基キ裁決ヲ爲シ得ヘク訴願人ノ指摘シ又ハ町村會ノ審査シタル投票ニ限リ審査シ得ヘキニアラス

訴願ノ審理上投票全部ヲ審査シ訴願人ノ申立テタル者ヲ當選者タルヘキ者ニアラストシテ其當選

ヲ取消シタルハ不當ニアラス（大正三、一二、五）
○村會議員選擧ノ效力ニ關シ村長ニ提出シタル書面ニシテ訴願ト題シ且書中ニ訴願裁決ノ文詞散見スルモ其全體ヲ通覽シ選擧ノ效力ニ關シ異議申立ヲ爲スノ旨趣ト認ムヘキトキハ縱令右等文詞ノ訂正ナキモ異議申立トシテ之ヲ受理シ決定ヲ與フヘキモノトス（大正四、五、一一）
○町村制第三十三條第五項ノ訴願ハ選擧人ノ一身ニ專屬スルモノナルカ故ニ町村會議員當選ノ效力ニ關シ府縣參事會ニ訴願ヲ爲シタル選擧人カ死亡シタル場合ニ於テ其相續人ハ右訴願ニ對スル府縣參事會ノ裁決ニ對シ行政訴願ヲ提起スル權利ヲ承繼スルコトヲ得ス（大正五、三、一七）
○村會議員ノ當選效力ニ關スル訴願ノ審理上必要アル場合ニ於テ訴願人ノ指摘セサル投票及ヒ被選擧人ノ當選ノ效力ニ付テモ審査シ得ヘク其審査ハ裁決上必要ナル範圍ニ限ラルヘキモノニシテ必スシモ投票全部ニ及ホスコトヲ要セス（大正六、一〇、三〇）

第三十四條

行政判決例

○町村制第三十四條ニ所謂「當選無效ト確定シタルトキ」ニハ町村制第三十七條、衆議院議員選擧法第百一條ニ依リ當選無效ト爲リタル場合ヲモ包含スルモノトス（大正三、三、二六）
○衆議院議員選擧法第百一條ハ選擧當時ニ遡リテ當選ヲ無效トスルノ旨趣ナリ

町村制第三十四條第一項ハ衆議院議員選擧法第百一條ノ準用ニ依リ町村會議員ノ當選カ無效ト爲リタル場合ニモ之ヲ適用スヘキモノトス（大正三、四、九）

○町村制第十五條第四項ノ規定ニ依リ年長者當選者ニ爲リタルトキハ其他ノ者ノ當選ハ無效ト爲ルヘキモノナルヲ以テ其補充ニ付テハ町村制第三十四條第一項ノ規定ヲ適用スヘク同條第三項ノ規定ヲ適用スヘキモノニアラス（大正三、一〇、二四）

適用例

○訴願ニ對シ縣參事會ハ乙某ヲ町村會議員ノ當選者トストノ裁決ヲ爲スヘキモノニアラス蓋シ町村會議員當選者無效ノ場合更ニ當選者ヲ定ムルハ町村制第三十四條ニ依リ町村長ノ職權ニ屬ス故ニ村會ノ決定ヲ取消シ甲某ノ當選ヲ無效トスル旨ノ裁決ヲ致スニ止メ更ニ乙某ヲ當選者ト爲スハ訴願ノ裁決ノ權限ニ屬セサルモノナリ。

第三十五條

行政判決例

○公民權停止ニ基ク村會議員失職決定ノ時期ニ付テハ法律上何等ノ制限ナキカ故ニ財產差押解除後ニ於テ村會カ失職ノ決定ヲ爲スモ違法ニアラス（大正二、一、二三）

○町村會議員ニ當選シ其當選確定シタル者ハ假令其被選擧權ノ要件タル町村住民ノ資格ニ缺クル所

アルモ苟モ町村制第三十五條第二項ニ規定セル町村會ノ決定ヲ經サル限リ町村會議員ニアラスト謂フヲ得ス(大正三、六、二)

○町村制第三十五條第一項ニ所謂「其ノ被選擧權ノ有無」トハ町村會カ決定ヲ爲ス當時ニ於ケル被選擧權ノ有無ノミヲ指スモノニアラスシテ苟モ町村會議員タル間ニ存在スル事實ナル以上ハ既往ノ事實ヲモ包含スルモノトス(大正五、一二、六)

第三十九條

行政判決例

○町會ノ權限ハ法令ニ規定アル事項ニ限ルモノトス

町村制第八條第二項ハ單ニ町村會ニ對シ制裁ヲ課スルノ權限ヲ與ヘタルニ止リ當選シタルヤ否ヤハ選擧會ノ定ムルモノトス

同制第三十三條第一項ハ選擧又ハ當選ノ效力ニ關スル異議ニ付第三十五條第一項ハ被選擧權ノ有無ニ付キ町村會ニ決定ノ權限ヲ與ヘタル特別ノ規定ニ過キスシテ議員ノ資格ヲ審査スル權限ノ有無ニ關係ナシ

町村會議員ノ資格ニ關スル事件ノ如キハ町村機關ノ構成ニ關スル事項ニ過キスシテ町村制第三十九條ニ所謂町村ニ關スル事件ト謂フコトヲ得ス(大正三、七、一六)

第四十條

行政判決例

○村會カ其權限ニ基キ見立ニ依リテ各戸ノ等差ヲ設ケ縣税戸數割ノ賦課額ヲ定メタルトキハ該戸數割ノ賦課ハ違法ナリト云フヲ得ス從テ之ニ附加セル村税ハ適法ナリトス（大正七、四、二九）

適用例

○町村ガ貧民救助ヲ爲ス如キハ必スシモ町村條例ノ設定ヲ俟ツノ要ナク町村會ノ議決ヲ以テ之ヲ施行シ得ヘシ

第四十二條

行政判決例

○衆議院議員選擧法第四十二條ハ閉鎖シタル投票函及ヒ其ノ内容ニ送致ノ途中異變ヲ生スルカ如キ事故ノ發生ヲ豫防センカ爲メニ特ニ送致ノ方法ヲ鄭重ニシタルモノニ外ナラサレハ其ノ規定ニ違背シ送致ノ途中一時投票管理者及ヒ立會人ノ管理ヲ離脱シタルノ一事ヲ以テ當然其ノ投票函在中ノ投票ヲ無效トシ又ハ之ニ異變ヲ生シタルモノト看做スヘキ法意ニ非ス（大正二、一、二九）

第四十七條

行政判決例

○町村制第四十七條第三項ノ所謂少クトモ三日前トハ村會ノ招集及ヒ會議ノ事件ノ告知ノ日ト開會ノ日トノ間ニ少クトモ三日ノ猶豫期間ヲ要スルノ旨趣ナレハ村會ノ開會ノ前日ヨリ起算シテ三日目ニ相當スル日ニ於テ村會ノ招集及ヒ會議ノ事件ノ告知ヲ爲シタル村會ハ違法ニシテ其決議ニ依ル決定及ヒ之ヲ是認シタル裁決ハ共ニ違法ニシテ取消スヘキモノトス(大正四、三、四)

○町村制第四十七條第四項ノ規定ハ一定ノ議案ヲ急施事件トスルト否トヲ町村長ノ自由裁量ニ委ネタルモノト解スルヲ得ス(大正四、三、二〇)

○町村制第四十七條第三項ニ依リ「前村長ヘ紀念品贈呈其他ノ件」ト告知シタル場合ニ村會カ「其他ノ件」ニ付決定ヲ爲シタルハ違法ニシテ此決定ヲ是認シタル縣參事會ノ裁決モ違法ナリ(大正八、一〇、四)

第四十八條

適用例

○市制第五十二條ノ催告ノ效力ハ催告ニ依リ出席シタル日以後ノ會議ニ及ハス

○市町村會議長ノ爲ス出席催告ハ、出席議員定數ニ滿タスシテ流會トナリタルトキハ之ヲ行フコトヲ得ヘキモノニシテ其ノ事實ノ存スル以上ハ翌日出席スヘキ旨催告スルモ違法ニアラス

○町村會ニ於テ一旦定員數ノ議員出席シテ會議ヲ開キ町村長ノ選擧ヲ行フニ當リ退席議員アリテ定員數ヲ缺クニ至リタルトキ其會議カ再回招集ヲ理由トシ出席催告ノ手續ヲ爲スコトナク其儘執行シタル町村長ノ選擧ハ適法ニアラス蓋シ再回招集ヲ爲セシモ定員數ノ議員出席シ會議ヲ開キタル場合其會議ハ町村制第四十八條但書ノ適用無キモノナレハ定數ヲ缺クトキハ出席催告ヲ爲スコトヲ要スルモノナレハナリ

第五十一條

適用例

○町村制第五十一條第三項ニ依リ指名推選ノ法ヲ用ヒタル場合ニ於テハ町村制第五十條ノ適用ハ無ク又被指名者ノ可否ヲ會議ニ諮ヒ可否同數ナルカ又ハ過半數ヲ得サルトキハ更ニ選擧ヲ行フヘキモノトス

第六十三條

適用例

○町村制第六十三條第二項ニ依リ町村長カ助役ヲ推薦シ町村會ニ於テ之ヲ定ムルニハ議事ノ法則ニ據ルヘキモノニシテ投票ノ法ニ據ルヘキモノニアラス故ニ町村長ノ推薦ニ依ル人物ニ付賛否同數

ナルトキハ町村制第四十九條ニ依リ議長ノ決スル所ニ依ルヘキモノナリ

第七十二條

適用例

○基本財産ノ現金ヲ以テ株式ノ拂込ヲ爲シ又ハ國債證書ヲ購入スルハ財産ノ管理行爲ニ屬シ豫算ニ計上シテ收支スルヲ要セス

第七十四條

行政判決例

○市會ノ議決シ得ル事項ト議決シ得サル全然別箇ノ事項トヲ同時ニ議題トシ採決シタルトキ其ノ議決ノ全體ヲ取消シタル場合ニ於テ前段權限内ノ事項ニ關スル議決ヲ取消シタルハ違法ナリ（大正九、一〇、七）

適用例

○町村制第七十四條第四項ニ所謂第二項ノ裁決中ニハ選擧ニ關スル裁決ヲ包含セス

○町村制第七十四條第二項ハ發案ヲ爲シタル町村長又ハ其代理者ナルト其後ニ就職シタル町村長又ハ其代理者タルトヲ問ハス苟モ裁決申請當時ニ於テ町村會ノ議決ニ同條第一項記載ノ如キ違法ア

リト認ムルニ於テハ裁決ヲ請フコトヲ得シムル法意ト解スヘキモノトス

第八十條

行政判決例

○數町村カ町村稅ノ賦課徵收等ノ事務ヲ取扱フ爲メニ納稅者ノ便宜等ヲ圖リ他町村ニ事務所ヲ設クルモ町村制ノ規定ニ違反スルモノニアラス(大正四、六、一六)

適用例

○市收入役ノ事務ヲ副收入役ニ分掌スルハ市制第九十七條第三項ニ依ルヘキモノニシテ市條例ノ規定ヲ以テ之ヲ定ムヘキモノニアラス

○市町村ノ歲出入ニ屬スル現金ノ保管ハ收入役ノ權限ニ屬シ市町村財務規定第三十條ニ依リ市町村會ニ於テ其ノ保管方ヲ定ムルコトヲ得ル旨ノ規定ヲ設クルコトヲ得ス

第八十九條

適用例

第九十二條

○基本財產又ハ積立金ノ歲入ニ豫算超過ノ收入アルモ歲出豫算ヲ超過シテ積立ヲ爲スハ適當ナラス

適用例

○一町ニ於テ水道ヲ布設シ其ノ給水區域中高地部ト低地部トアリテ各部給水上使用ニ於テ著シキ差異アルトキハ高地部ト低地部トニ對シ使用料ニ等差ヲ設ケ之ヲ徴收スルモ何等不都合ナキモノナリ

第九十四條

行政判決例

○町村工事ノ請負契約ノ成立シタル後其内容ヲ變更セスシテ單ニ請負人ヲ更替セシムルニハ町村會ノ議決ヲ經ルコトヲ要セス（大正五、二、九）

第九十七條

行政判決例

○町村豫算ノ歳出ニ掲ケラレタル費目カ町村費ヲ以テ支辨シ得ヘキモノニシテ且其豫算カ適法ニ成立セル以上之ニ基キテ村税ヲ賦課スルハ違法ニアラス（大正二、二、八）

○村税雜種割ハ縣税ナル船税ノ附加税ナルヲ以テ本税タル縣税船税ノ賦課ニシテ正當ナル以上ハ當該船舶ノ定繋所所在村ニ於テ村税雜種割ヲ賦課スルモ違法ニアラス（大正二、九、二七）

○村税反別割條例許可稟請ノ際添附スル地價調ハ法令上ノ效力ヲ有スルモノニアラス反別割ニハ明治四十年法律第三十一號國庫出納上一錢未滿ノ端數計算ニ關スル法律中地租ニ關スル規定ヲ準用スヘキモノニアラス各地目ノ反別ニ課率ヲ乘シ得タル金額ノ合計額ニ同法第一條ノ規定ヲ準用スヘキモノトス（大正二、九、三〇）

適用例

○市カ特別税不動產所得税ト縣税雜種税不動產所得税附加税ト併課スルハ然ルヘカラス此ノ場合ニハ市ノ特別税ヲ停止スルコト可ナリ

○町村ノ局部的交通關係ノ道路ヲ其ノ關係者又ハ專用者ニ於テ修繕スヘシト條例ニ規定スルハ町村ニ屬スル事務ヲ條例ヲ以テ一部ノ住民ノ負擔ニ移スモノニシテ違法ナリ但シ町村カ修繕ノ義務アル道路ノ修繕費ヲ賦課スルニ當リ郡長ノ許可ヲ受ケ一部又ハ不均一ノ賦課ヲ爲スハ妨ケナシ

○戶數割賦課等差ノ標準中ニ住民カ其ノ市町村內ニ於テ所有スル家屋ノ收益ヲ加算スルヲ以テ市町村費負擔ノ均衡上他市町村民ノ所有家屋ニ限リ家屋税ヲ賦課スルコトヲ得ルヤ否ヤト云フニ元來戶數割ハ構戶者ニ對シ賦課スルモノニシテ其ノ賦課上等差ヲ定ムル標準中ニ市町村內ニ於ケル所有家屋ノ收益ヲ加算スルモ之ヲ以テ直ニ家屋ニ對スル課税ナリト爲スヲ得ス從テ家屋税ヲ一般ニ賦課スルハ格別單ニ戶數割ヲ賦課セラレサルトノ事由ニ基キ市町村內ニ於ケル家屋ニ對シ他市町

村民ノ所有ノモノノミヲ課税物件トシテ家屋税ヲ賦課スルハ適當ナラス

○市税特別税條例ニ賦課期日後徴收期限內ニ於テ納税前相續以外ノ原因ニ依リ家屋ノ所有權移轉ノ場合ニハ所有者ヨリ之ヲ徴收スルコトヲ得ル規定ヲ設クルヲ妨ケス

○遊興税標準ハ消費金額ニ依ラス藝妓娼妓ノ招聘ニ要セシ金額ノミニ依ルハ適當ナラス

○酒類ノ消費者ニ對シテハ酒造税法第三十五條ノ規定アルヲ以テ町村ハ特別税ヲ課スルコトヲ得ス麥酒ニ付テハ酒造税法第三十五條ノ如キ規定ナキモ町村カ其消費ニ付キ特別税ヲ賦課スルハ適當ナラス

○町村ノ特別税演劇興行税ハ縣税ノ附加税ト重複課税トナルモ從前ハ之ヲ許可セリ然ルニ此ノ如キ重複課税ハ今後許可セラレサルニ付從前許可ノモノハ機ヲ見テ之ヲ廢止スヘシ

第百條

適用例

○事務所ヲ市內ニ有シ營業所ヲ朝鮮ニ設クル會社ニ對シテハ市ハ會社ノ納ムヘキ本税ノ全部ニ對シ附加税ヲ課スルヲ得サルモ市內營業所ノ所得ニ對シ附加税ヲ賦課スルコトヲ妨ケス而シテ此ノ場合明治四十四年勅令第二四一號ノ適用若クハ準用ナキカ故ニ市內ノ收入額及之ニ對スル所得額ノ歩合ヲ定ムルニハ市ニ於テ適當ト認ムル方法ニ依ルノ外ナシ

第百一條

行政判決例

○町村制第百一條第一項ノ規定ハ傷痍疾病者ノ恩給ニ對シテハ町村税ヲ賦課スルコトヲ得サル旨ヲ規定シタルニ止マリ之ヲ戸數割ノ等級ヲ定ムル如キ生活情態ヲ斟酌スル資料ト爲スコトヲ禁止スルノ法意ニアラス(大正七、四、二九)

第百二條

行政判決例

○町村ノ一部ニ尋常小學校設置費ヲ負擔セシムルニハ地方學事通則第二條第三項及小學校令第十一條第二項ノ規定ニ依ルヘク町村制第百二條及第百四條ノ規定ニ依ルヘキモノニアラス尋常小學校設置ノ費用ヲ町村ノ一部ニ負擔セシムルニハ郡長ニ於テ其部落ノ使用スヘキ小學校ヲ指定スルコトヲ要ス從テ其指定ナキニ拘ラス町村ノ一部ニ尋常小學校增築費ヲ賦課シタルハ違法ナリ(大正三、一、二八)

第百三條

行政判決例

○市町村税賦課ノ見地ヨリスレハ他會社ノ停車場ニ於テ連絡切符ヲ發賣スルニ依リテ生スル收入ハ其收入ノ基本タル輸送行爲ニ關與スル當該會社所屬ノ總テノ停車場ノ營業收入ト爲シ連絡切符ノ發賣ニ依リテ生スル總所得ハ當該會社所屬各停車場ニ於ケル直接ノ所得ト同一ノ割合ニ於テ是等停車場ニ屬スルモノト爲スヲ正當トス

連絡切符ノ發賣ニ依リテ生スル收入金及各停車場ノ收入ニ當該會社ノ營業全體ニ於テ收得シタル總收入金ト總所得金トノ步合ヲ乘シテ得タル金額ヲ以テ各其收入金ニ對スル所得金ト爲スヲ相當トス（大正三、七、二〇）

第百四條

行政判決例

○道路ノ改修アル場合ニ於テ其道路ノ附近又ハ其沿道地方ハ之ニ因リ特別ノ利益ヲ享クルモノト認ムルヲ相當トス

道路ノ改修ニ因リ特別ノ利益ヲ享クルモノト認メタル町村ノ一部ニ對シテ改修ニ要スル夫役ヲ賦課スル場合ニハ其一部ノ全體ニ對シテ賦課スヘキモノニシテ其中ノ或ル部分ヲ除外スルコトヲ得ルモノニアラス

夫役ニ相當スル寄附金ヲ爲シタルノ故ヲ以テ法律上賦課スヘキ夫役ヲ賦課セサルハ違法ナリ（大

正七、六、三）

第百八條

適用例

○住宅ノ不足ヲ緩和スル爲其建築ヲ奬勵スルニ就キ新築ノ貸家住宅ニ對スル市稅家屋稅附加稅ヲ免除スルハ市制第一二八條ニ「所謂特別ノ事情アル者」ニ該當セサルヲ以テ適法ニアラス

第百九條

行政判決例

○市制ノ所謂營造物ノ使用ナル以上之ニ對スル料金ヲ設定スルニハ市制第百二十九條ニ依リ市條例ヲ以テセサルヘカラス

電氣事業法ニハ使用料ニ關シ特ニ市制ノ適用ヲ除外スル趣旨ノ規定ナシ（大正二、一二、二五）

適用例

○町カ港ニ上屋ヲ設ケ使用料ヲ徵收セムトスルニハ町村制第百九條ニ依リ條例ヲ設ケ許可ヲ受クルコトヲ要ス

○林野ノ一部ヲ薪草採取等ノ外牧畜ノ目的ヲ以テ使用セシムル場合ノ使用料ハ林野使用料トシテ處

理シ然ルヘキモ一定ノ土地ヲ專ラ牧場ニ供スルモノノ使用料ハ大正元年勅令第十八號委任事項ノ範圍外ナリ

第百十條

行政判決例

○村稅ノ賦課ハ違法ナリトスルモ其違法カ取消ヲ俟テ始メテ賦課ノ效力ヲ喪ハシムヘキ性質ノモノナル場合ニ於テハ其賦課カ取消サレサル以上縱令異議ノ申立アルモ差押處分ヲ爲スヲ妨ケサルモノトス

村稅ノ賦課ニ對スル異議ノ申立ニ付キ速ニ決定ヲ爲スヘシトノ判決ヲ求ムル行政訴訟ハ受理スルノ限ニ在ラス（大正四、七、二八）

○町村制第百十條第三項ハ公法上ノ使用權ニ關シ異議アル場合ニ行政訴訟ヲ許シタル規定ニシテ區有地貸下願ヲ却下セラレタル場合ニ適用スヘキモノニアラス（大正四、一二、二三）

○町村制第百十條第二項ノ異議申立ハ財產又ハ營造物ニ關シ行政處分アリタル場合其處分ニ對シテ之ヲ認メタルニ止マリ村會ノ議決ニ對シテ之ヲ認メタル趣意ト解スヘキニアラス（大正六、五、三一）

第百十一條

行政判決例

○村長ハ滯納處分者又ハ第三者ヨリ督促手數料滯納處分費及ヒ税金ノ完納ナキ以上法律上ノ理由ナクシテ隨意ニ財産ノ差押ヲ解クヲ得サルモノトス(大正二、一、三〇)

○滯納處分ノ結果滯納者ニ還付スヘキ現金ニ付其滯納者ニ對スル他ノ滯納處分ヲ行ヒタルトキ前ノ滯納處分トシテ行ヒタル公賣取消サルルトキハ後ノ滯納處分ハ取消サルヘキモノトス(大正二、五、二四)

○町村吏員ニ對スル賠償金ノ徵收ニ付不動産ヲ差押ヘタル場合ニ於テ差押カ滯納者ニ對シテ效力ヲ生スルハ差押調書ノ謄本ノ交付ニ依ルモノト解スヘキモノトス(大正二、一二、二七)

○督促ニ一定ノ暦日ヲ示シテ納付期限ヲ定メタル場合ニ於テ督促狀ノ公示送達カ效力ヲ生シタル日ニ旣ニ督促狀ニ指定シタル納付期限ヲ經過シ居ルトキハ期限ヲ指定セサルト何等擇ム所ナキカ故ニ其督促ハ法律上效力ヲ有スヘキモノニアラス(大正三、六、二二)

○村税ヲ區長ニ納付スルノ慣例又ハ區長在職者ノ納付スヘキ村税ヲ區長報酬ト相殺スル慣例アレハトテ區長ニ税金ヲ納付シタルモノヲ以テ納税義務ヲ了シタルモノト爲シ又ハ區長タル納税義務者ヲ以テ相殺ニ因リ其義務ヲ免レタルモノト爲スコトヲ得ス

納税者ノ住所ニ於テ未成年者ト雖モ相當智能アル同居ノ家族ニ督促狀ヲ交付シタルトキハ送達ノ

効力アルモノトス
土地差押登記囑託ノ手續ヲ缺キタレハトテ差押處分ヲ無效ナリト爲スコトヲ得ス（大正三、七、一三）
○村稅滯納ニ因ル延滯金ノ徵收ニ關シテハ明治四十四年勅令第二百四十二號及ヒ明治三十三年勅令第八十一號第七條ノ二第一項ニ依リ村稅ト等シク滯納處分ヲ爲シ得ルモノトス
延滯金ヲ算出スヘキ期間ニ付キ定メタル明治三十三年勅令第八十一號第七條ノ二第一項ノ納期限トハ村稅ノ延滯金算出ニ付テハ納稅告知書ニ指定セル納期限ヲ指スモノトス（大正三、一二、九）
○村役場備付ノ督促發布原簿及ヒ郵便電信差立簿ニ依リ原告ニ對シ督促令狀ヲ發送シタルモノト認ムヘキトキハ反證ナキ限ハ該督促狀ハ原告ニ到達シタルモノト認ムルヲ相當トス（大正八、五、一九）

第百十二條

行政判決例

○町村制第百十二條及ヒ第百四十六條ノ起債トハ公債證書發行其ノ他金錢ノ借入ヲ謂フモノト解スルヲ相當トス（大正六、一二、一四）

第百十三條

行政判決例

○町村制第百十三條第一項ハ町村長ノ職務上ノ規定タルニ止マルモノナルカ故ニ該規定ニ反シ年度開始前一月ヲ經過シタル場合ト雖モ町村會ハ有效ニ町村歳入出豫算ヲ議決スルコトヲ得(大正三、五、八)

適用例

○村ノ收支ヲ調節スルノ必要ニ基キ適法ニ爲シタルモノト認ムヘキ一時借入金ノ利子ハ當然村ノ負擔タルヘキモノトス從テ之ヲ豫算ニ計上シ村税トシテ賦課シタルハ違法ト云フコトヲ得ス

第百十五條

行政判決例

○町村カ繼續費ヲ設クルニハ繼續年期間及各年度ノ支出額ヲ定ムルコトヲ要ス(大正二、二、八)

○町村制第百十五條ノ規定ハ土地建物買入ノ如キ一時ニ完了スル事件ト雖モ其費用ヲ數年ニ亙リテ支出スル場合ニハ繼續費ト爲スコトヲ得シムルノ法意ナリトス(大正六、一二、一四)

第百二十一條

行政判決例

○町村組合ハ之ヲ組織スル町村ノ區域ヲ包含スル區域ヲ以テ其區域ト爲スモノトス

町村組合ニ付テハ法律勅令中別段ノ規定ナキ限リ其組合ノ公民アルモノトス

町村組合公民ノ資格要件ハ其組合ノ區域内ニ於ケル住所、地租若ハ其他ノ直接國税ノ納額ニ基キ之ヲ定ムヘキモノトス（大正六、一、二七）

第百二十三條

適用例

○市ノ豫算共進會費中ニ協賛事業ノ補助ヲ計上スルハ適當ナラス補助費ハ別ニ款ヲ設クルコトヲ要ス

○本年法律第十八號市町村義務教育費國庫負擔法ハ大正元年内務省令第十八號市町村歳入出豫算式中歳入第二款使用料及手數料ノ次ニ（款）國庫下渡金（項）義務教育費下渡金ノ科目ヲ設ケ整理セシメラレ度

追テ市町村制施行地外ノ區町村豫算ニ付テモ本文ノ例ニ依リ處理セシメラレ度

第百二十九條

適用例

○從前町村制第百二十九條ニ依リ道路ノ經理ヲ目的トシテ設置セル町村組合ハ其經理セル路線カ道路法ニ依リ町村道ニ設定セラレタルトキハ組合ノ目的タル事務ハ消滅スルモ其組合ニ於テ道路法

第二十四條ニ依リ町村道ノ管理者ノ許可ヲ得テ諸道路ノ維持ヲ爲スコトヲ得ヘシ此場合ニハ既設ノ町村組合ハ町村制第百三十條第一項ニ依リ共同事務變更ノ手續ヲ爲スコトヲ要ス又數町村ノ區域ニ渉ル町村道ノ維持ヲ爲スコトニ付キ道路法第二十四條ニ依リ道路管理者ノ許可ヲ得テ其事務ノ爲ニ新ニ町村組合ヲ設クルコトヲ得ヘキモ道路管理者ハ依然各町村長ニシテ組合管理者ニアラサレハ事務ノ處理上却テ煩雜ヲ來スヘキ義ナリ

第百三十條

適用例

○高等小學校設置ノ爲設ケタル市町村組合又ハ町村組合内ノ町村數ヲ減スルニ付關係市町村ノ協議調ハス然ルニ公益上必要ナル場合ニ於テハ市制第百五十條町村制第百三十條ノ規定ヲ適用スルコトヲ得ヘシ

第百三十七條

適用例

○市町村長ニ於テ取扱フ犯罪人名簿整備ニ關スル事務ハ戸籍事務ニ屬セサルヲ以テ司法行政廳ノ監督ニ關スル規定ノ適用ヲ受クヘキモノニアラス市町村ノ一般監督廳ノ監督ニ服スヘキモノトス

第百四十條

行政判決例

○町村制第百四十條第一項ニ所謂處分決定又ハ裁決アリタル日トハ處分決定又ハ裁決カ其者ニ對シ效力ヲ生シタル日ヲ指シタルモノトス（大正二、一二、二七）

○町村制第百十條第三項ノ決定ハ同制第百四十條第五項ニ依リ異議申立人ニ交付シタルトキヨリ其效力ヲ生スルモノナルヲ以テ同條第一項ノ訴願期間ハ右決定書交付ノ日ノ翌日ヨリ起算スヘキモノトス（大正二、七、八）

○町村制第百四十條第五項ニ依レハ異議ノ決定ハ文書ヲ以テ之ヲ爲シ其理由ヲ附シ之ヲ申立人ニ交付スヘキモノニシテ異議ノ決定ハ文書ヲ以テ之ヲ爲スコトヲ其成立ノ要件ト爲スノ法意ナルヲ以テ異議申立ニ對スル決定書ヲ議決セサル村會ノ決定ハ法定ノ成立要件ヲ欠缺シ全然其成立ヲ認ムルコトヲ得ス從テ之ニ對シテ爲シタル訴願及ヒ之ニ對スル裁決ハ共ニ違法ナリ不成立ノ決定ヲ補充スル目的ヲ以テ更ニ決定ヲ爲スモ其效力ハ決定書ヲ交付シタル日ヨリ發生シ既往ニ遡リテ不成立ナル決定ノ效力ヲ發生セシムルコトヲ得サルヲ以テ不成立ナル決定ニ對シテ爲シタル訴願及之ヲ受理シタル裁決ハ之ヲ違法ニアラスト云フコトヲ得ス（大正四、三、三〇）

第百四十四條

適用例

○新ニ市ヲ置キタル場合ト雖モ市收入役ノ事務ハ市長代理者ニ於テ之ヲ行フコトヲ得ス故ニ府縣知事ニ於テ收入役臨時代理者ヲ選任シ若クハ官吏ヲ派遣シテ收入役ノ事務ヲ取扱ハシムヘキモノトス

第百五十一條

適用例

○市町村吏員ノ事務引繼ハ前任者カ自ラ引繼ヲ爲ス能ハサル場合ニ於テハ後任者ニ於テ進ンテ調査ヲ爲シ事務ノ進行ヲ圖ルノ外ナク別ニ前任者ニ代ルヘキ吏員ヲ定メテ事務引繼ヲ爲サシムヘキモノトス

増補終

明治四十四年八月七日印刷
明治四十四年八月十日發行
大正十年九月一日增補訂正十四版印刷發行
大正十三年十二月十五日十七版印刷發行
大正十四年六月一日第十八版印刷發行

定價金參圓

著作者兼發行者　東京市芝區田村町六番地　長峰安三郎

印刷者　東京市神田區錦町三丁目十八番地　白井赫太郎

印刷所　東京市神田區錦町三丁目十八番地　精興社印刷所

發行所　東京市芝區田村町六番地　市町村雜誌社
電話芝二七七五番
振替東京八八八七番

地方自治法研究復刊大系〔第280巻〕

増補訂正 町村制詳解〔大正14年第18版〕

日本立法資料全集 別巻 1090

2019(令和元)年11月25日　復刻版第1刷発行　7690-9:012-005-005

共　著　長峰安三郎
三浦通太
野田千太郎

発行者　今井貴
稲葉文子

発行所　株式会社信山社

〒113-0033 東京都文京区本郷6-2-9-102東大正門前
Ⓣ03(3818)1019　Ⓕ03(3818)0344

来栖支店〒309-1625 茨城県笠間市来栖2345-1
Ⓣ0296-71-0215　Ⓕ0296-72-5410

笠間才木支店〒309-1611 笠間市笠間515-3
Ⓣ0296-71-9081　Ⓕ0296-71-9082

印刷所　ワイズ書籍

製本所　カナメブックス

用　紙　七洋紙業

printed in Japan　分類 323.934 g 1090

ISBN978-4-7972-7690-9 C3332 ¥42000E